FX チャート自由自在

今日の相場からスグに使える
チャート活用術が満載!

シンプルな
チャート分析で
成績アップを
目指せ!

藤ノ井俊樹
盛岩外四

北辰堂

はじめに

外国為替証拠金取引（ＦＸ）が始まって、10年以上が経過しました。

個人投資家にとって、外国為替相場がより身近な存在になっただけでなく、投資先の選択肢が広がったことは喜ばしいことです。しかも、非常に少ない証拠金を用意すれば、誰でも気軽にＦＸを楽しむことができることは、投資の垣根をとても低くしたといえましょう。しかし、これは、「高いレバレッジがあればこそ」です。

ＦＸに関する情報は本やセミナーだけでなく、インターネット上にもあふれています。儲けのテクニックや経済指標の読み方、チャート活用術はその際たるものでしょう。

こうした情報の中に、「続けられることが大切」という言葉を見かけます。本来は、この前に「高いレバレッジを効かせて短期間で儲けることを重視するのではなく」という一文が来るのかもしれませんが、これは単なる結果だけを指すのではないと考えています。

あるチャート分析の手法を使っていても、連続して損失を被れば、「これはあまり使えないな」と別のテクニカル指標に着目するようになります。しかし、何事も「完璧」なものはありません。

チャート分析の手法やテクニカル指標を使い続けていれば、その良さが分かるだけでなく、時に悪い点ばかりが目立つこともあります。つまり、これらと上手に付きあうことで、その手法の良さを引き出してあげればいいわけです。そのためには、「相手（チャート分析の手法）」をよく知ることが大切です。そして、「相性」を理解することも重要なことです。投資家ご自身と分析手法の相性もあれば、外国為替相場と分析手法の相性もあるでしょう。ローソク足の期間と通貨ペアの相性もそうです。

こうして考えると、何でもかんでもマスターしようとしても限界がありますし、すべてを都合よく使い分けることも難しいでしょう。本書では数多くの分析手法や活用術を紹介していますが、その中から、ご自身が分かりやすく使いやすい手法のうち、1つか2つをマスターすることを目指していただきたいと思います。個人投資家はテクニカル分析の専門家になる必要はありませんし、事後にチャート解説をする必要もないのです。

皆さんがチャート分析をする目的は、安定的な成績を残せるようにすることです。そのためには、長く付き合うことができる分析手法やテクニカル指標を見つけることが何よりも大切です。本書が読者の皆さんのトレード成績を上げる一助になれば、望外の幸せです。

皆さんの成功を心よりお祈りいたします。

２００９年９月吉日

藤ノ井　俊樹

第5章 外国為替相場に「相性抜群」の移動平均線を使いこなす 121

【ご注意】

本書は、投資判断の参考にするために執筆・制作されたものです。投資に関する最終的な決定は、読者の方ご自身の判断でなさるようお願いいたします。

カバーデザイン
田中正人(モーニングガーデン)

第1章

まずは「ローソク足とチャートの仕組み」をマスターしよう

1

「4つの価格」「ボディ」「ヒゲ」がローソク足の基本

為替レートには「**始値**」「**終値**」「**高値**」「**安値**」があり、この4つの価格で1本のローソク足が形作られます。1日の中では、その日の最初に付いた価格が始値、その日の最後の価格が終値、その日の最も高い価格が高値、そして、最も安い価格が安値です。

左の図をご覧ください。2つのローソク足を用意しました。上段のローソク足は、**始値より終値が高く、ボディは**「**白**」、これが「**陽線**」です。下段のローソク足は、**始値より終値が安く、ボディは**「**黒**」、これが「**陰線**」です。

「ボディ」は実体といわれることがあり、始値と終値の間を形作る部分。それに対して、陽線の場合は始値と安値、終値と高値、陰線の場合は始値と高値、終値と安値の線を「**ヒゲ**」もしくは「**影**」と名付けられています。

これらの要素が組み合わさって1本のローソクが出来上がるわけです。そして、1日を基準にするローソク足を「**日足**」、1週間なら「**週足**」、1時間なら「**60分（1時間）足**」と名付けられ、その種類は様々です。ローソク足が連なるとチャートが形成され、これが、これから投資家の皆さんが相場の行方を読み解く舞台となるわけです。

ローソク足が集まって、相場の行方を読み解く舞台であるチャートを形成する

4つの価格で1本のローソク足が形作られる

■ **始値が終値よりも高い**ときには、**白いボディ＝陽線**になる

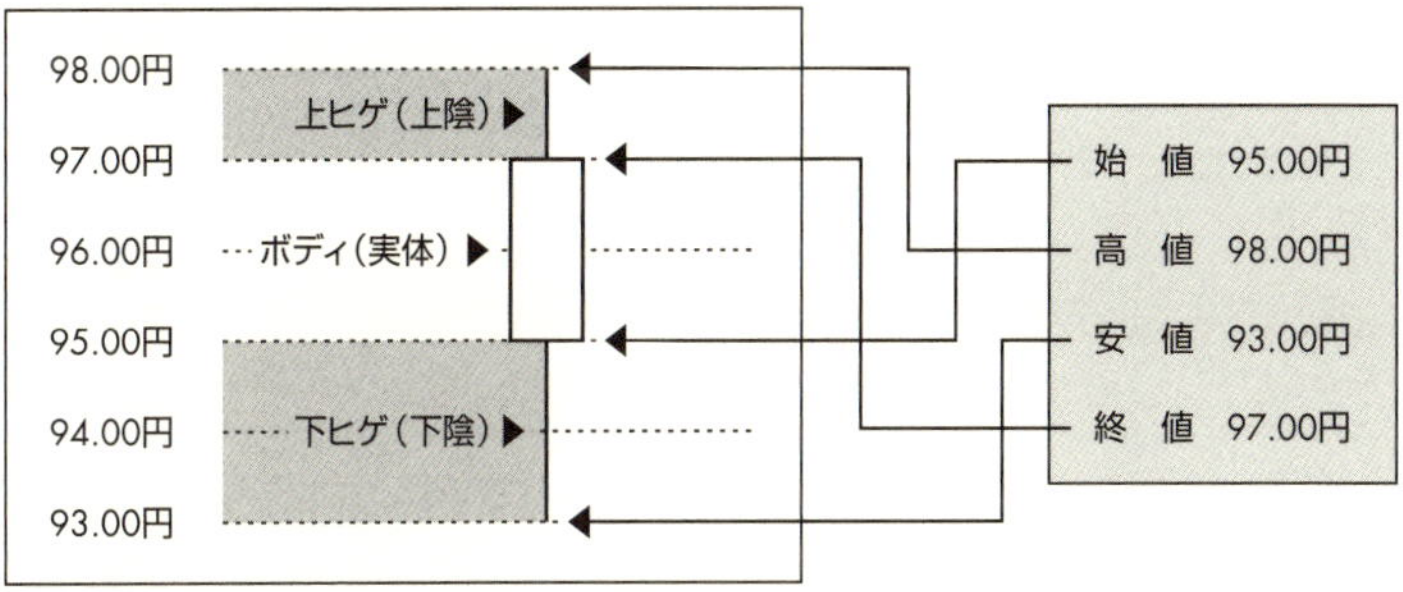

■ **始値が終値よりも安い**ときには、**黒いボディ＝陰線**になる

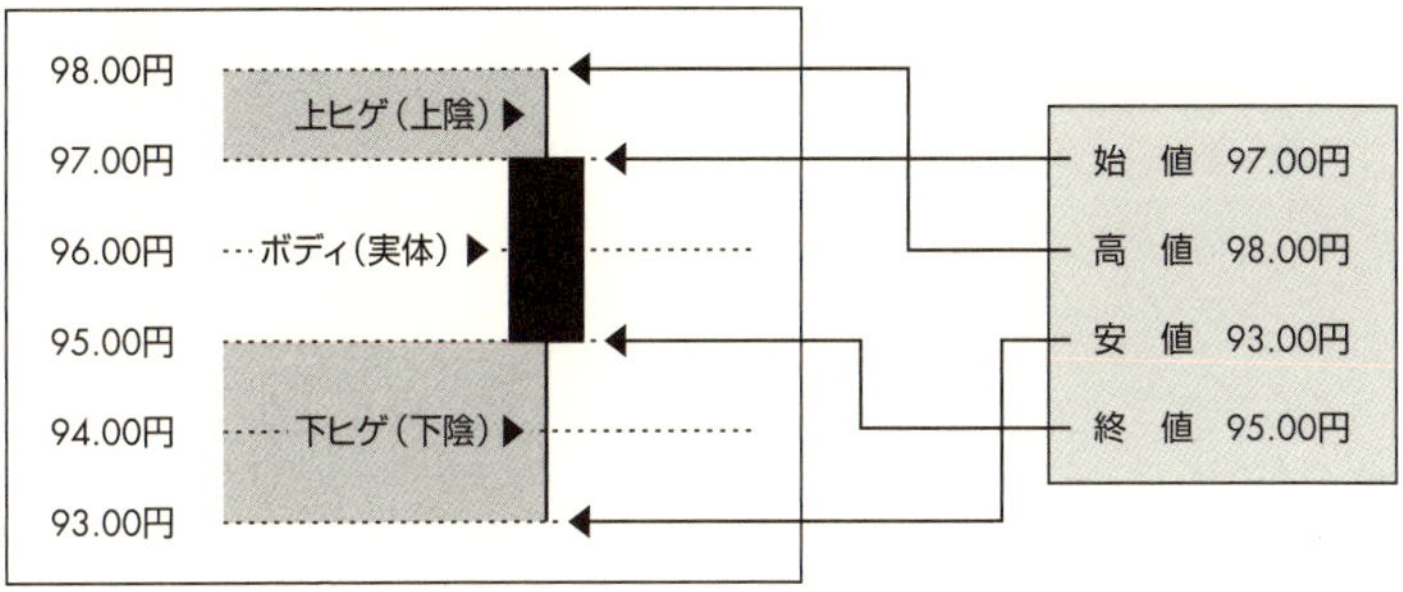

※一般的に、「始値」「高値」「安値」「終値」の順序で示されます。

2
1本のローソク足には、様々な展開が隠れている①

たった1本のローソク足でも、そこには様々な展開、ドラマが隠れています。まずは、陽線から。左の図をご覧ください。ここでは特に重要な3つのローソク足に着目しました。

最初は上段の「**大陽線**」です。寄付きからほとんど下がることなく上昇したことが非常に長いボディとなって現れているわけですが、ヒゲ、特に上ヒゲが短ければ、上昇圧力は一段と強いと考えられます。ただし、ある程度、上昇した後に大陽線が出現したときには、急反落することがありますから、充分に気を付けてください。

次は中段の「**長い下ヒゲ陽線**」です。下ヒゲが長いということは、寄付き後に一旦、大幅に下落したことを意味しています。しかし、これは下がれば買いたいという市場参加者が多いことを物語っており、相場の勢いを計るにはボディの長さで判断すべきでしょう。ボディが短ければ、さらに買い上がる力は弱いと判断できます。

最後は下段の「**長い上ヒゲ陽線**」です。これは長い下ヒゲ陽線の逆で、寄付きから勢いよく買い上がるものの、上昇後の売り圧力はそれなりに強いことを表しています。ヒゲが長いと、その後に反落する可能性を秘めているため、注意を要するローソク足です。

下にも上にも、「長いヒゲ」を伸ばすのが、外国為替相場の特徴の1つ

陽線の値動きを具体的にイメージできるようにしよう

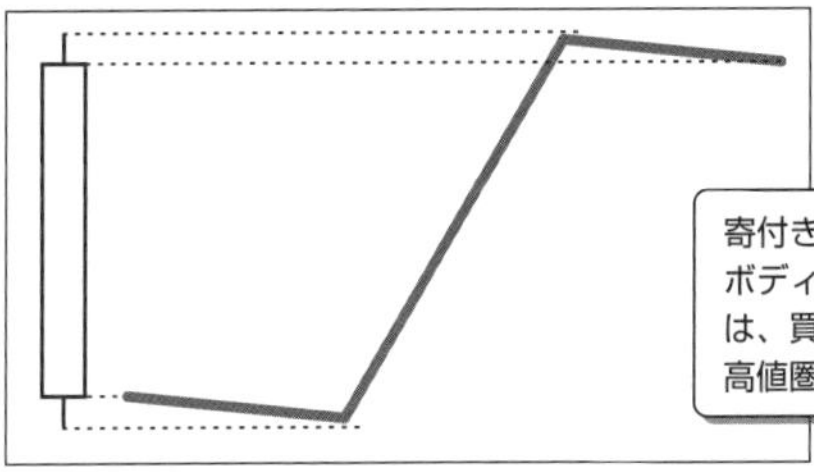

大陽線

寄付きから、ほとんど下がることなく、ボディの非常に長い陽線が出現したときは、買い圧力が大きいと判断。ただし、高値圏での連続大陽線には注意したい。

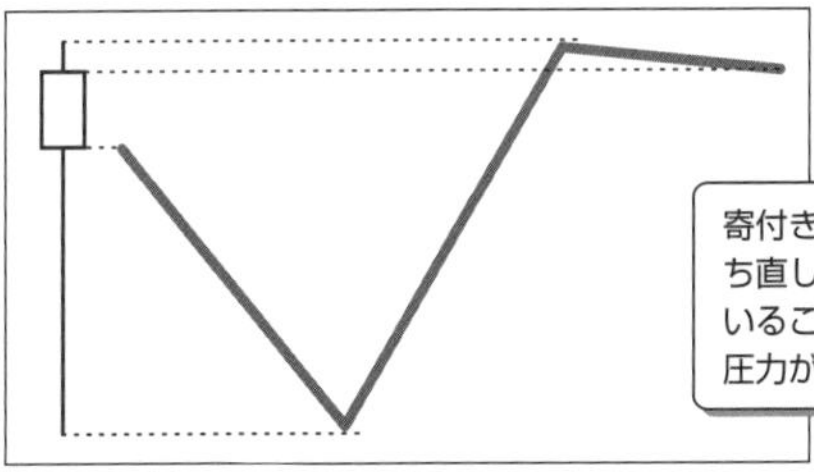

長い下ヒゲ陽線

寄付き後に大幅下落したが、その後は持ち直し、「下がれば買い」という勢力がいることを示唆。ボディが長ければ買い圧力が大きいと判断することができる。

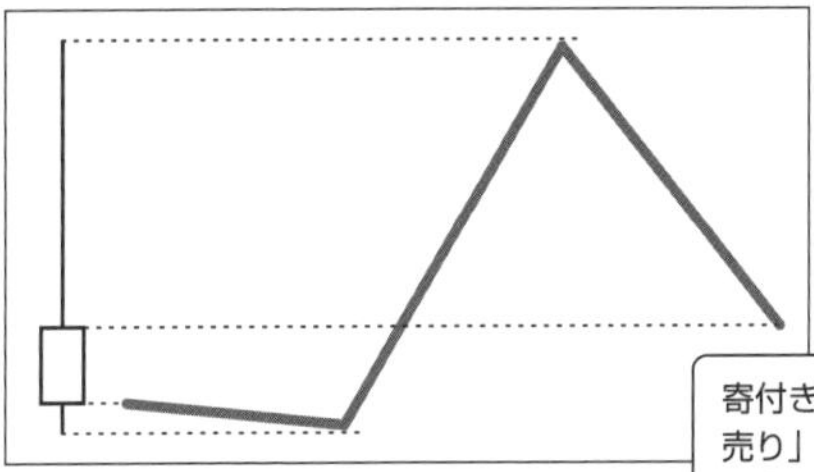

長い上ヒゲ陽線

寄付き後に大幅上昇したが、「上がれば売り」という勢力が台頭していることを示唆。上昇余力に乏しく、反落の可能性が高い。大幅上昇後の出現には要注意。

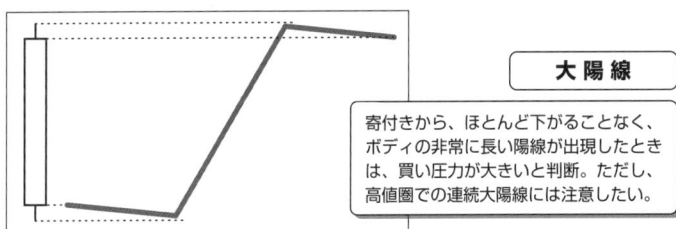

3

1本のローソク足には、様々な展開が隠れている②

今度は、陰線を見ていきましょう。展開は陽線とまったく逆になります。

一番上の「**大陰線**」は、寄付きからほとんど上昇していないことから、売り方が圧倒的な力で市場を支配していると判断できます。上ヒゲの長い大陰線が出現したときには、大きな値幅でさらに下落することを考えなければなりません。ただし、大幅に下落した安値圏で大陰線が出現したときには、反転上昇が近い可能性があります。

次の「**長い下ヒゲ陰線**」は、寄付き後に大幅下落に見舞われるものの、下がれば買いという勢力がいることを示しています。しかも、ボディが短く下ヒゲの長い陰線が安値圏で出現したときには、目先の反発が期待できる可能性が高いと考えられます。

最後は、「**長い上ヒゲ陰線**」です。寄付き後に大幅上昇したものの、買い方の勢いが続かないだけでなく、売り圧力が強いことを示唆しています。そして、ボディが長ければ、下落の余地がまだあると考えられます。高値圏で出現したときには、ボディの長さに関係なく、目先の天井を付けた可能性があり、買い方は利益確定やストップロスを急がなければなりません。一方、売りを仕掛けたい投資家にとっては、絶好のチャンスといえます。

同じローソク足でも、出所によっては、後の展開がガラリと変わることがある

陰線の値動きを具体的にイメージできるようにしよう

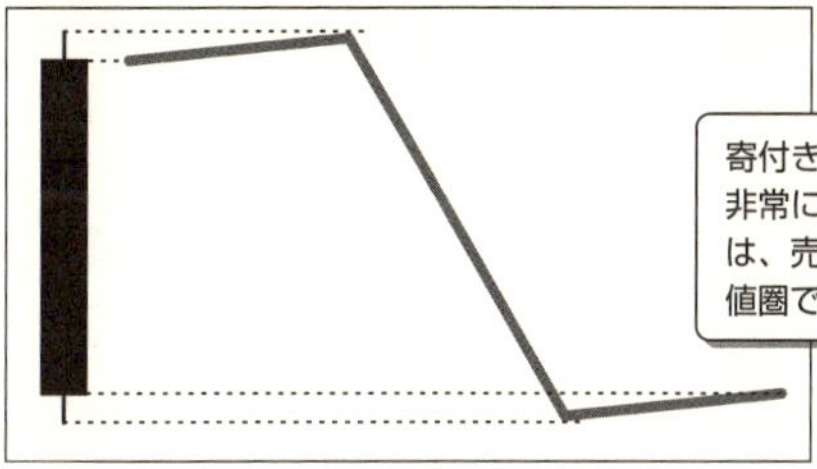

大陰線

寄付きから、ほとんど上がることのない非常に長いボディの陰線が出現したときは、売り圧力が相当大きい。ただし、安値圏での大陰線は反転間近の可能性も。

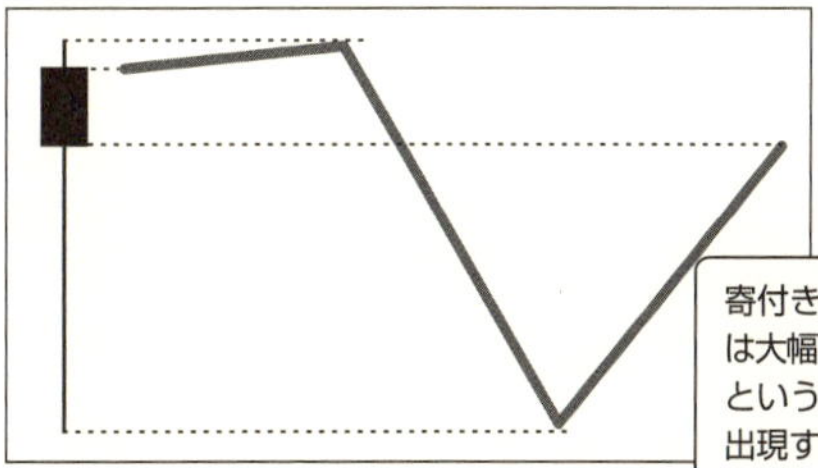

長い下ヒゲ陰線

寄付き後の上昇は小幅に止まり、その後は大幅下落するものの、「下がれば買い」という勢力がいることを示唆。安値圏で出現すると、反転上昇の可能性が高い。

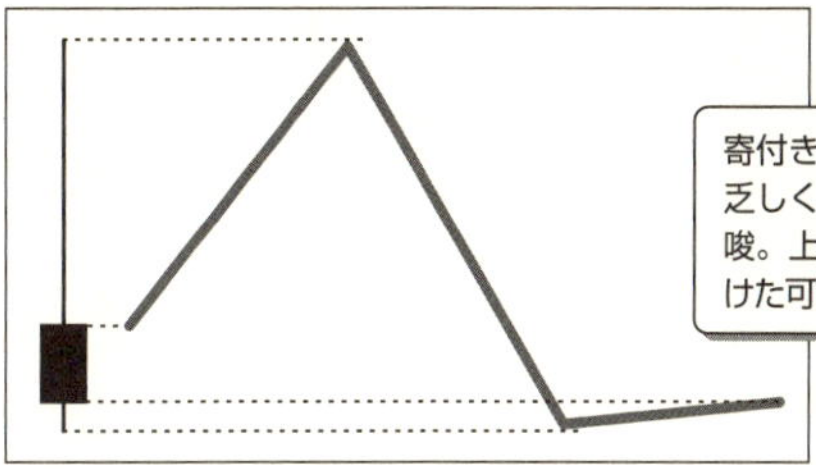

長い上ヒゲ陰線

寄付き後に大幅上昇したが、買いの力は乏しく、売り圧力は相当大きいことを示唆。上昇後に出現すると目先の高値を付けた可能性が高く、売りの仕掛けどころ。

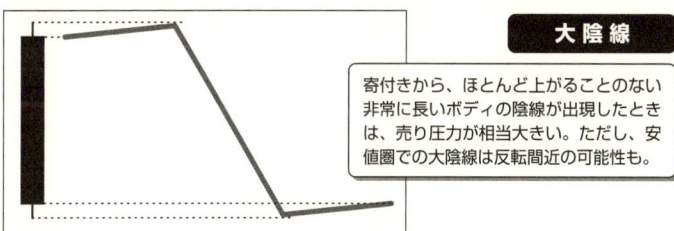

4

大幅上昇後に大陽線が出現したら、目先の天井が近い

ここからは、先ほど紹介した6つの特徴的なローソク足の値動きを具体的にイメージしていただくために、実際のチャートをご覧いただきましょう。

日足チャート上に出現した1本のローソク足を15分足で見たときに、どのような相場展開が繰り広げられたのかも検証します。ちなみに、15分足チャートの上下のグレー部分は「ヒゲ」、グレー部分にはさまれたところが「ボディ」です。まずは「**大陽線**」からです。

ポンド／円は、140円台から一時的な反落を交えながら155円まで上昇した6月1日に**約5円幅の大陽線が出現**。そのときの値動きを15分足で見たのが下のチャートです。

この日は、154円をやや上回ったところで寄付いた後に数十銭ほど下げますが、それからは一貫して上昇。159円台直前で頭打ちになると一進一退を繰り返す展開です。値動きの荒いポンド／円でも、1日で5円も上昇すれば、高値警戒感が台頭したのでしょう。

日足に視点を戻すと、大陽線が出現した後に160円台に乗せますが、それを明確に上抜くことはできません。7月に入ると結局、146円台半ばまでの下落を余儀なくされました。「上昇後に大陽線が出現したら、目先の天井が近い」という好例といえましょう。

大幅上昇後には高値圏で一進一退を繰り返すことがあり、このときはやや警戒

大陽線の日中の動きを15分足で見ると……

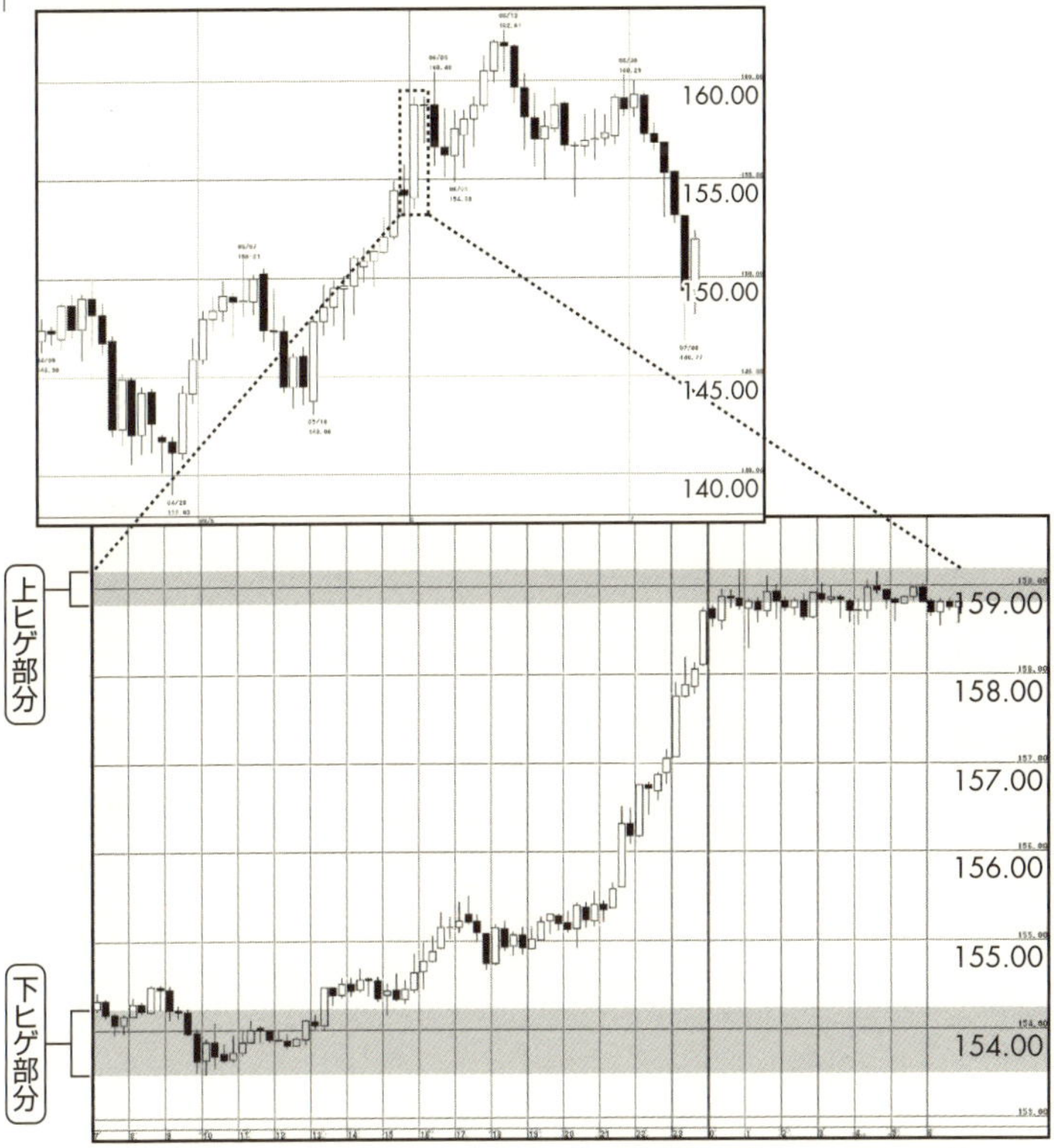

‖ポンド／円‖日足（上）‖2009.04～2009.07‖15分足（下）‖2009.06.01～02

チャート提供：ドリームバイザー・ファイナンシャル

5 大幅下落後の長い下ヒゲ陽線で、反転の兆し

次に「**長い下ヒゲ陽線**」です。ユーロ/円は一時的な急反落の後、136円手前まで4円強の大陽線を伴って上昇。ところが、その後、上下に長いヒゲを伸ばした陰線が出現して目先の高値を付けると、3〜4円幅の数本の大陰線を伴って短期的な下落相場になりました。そして、高値から約10円も下落した126円前半に差し掛かったところで、**2円ほどの長い下ヒゲを伴った陽線が出現**。ボディは1円に満たない長さです。

このローソク足を15分足で確認すると、下のグレー部分が広いことが分かります。寄付きから1円以上も下げると、124・50円近辺で反転しています。そこからは軽い押し目を形成しながらの上昇相場に突入。前項のポンド/円と同じように、127円という**心理的な節目**を目前にして一進一退を繰り返しています。

日足チャートに戻りましょう。2円幅の下ヒゲ陽線が出現した後、相場は出直り。一時、前回の高値付近まで上げると、上昇に対する警戒感から再下落します。しかし、下ヒゲ陽線のボディ上限付近で下げ止まると、140円を目指して騰勢を強めていきます。「大幅下落後の長い下ヒゲ陽線で反転の兆し」を見逃さないようにしましょう。

日足や週足の「具体的な展開」を、分足や時間足で確認する習慣を付けよう

長い下ヒゲ陽線の日中の動きを15分足で見ると……

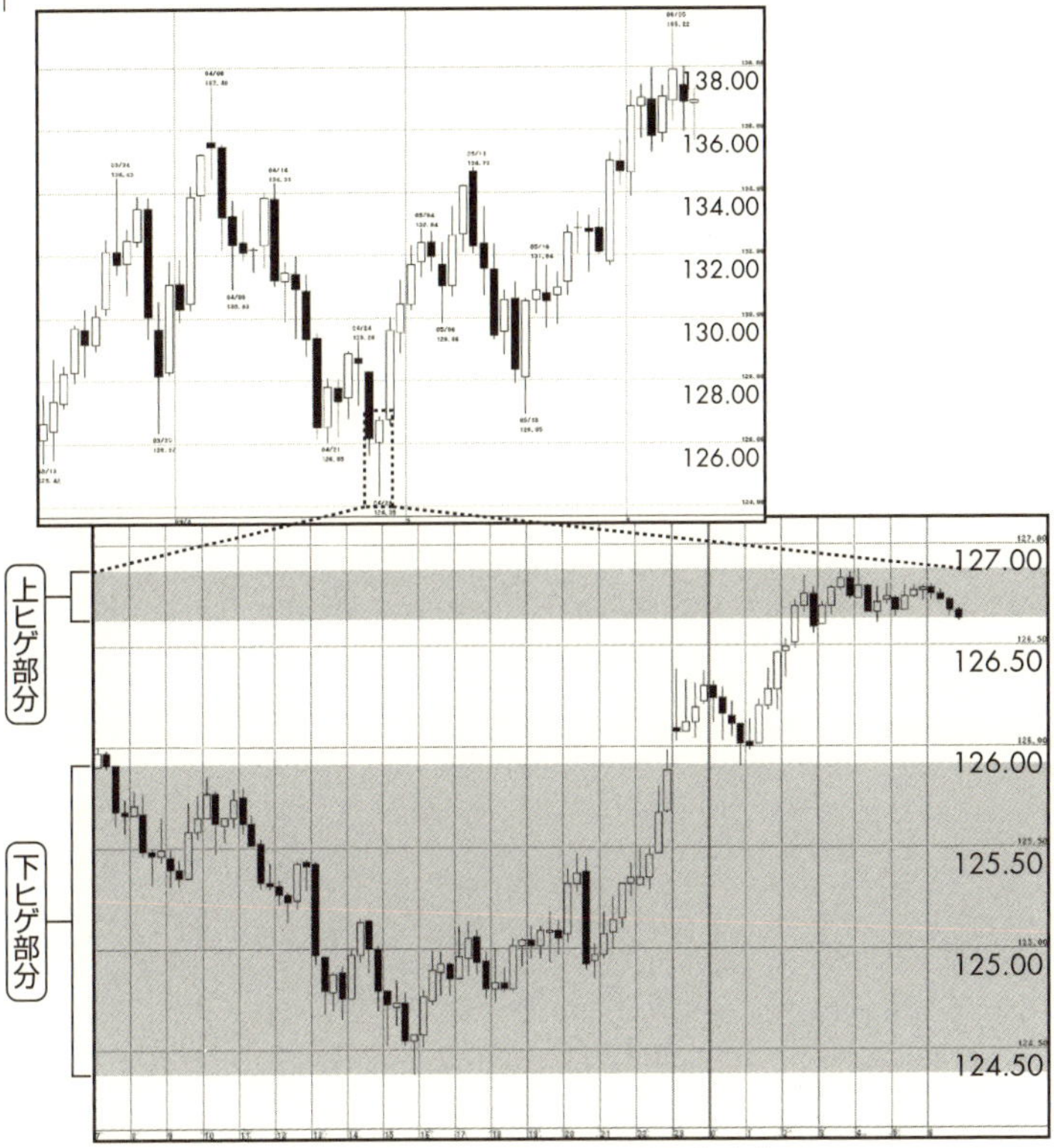

‖ユーロ／円‖日足（上）‖2009.03〜2009.06‖15分足（下）‖2009.04.28〜29

チャート提供：ドリームバイザー・ファイナンシャル

6 大幅上昇後の長い上ヒゲは、陽線でも要注意

今度は「**長い下ヒゲ陽線**」の日中の動きと、その後の相場展開を確認しておきましょう。

NZドル／円は、リーマンショックの傷が少しずつ癒えて、46円台から59円台まで目立った下落もなく順調に回復してきました。

ところが、久しぶりに60円台に戻すと、約3割の上昇による高値警戒感で失速。ここで**約1円の長い上ヒゲを伸ばした陽線が出現**しました。このローソク足を15分足で確認すると、寄付き後から大陽線をいくつも交えて60・30円台まで上昇。しかし、上昇が急ピッチだったために長い上ヒゲ陰線が現れて反落。再度、その上ヒゲ陰線の高値に挑戦しますが、同じ水準で押し戻されて高値を抜けないと分かると、一気に下落します。終盤にはやや戻すものの最後の15分足も長い上ヒゲを伸ばしており、相場には勢いがありません。

日足チャートに話を戻すと、一貫した上昇後の高値圏で長い上ヒゲを伴う陽線が出現して、相場はしばらく見られなかった調整へと移ります。値幅にして約7円、10％を超す下落相場です。このように順調に上昇してきた後の長い上ヒゲのローソク足は、たとえ陽線といえども注意が必要です。

大幅上昇後の長い上ヒゲ陽線は、「これだけ上昇したんだから…」と油断しやすい

長い上ヒゲ陽線の日中の動きを15分足で見ると……

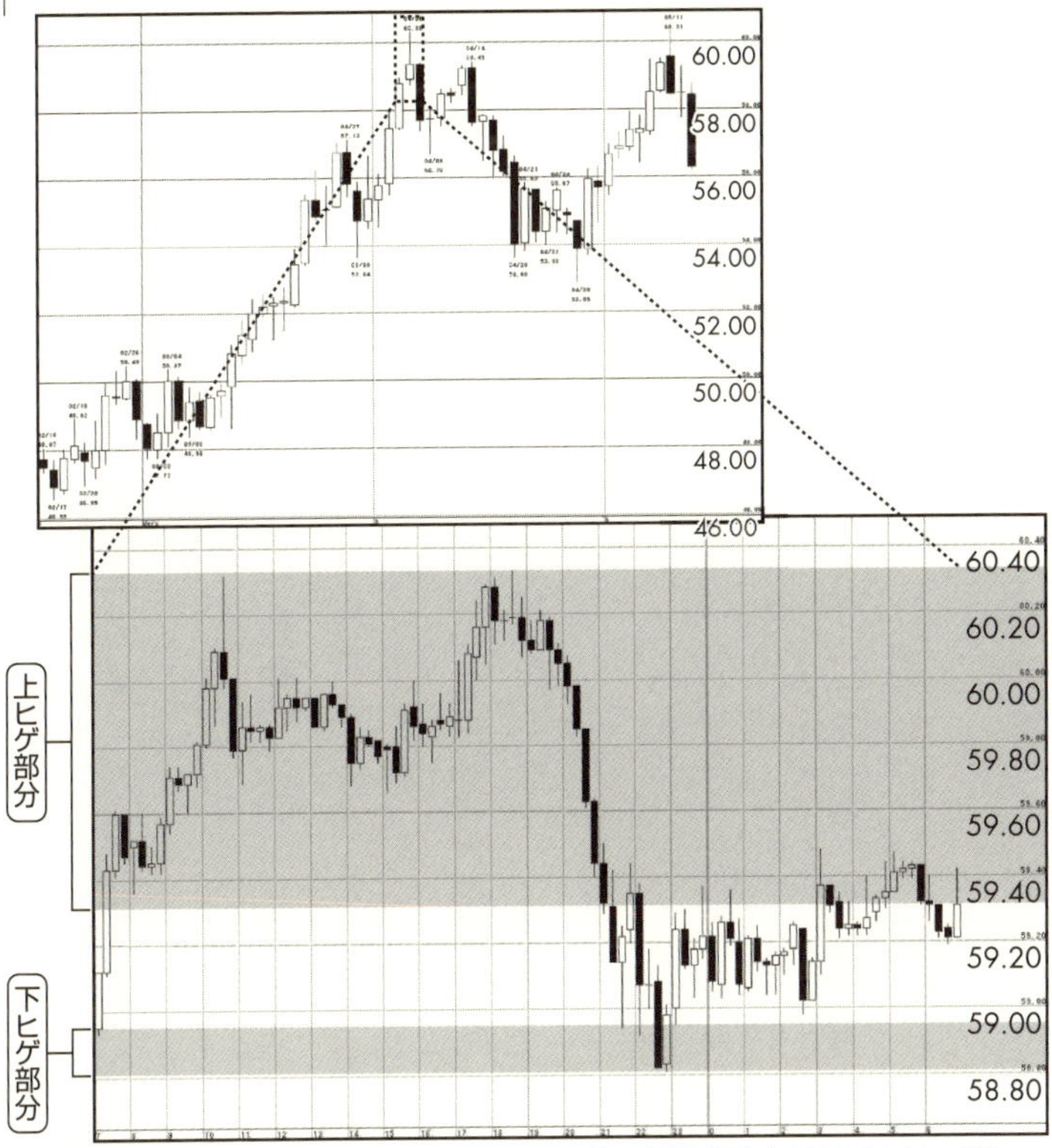

‖NZドル／円‖日足（上）‖2009.02～2009.05‖15分足（下）‖2009.04.06～07

チャート提供：ドリームバイザー・ファイナンシャル

7

大陰線が目先の安値圏で出現なら、その安値に注目

今度は、3つの陰線を検証してみましょう。まず、「**大陰線**」です。

豪ドル／円相場は、61円台から74円目前まで順調に回復してきました。しかし、大幅上昇には急反落が付き物です。当初は高値警戒感からの下落で、短い上ヒゲを伸ばした2円幅の陰線が出現。下ヒゲ陽線などを交えながら、ついに、**4円幅の大陰線を伴って急落**に見舞われます。過去のチャートを見ている分には、「何、回復途上の反落さ」と構えていられますが、実際に、この相場に直面していれば、冷静ではいられないでしょう。

この大陰線を15分足で見ると、寄付きからほぼ一貫して下落していることが分かります。いつもとは限りませんが、大陰線はこうした展開が多いものです。そして、心理的な節目の68円に迫るとようやく下げ止まり、やや持ち直して終了しています。

買い方にとっては悲観ムード一杯ですが、日足チャートを見ると、その後も数日にわたり弱含みの展開が継続。しかし、大陰線の安値をボディで明確に下回ることなく反転すると、76円まで上昇します。大陰線ですから楽観は禁物ですが、目先の安値圏で大陰線で出現し、その安値を下回らないなら、相場は崩れていないと判断しても良さそうです。

順調に上昇している最中の「突然の急落」は、外国為替相場ではよく見られる

大陰線の日中の動きを15分足で見ると……

‖豪ドル／円‖日足（上）‖2009.02〜2009.05‖15分足（下）‖2009.04.20〜21

チャート提供：ドリームバイザー・ファイナンシャル

8

大幅下落後の長い下ヒゲ陰線で、目先の反発に期待

次に、ドル／円相場で安値圏で出現した「**長い下ヒゲ陰線**」を検証しましょう。

１０１円超まで上昇したドル／円相場は、96円割れまでの下落を余儀なくされます。リーマンショック後の回復相場で、久々の１００円台奪回ということもあって、この下落は「案の定……」というところでしょうか。しかし、その**安値圏で出現したのが長い下ヒゲ陰線**です。このローソク足の前には、「そろそろ下げ止まっても」という様子見の小さな陰線が現れていただけに、95円台への突っ込みは少々、ショックだったかもしれません。

15分足を見ると、その投資家心理をうかがうことができます。96円ぎりぎりのところで一旦は踏みとどまるものの、勢いがないとみると、４本の長い陰線がほぼ連続して96円をあっさり割り込んでいます。しかし、安値圏での大陰線出現で相場は急反発。始値を上回ることはできませんでしたが、日足は約80銭の長い下ヒゲに短いボディの陰線で終了です。

相場は、長い下ヒゲ陰線の翌日から3日連続高。およそ3円の上昇です。リバウンド相場としては充分な値幅でしょう。このように、ある程度の値幅で下落した後の長い下ヒゲ陰線も一定の反発が期待できます。一方、高値圏での出現には、かなりの注意が必要です。

大幅下落の後、長い下ヒゲを伸ばしても陰線だとなかなか信用できないが……

長い下ヒゲ陰線の日中の動きを15分足で見ると……

‖ドル／円‖日足（上）‖2009.03～2009.06‖15分足（下）‖2009.04.28～29

チャート提供：ドリームバイザー・ファイナンシャル

9

上昇が継続した後の長い上ヒゲ陰線には、要注意

最後に「**長い上ヒゲ陰線**」の日中の動きと、その後の動向について検証しましょう。チャートは、54円割れまで調整を余儀なくされたNZドル/円の出直り局面です。チャート中央に位置する**ボディも上ヒゲも長い陰線が出現**すると、数日にわたって大幅な下落に見舞われています。

この長い上ヒゲ陰線の高値は前回高値、つまり60円台にタッチした後に売りに押された長い上ヒゲ陽線の高値と同じ水準が、目先の戻りの限界点でした。

15分足を見ると、寄付き後は売りに押されながらも上昇を維持。しかし、ロンドン時間に入ると一転、下落相場に突入します。上ヒゲは1円弱の長さとなり、50円台のNZドル/円にとっては、かなり長いヒゲです。結局、安値圏で大引けを迎えています。

日足に視点を戻すと、この長い上ヒゲ陰線が出現した翌々日に2円を超す大陰線が出現して、売り圧力がかなり強いことを物語っています。一定の上昇が継続した後に、長い上ヒゲ陰線が出現したときには、買いポジションの場合は一旦、手仕舞いが定石。売りを狙っていた投資家にとっては、一儲けのチャンスといえましょう。

戻り相場のときには、前回の高値を意識した動きをすることがある

長い上ヒゲ陰線の日中の動きを15分足で見ると……

‖NZドル／円‖日足（上）‖2009.03〜2009.06‖15分足（下）‖2009.05.11〜12

チャート提供：ドリームバイザー・ファイナンシャル

10 ローソク足の出現位置と、その意味を理解しよう

ここまで、特徴的な6種類のローソク足を検証してきました。たった1本のローソク足で、相場の行方を大雑把に占うことができます。

今の段階では、ボディやヒゲの長さ、ローソク足が出現する位置と相場の方向性などがイメージできるようになれば結構です。さて、約3カ月間のユーロ／円相場で、6種類のローソク足がどのような局面で出現したかを、左から順におさらいをしておきましょう。

上昇途中に出現した陰線は下ヒゲの長さが約4円にも達し、下がれば買いたいという勢力がいることを示唆。その後、131台まで上昇しましたが、今度も約4円幅の上ヒゲを伸ばしています。陽線ではありますが、高値警戒感が台頭していることを物語っています。

さらに1週間後には再び、長い上ヒゲ陰線が128円手前で出現。128〜130円の価格帯では売りが優勢です。案の定、その後は大陰線が4本も連なり、特に2本目はボディの長さが3円超。130円到達という達成感も手伝って売り圧力は一層、強まります。そして、高値から約15円も下げると長い下ヒゲ陽線が出現して、下げ止まり感が台頭。これを安値に反転上昇しますが、大陽線が出現すると再び、相場は頭打ちとなりました。

相場の要所では、必ずと言っていいほど「長いヒゲ」を伸ばしている

3カ月の間に特徴的な6種類のローソク足が出現している

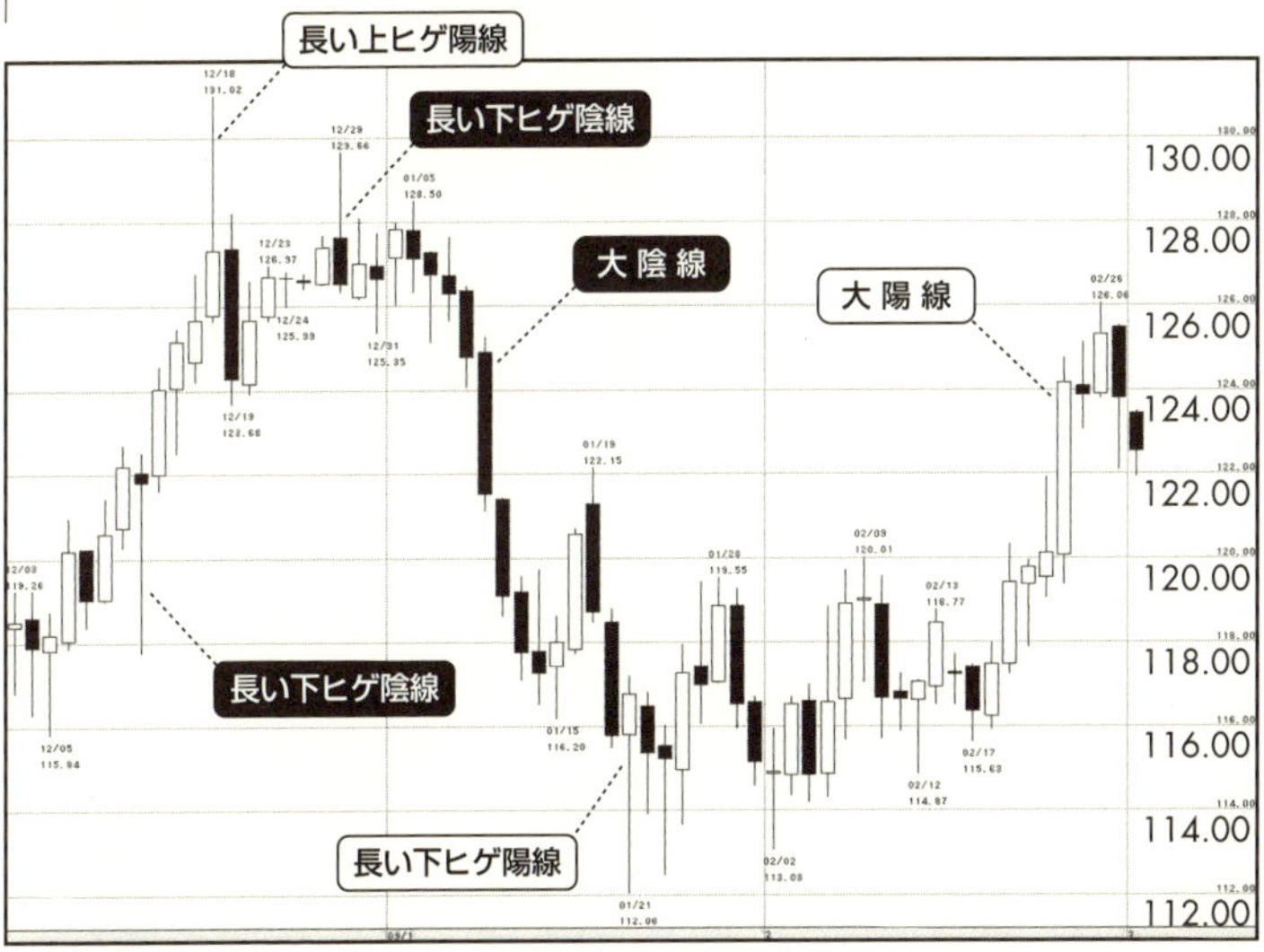

‖ユーロ／円‖日足‖2008.12～2009.03

チャート提供：ドリームバイザー・ファイナンシャル

One Point アドバイス

外国為替相場のローソク足で最も象徴的なのが「長いヒゲ」。このヒゲをどう読むかが、トレードの成績を左右するといえましょう。ただし、長い上ヒゲだから下落、長い下ヒゲだから上昇と短絡的に判断できないところが、投資家を悩ませるのです。

11

「習うより慣れろ」がチャートの基本

「ボディの長さは何が基準ですか?」「ボディやヒゲの長さは、どれくらいで勢いが強いか弱いかを見分ければいいのでしょうか?」

ローソク足の基本的な考え方を投資家、特に相場と向き合い初めて間もない方とお話しするとき、必ずと言っていいくらいに投げかけられるのが、この2つの質問です。

1円以上のボディを伴う陽線なら強いなどと決めている方もいますが、時に大きく動くのが外国為替相場。パソコンに表示されるチャートは、一定期間が常に画面に収まるように価格の目盛りが伸び縮みしますから、見た目で判断することは難しいといえましょう。

左上のチャートは2008年9月に発生したリーマンショック前後のユーロ/円の日足で、上下の値幅が50円以上も表示されています。一方、この前半だけを表示したのが下段のチャートです。こちらは3カ月で約10円もの上昇を見ていますが、上段のチャートでは緩やかな上昇にしか見えません。やはり、ローソク足の強弱を計るためには、期間が異なるチャートを見て判断するしかないようです。そのため、FXを始めた当初は、数多くのチャートを見るようにしてください。「習うより慣れろ」がチャートの基本なのです。

ボディやヒゲの長さの基準を厳密に決めることは難しい

スケール（縦軸）の違いで3円幅のローソク足が小さく見える

‖ユーロ／円‖日足‖2008.04～2008.10（上）‖2008.05～2008.08（下）

チャート提供：ドリームバイザー・ファイナンシャル

12 ローソク足の種類とレバレッジは密接に関係している

短期売買が基本のFXでは、やはり60分足や15分足などの分足チャートを見るのが好ましいといえましょう。本書では多くの場合、日足チャートを事例として掲載していますが、これは相場の前後関係が分かるようにしたかったからです。

チャートの読み方、使い方は時間足、分足も基本的には日足や週足と同じですから、レバレッジ1倍でじっくりとFXを楽しむ方以外は、やはり、時間足や分足を使いこなせるようになっていただきたいと思います。分足や時間足に見られる特徴も多少はありますが、まずは基本をしっかりと身に付けましょう。

そして、もう1つ重要なのが、投資期間とローソク足の種類との関係。つまり、日足や週足チャートで短期売買をしようとしても精度が低くなるだけでなく、儲けのチャンスを逃していることになります。また、レバレッジとの関係も同様です。5分足や15分足など、より短い振幅を利用して売買するのであれば、保有する期間は短くなります。つまり、期間リスクが低くなるため、その分、レバレッジを高くすることができ、資金効率を高めることができます。投資期間とレバレッジとチャートの間には密接な関係があるのです。

保有する期間が短くなれば、予想外の急変に対するリスクは小さくなる

ローソク足の期間を短くすれば、レバレッジを高められる

‖日足‖2009.03.02～2009.05.27　‖週足‖2008.06.23～2009.06.22

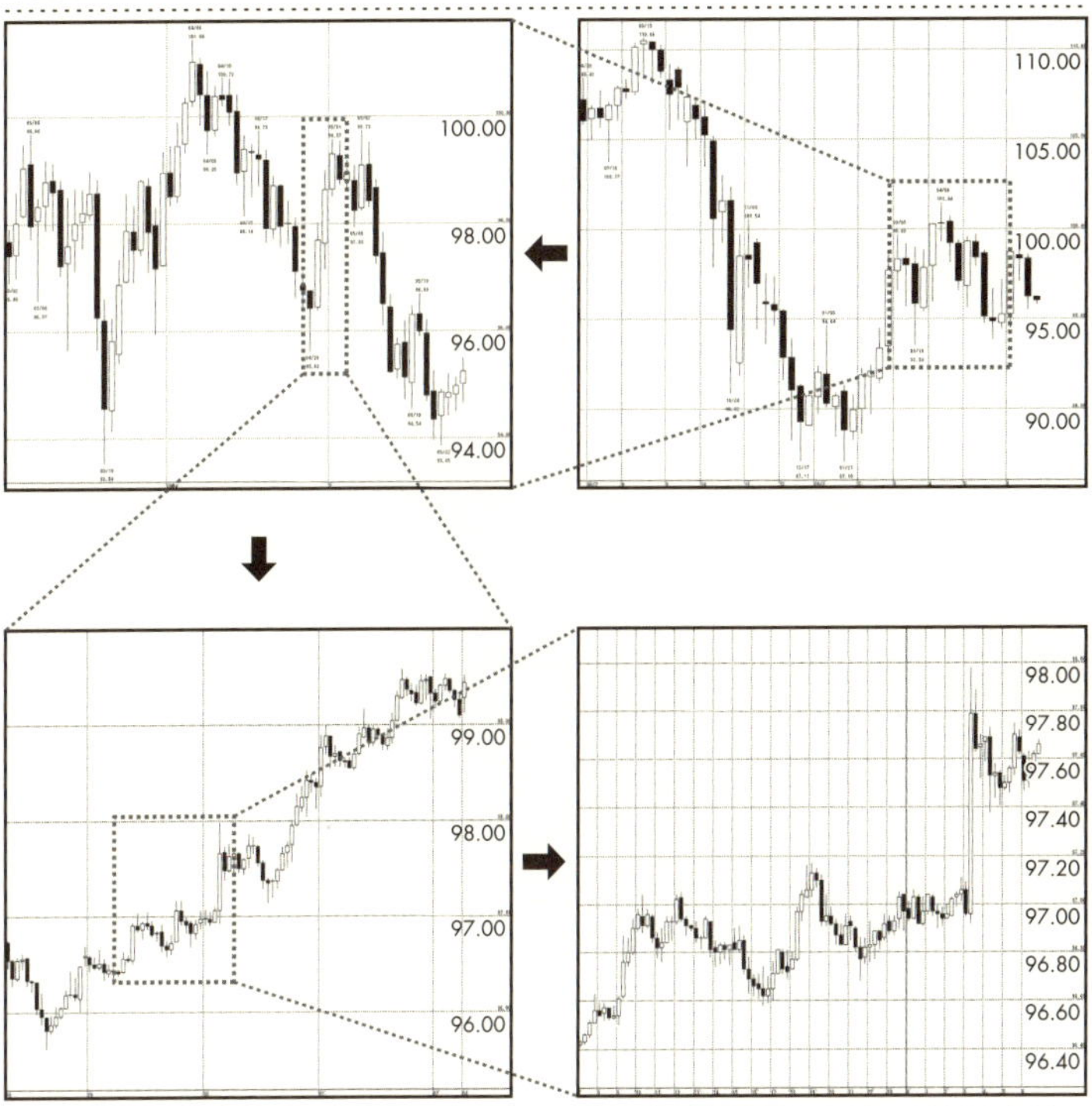

‖60分足‖2009.04.28～2009.05.04　‖15分足‖2009.04.29～2009.04.30

チャート提供：ドリームバイザー・ファイナンシャル

第2章

2本のローソク足の組み合わせで「相場の転換点」を先取りする

1 たった2本のローソク足で相場の行方を占う方法

第1章ではローソク足の基本を紹介しましたが、ローソク足だけを見て、相場展開を予測する精度をもっと上げられないものでしょうか。

そこで第2章では、2本のローソク足を組み合わせて、それがどういう意味を持つのかを紹介していきたいと思います。第1章で記した特徴的なローソク足がベースになりますから、ちょっと理解が足りないなと感じたら、読み返されることをお勧めします。

ここで紹介するのは、江戸時代に米の先物相場で財をなした本間宗久の酒田五法から、外国為替相場によく出てくるローソク足の組み合わせをピックアップしました。厳密には、宗久が記したものと異なるところもあるため、そのアレンジ版とご理解ください。

前半は、上昇後に出現したローソク足の組み合わせから売りシグナルとして利用できるものを紹介します。後半は、下落後に出現したローソク足の組み合わせから買いシグナルとして利用できるものを検証していきます。この方法の最大の特徴は、シグナルを早く見出すことができる点です。なお本書では特別の断りがない限り、「買」「売」とも、「新規・決済」を問いません。したがって、「買」のときには、「新規買・決済買」となります。

シグナルを早く見出すことができる点が、ローソク足の組み合わせの最大の特徴

ローソク足の組み合わせをトレードシグナルとして活用する

■ **高値圏**での主な**売り**シグナル

はらみ線

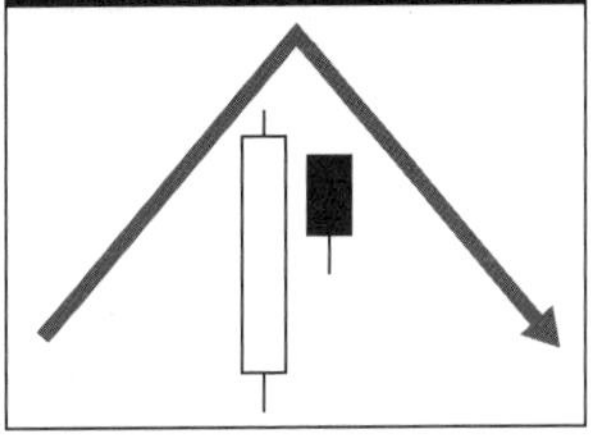

包み（抱き）線

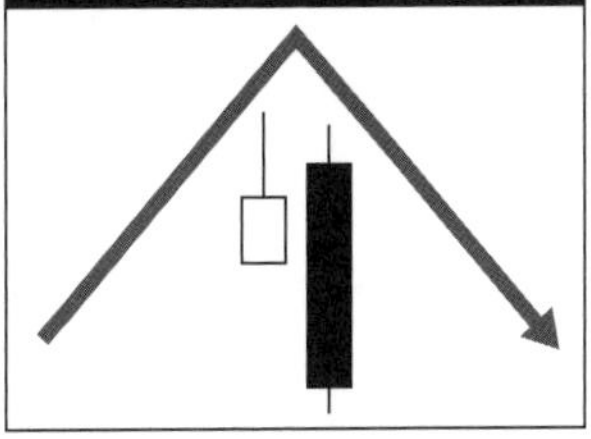

かぶせ線

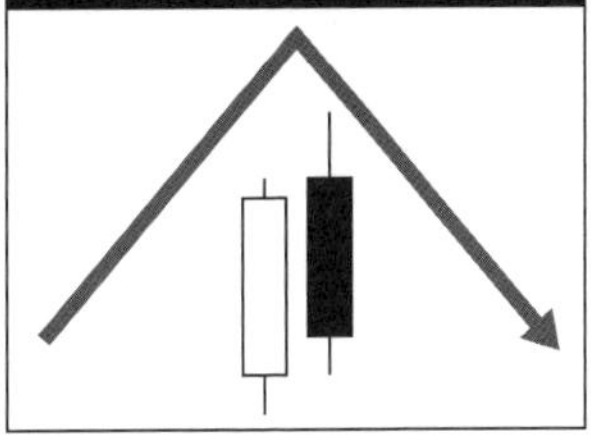

■ **安値圏**での主な**買い**シグナル

はらみ線

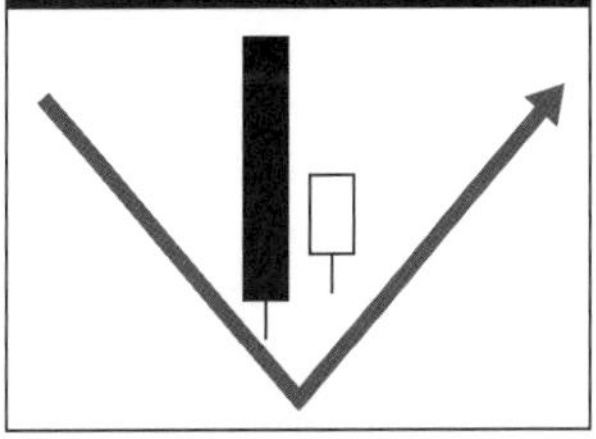

包み（抱き）線

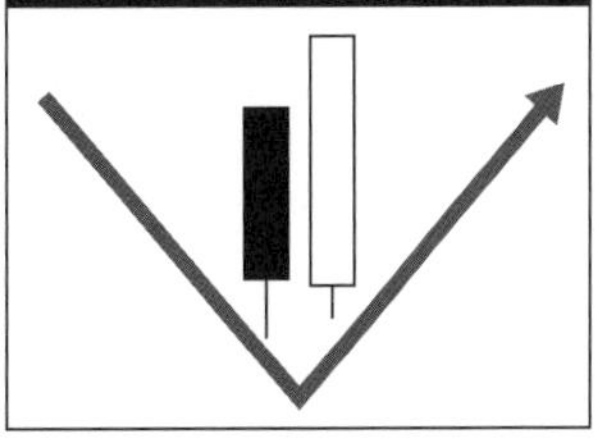

切り込み線

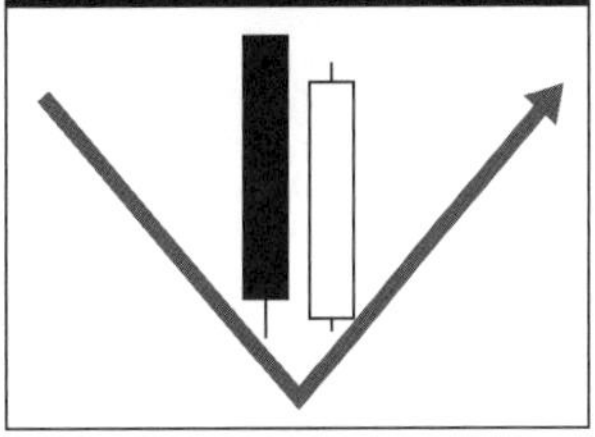

2

高値圏で大陽線に小陰線がはらんだら「売り」

まずは、上昇後の高値圏で出現した「**はらみ線**」です。これは、**大陽線の次に、小さな陰線が現れ、大陽線のボディの間に陰線が収まっている状態**で、そのローソク足の様子を、おなかに赤ちゃんをはらんでいる女性に見立てて名付けられました。

この「はらみ線」が上昇後に出現したときには、「売り」のシグナルとして利用することができます。というのも、**2つのローソク足を1本に合成すると、左に示したように、長い上ヒゲ陽線**になるからです。

外国為替相場のチャートで大陽線のボディの中に陰線が収まるケースは稀ですが、似たようなパターンが現れたときには、ローソク足を合成してみてください。

左下のカナダドル／円は、中段で約3円の反落局面を交えて83円近辺から90円手前まで上昇。このトップで出現したのが「はらみ線」です。すると、その直後から長い陰線を交えて、上昇の起点である83円近辺まで鋭角的に下落しています。また、外国為替相場ではほとんど見られませんが、大陽線の後の小さな陽線は、「陽の陽はらみ」といって、まさに売りの急所とされていますから、「陽線だから大丈夫」と考えないようにしてください。

上昇後の「はらみ線」は、ローソク足を合成すると「長い上ヒゲ陽線」になる

上昇後に出現したはらみ線

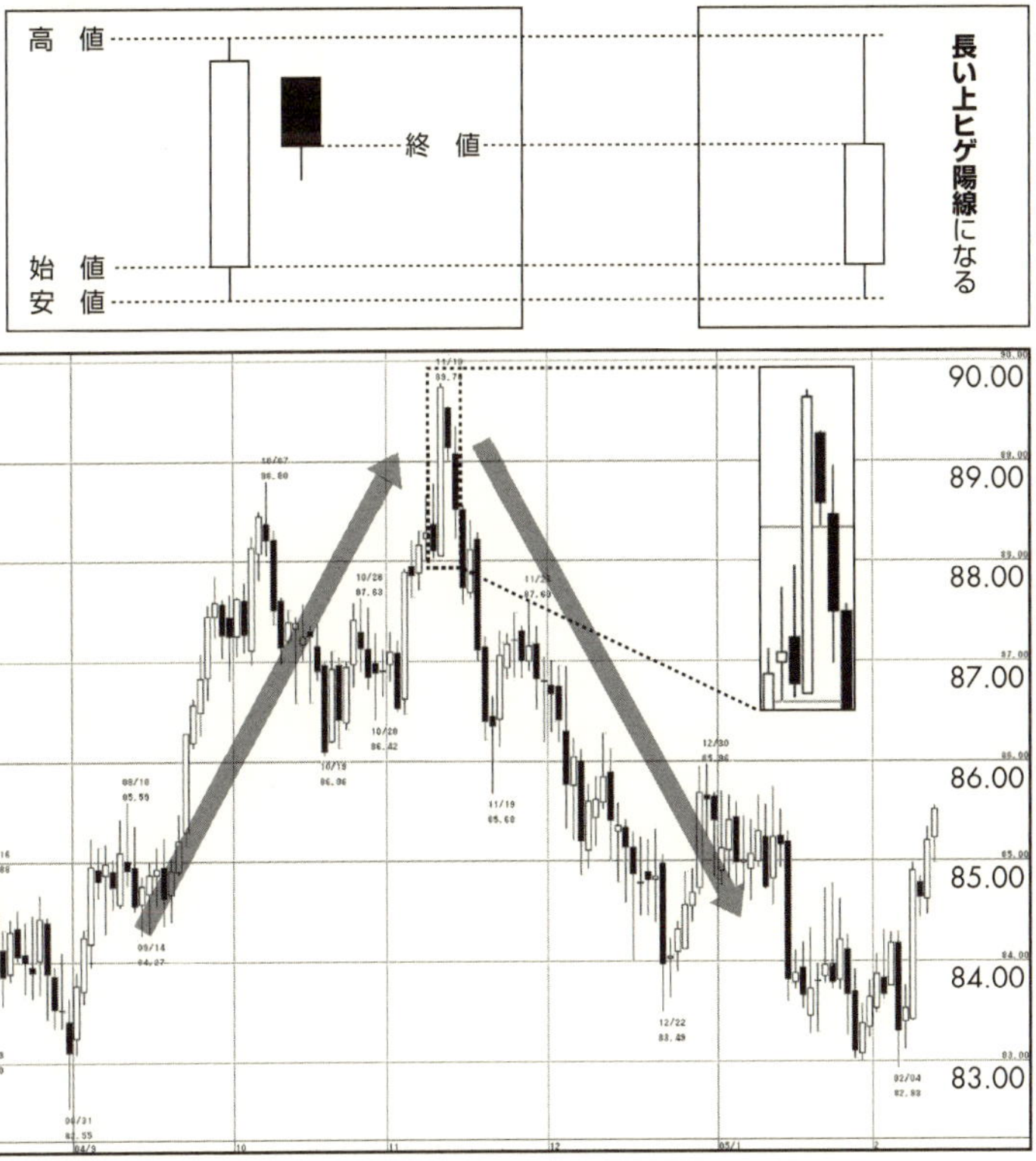

‖カナダドル／円‖日足‖2004.08～2005.02

チャート提供：ドリームバイザー・ファイナンシャル

3

高値圏で小陽線を大陰線が包み込んだら「売り」

次は、上昇後の**高値圏で小さな陽線の次に、その陽線を包み込むような大陰線が出現する「包み線」**です。これは「抱き線」ともいわれ、高値圏で現れたときには、売りシグナルとされるローソク足の組み合わせです。**この2本のローソク足を組み合わせると、長い上ヒゲ陰線**になるからです。

正確には、小さな陽線が次の大陽線の中にすっぽり収まる形ですが、長いヒゲを伸ばすことが特徴の外国為替相場では、左のチャートのように、陽線の上ヒゲが次の大陽線の高値を上回るケースがしばしば見られます。このようなときでも、あまり正式なパターンにはこだわらず、ローソク足を合成してみることをお勧めします。

事例として用意したのは、ドル／円の60分（1時間）足チャート。93円台半ばで上昇に転じ、1円強上昇した後に「包み線」が現れました。すると、この後は上昇分を打ち消す1円強の下落。60分足ですから即断即決、速やかな対応が求められることはいうまでもありませんが、一定の成果が得られた格好です。1本のローソク足では判断しづらかったものも、2本を組み合わせると大分、精度が高まったと感じられるのではないでしょうか。

上昇後の「包み線」は、ローソク足を合成すると「長い上ヒゲ陰線」になる

上昇後に出現した包み（抱き）線

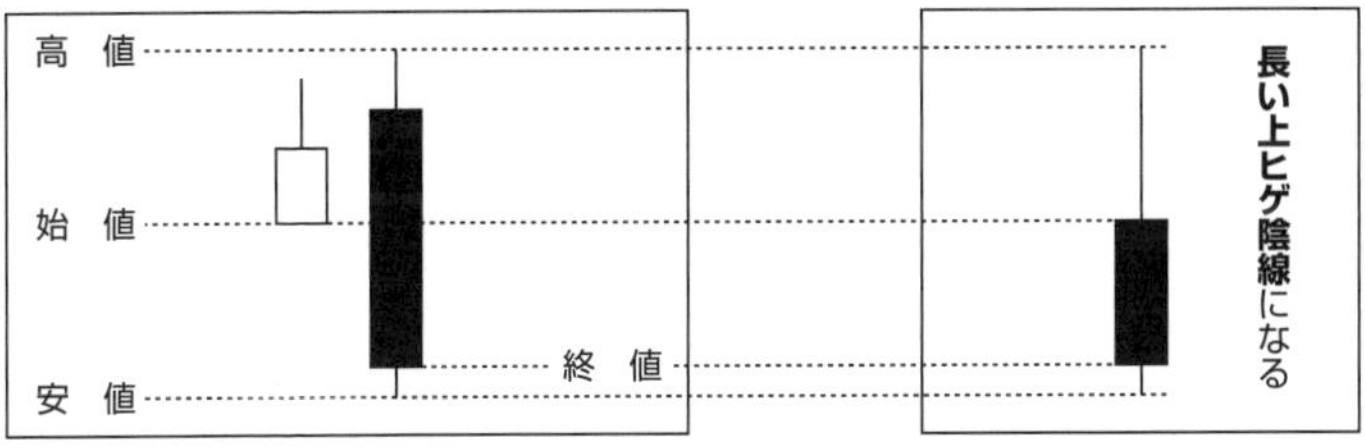

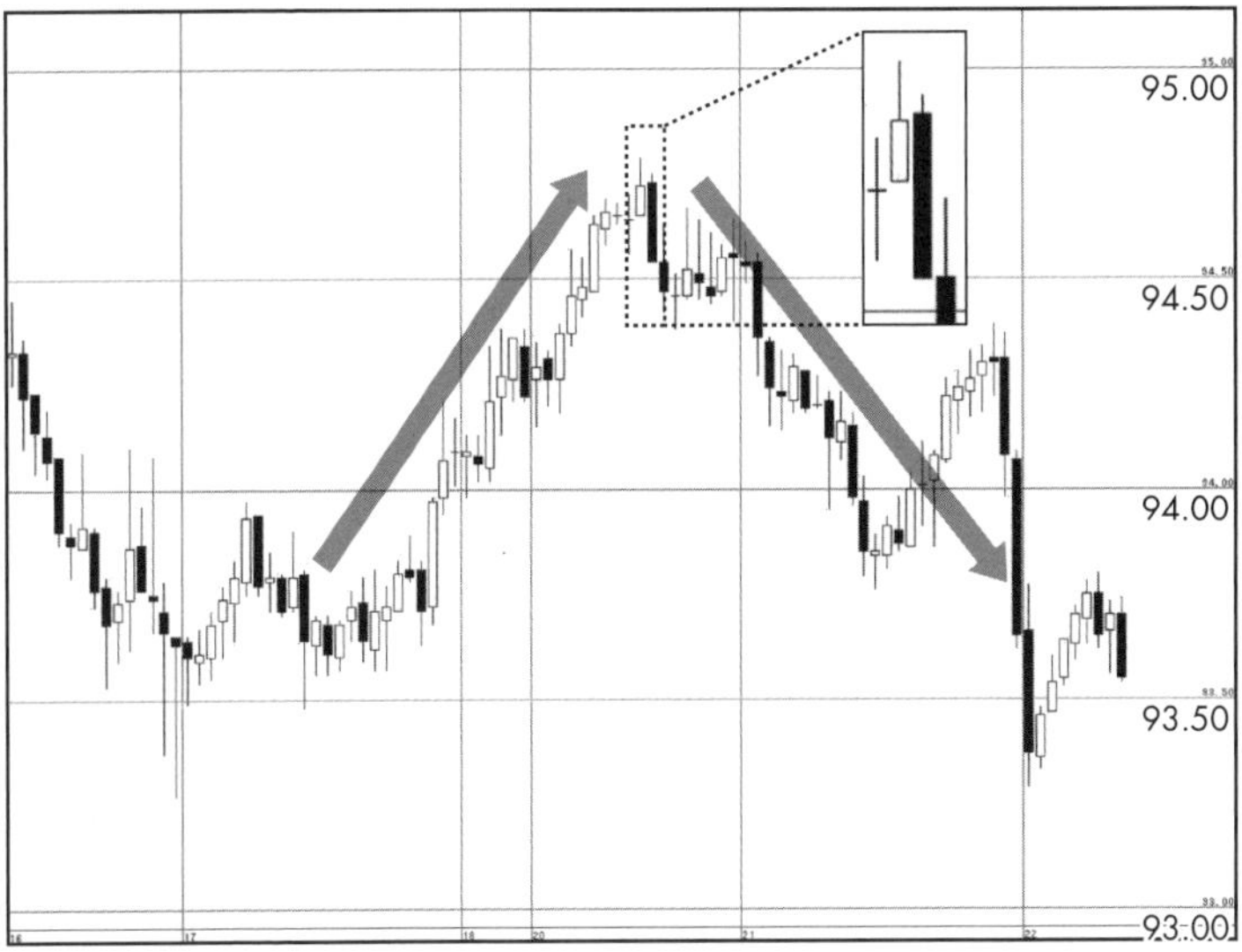

‖ドル／円‖60分足‖2009.07.16～2009.07.22

チャート提供：ドリームバイザー・ファイナンシャル

4

勢いよく上昇した陽線に陰線が深く食い込めば「売り」

今度は「**かぶせ線**」です。「かぶせ線」とは、上昇の勢いが強く、長めの陽線を引いた後に、その余勢を駆って高く寄付くものの利益確定などの売りに押されて、直前の陽線のボディのかなり深いところ（正確には陽線のボディの中心より下）まで、覆い被さるように陰線が食い込む状態のローソク足の組み合わせを指します。

この**2本のローソク足を合成すると、先ほどのはらみ線に比べ、より上ヒゲが長くなり、その分ボディが短い陽線**になります。チャートだけを見ていると、「上昇に勢いがある分、反落も致し方ないか……」と思いたくなりますが、これこそ「売り」の急所といえます。

さて、チャートを見て具体的に検証してみましょう。カナダドル／円は、116円台まで順調に上昇きたところに、「かぶせ線」が出現しました。その2日前に長い陽線が2本連続しているため、この反落は仕方ないようにも思えます。

しかし、この「かぶせ線」が出現した後、100円割れまでの急落相場が待ちかまえていました。チャートを見る限り、ほんの小さな変化ですから、見逃すか軽視しがちですが、注意して見ると、高値圏ではちょくちょくお目にかかるローソク足の組み合わせです。

上昇後の「かぶせ線」は、ローソク足を合成すると「長い上ヒゲ陽線」になる

上昇後に出現したかぶせ線

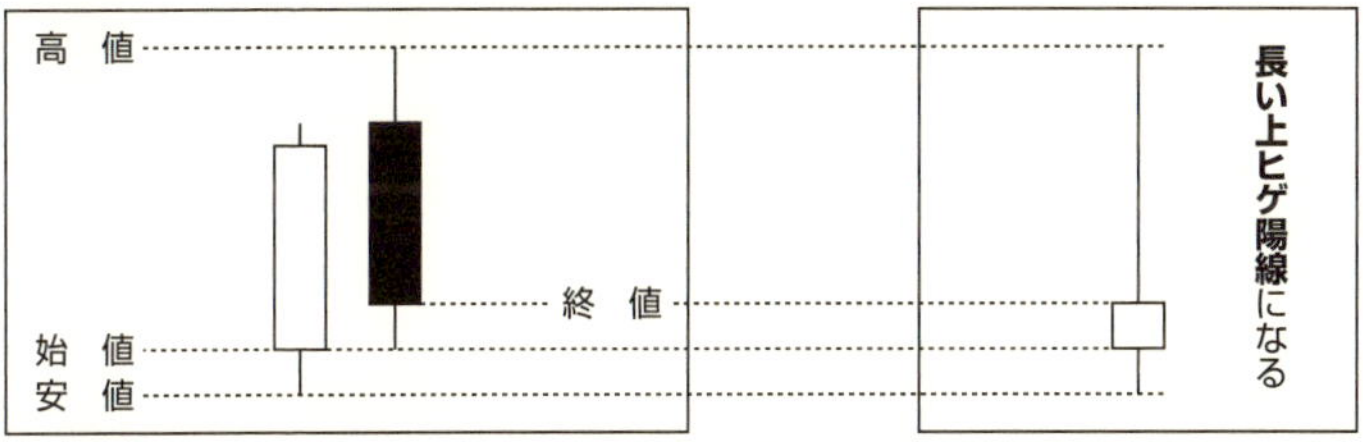

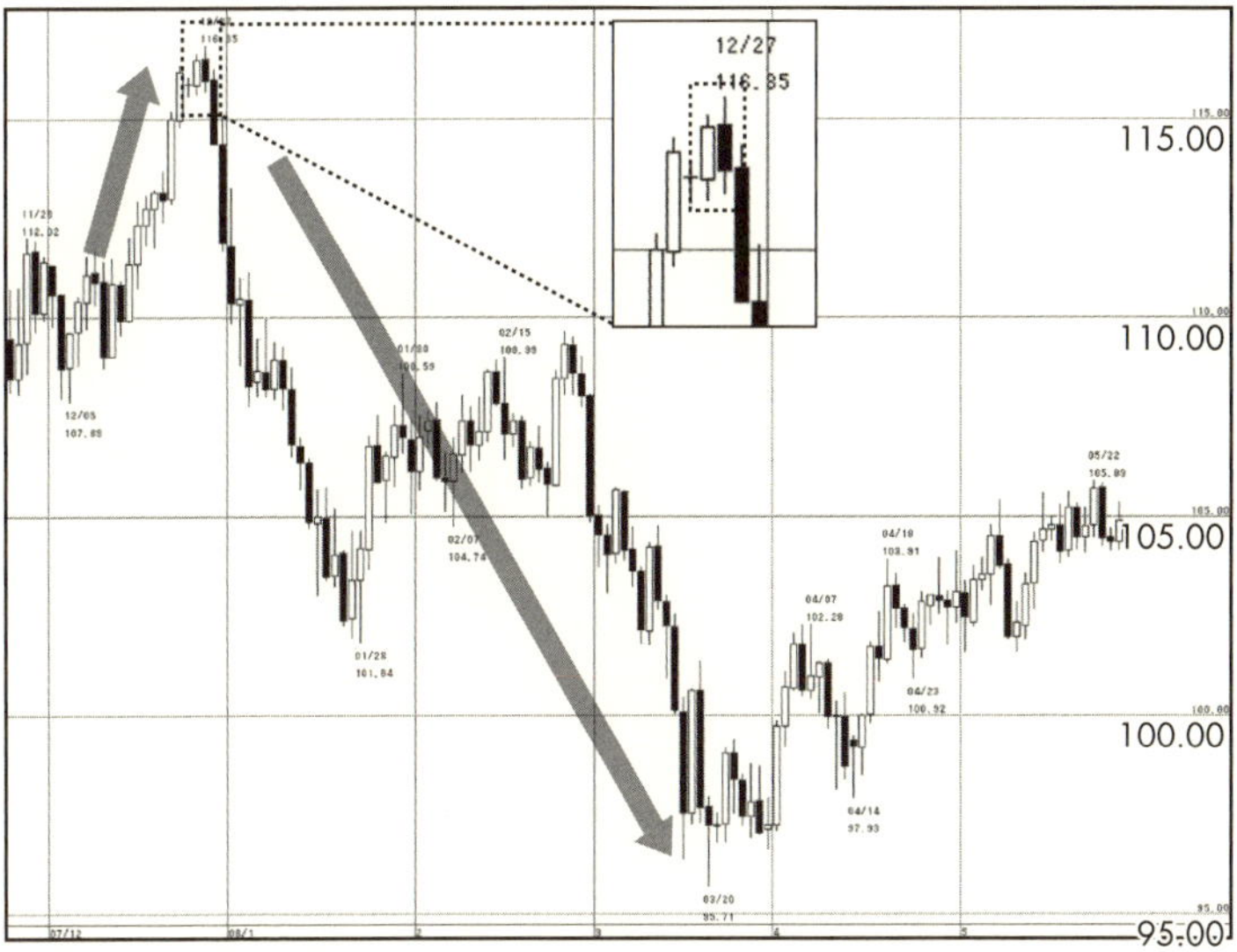

‖カナダドル／円‖日足‖2007.11～2008.05

チャート提供：ドリームバイザー・ファイナンシャル

5

上昇相場の果てに小さな星が輝いたら「売り」

比較的長い期間で上昇すると、終盤は上昇の角度が鋭角的になることがあります。そして、**高値圏で長い陽線を引いた後に勢い余って高く寄付いたもの、十字を切るようなローソク足や、ボディとヒゲが非常に短いローソク足が出現したときには、細心の注意が必要**です。相場の転機が近いと考えられるからです。

正確には、ボディとヒゲが非常に短いローソク足が前の陽線から上放れた「星」のように見えることから、「宵の明星」などと呼ばれます。これらは本来、気迷いを示すと捉えますが、この組み合わせの場合は、目先の天井を付けた可能性が高いといえましょう。

左のユーロ／円の日足チャートをご覧ください。２００３年３月下旬の１２６円台から明確な上昇相場に突入しています。その角度は急で、上昇ピッチの速さを物語っています。途中、２度の急落が見られますが、その後は一気呵成の上昇。一連の上昇幅は約14円です。ところが１４０円を超えた高値圏で、やや上下に長いヒゲを伸ばした十字架のようなローソク足が出現。そこからは何度か反発するものの、すでに勢いはなく、１カ月半の間に約10円も下落してしまいました。相場の転機には、しばしば前触れが伴うものです。

相場の転機には、しばしば前触れが伴うもの。上昇後のコマと十字線には要注意

上昇後に出現した星（宵の明星）

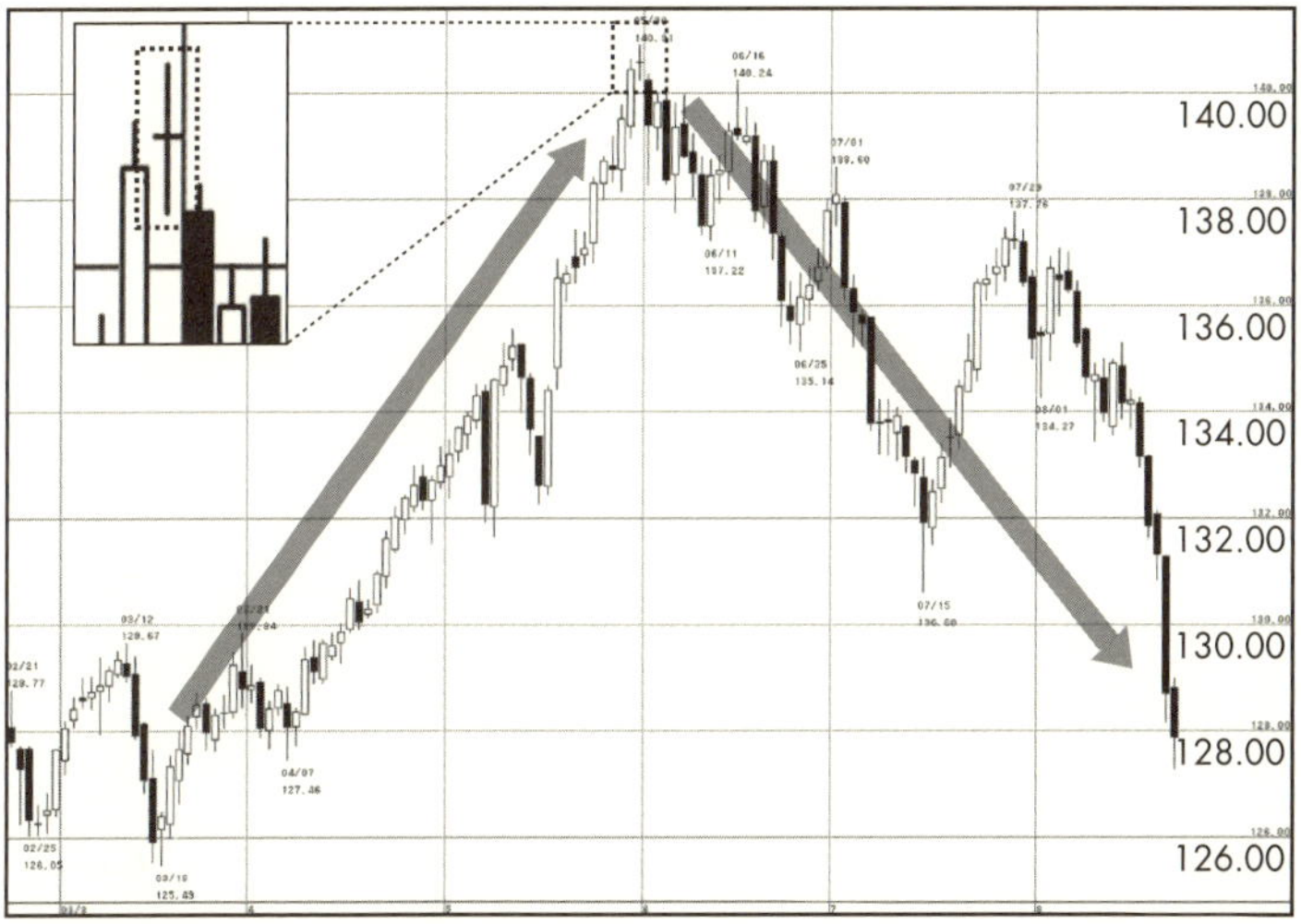

‖ユーロ／円‖日足‖2003.02〜2003.08

チャート提供：ドリームバイザー・ファイナンシャル

One Point アドバイス

ボディもヒゲも非常に短いローソク足を「コマ」といいます。また、事例のユーロ／円チャートでは、十字線が出現していますが、どちらも気迷いを示し、高値圏や安値圏で出現すると、相場の転機が近いと判断することが多いローソク足です。

6

大陽線の次にボディは短く下ヒゲが長い陽線で「売り」

目先の高値（時に天井）を示すローソク足の組み合わせの最後は、「**首つり線**」です。「首つり線」とは、**勢いよく上昇した大陽線の後に、ボディは短く、下ヒゲが非常に長い陽線が上放れて出現する**ことを指します。

相場に相対している投資家は、「大幅上昇した後だけに、勢いが弱まるのも仕方がないか……」「下ヒゲを長く伸ばしているから、再上昇が期待できそう」という気持ちが強くなるかもしれません。しかし、**この後には文字通りの「首をつりたくなる」ような展開が待ち受けている可能性が高い**ため、ここでの新規買いは無謀ともいえましょう。

外国為替相場では、上放れての「首つり線」が現れることは少ないのですが、左のチャートのようなローソク足が出現したときには、細心の注意を怠りなくしたいものです。

豪ドル／円は、83円台から88円手前までほぼ一貫して上昇。利益確定の売りに押されて、85円割れ寸前まで反落します。その後の出直り局面では、87円中盤で1円を超える値幅の大陽線を引いた翌日に「首つり線」が出現。すると、前回高値を上回ることなく短期的な下落相場に突入、３本の大陰線を交えて83円台半ばまで足早に下げてしまいました。

買い方は、大幅上昇後に出現したカラカサを軽視せず、早期撤退の準備を

上昇後に出現した首つり線

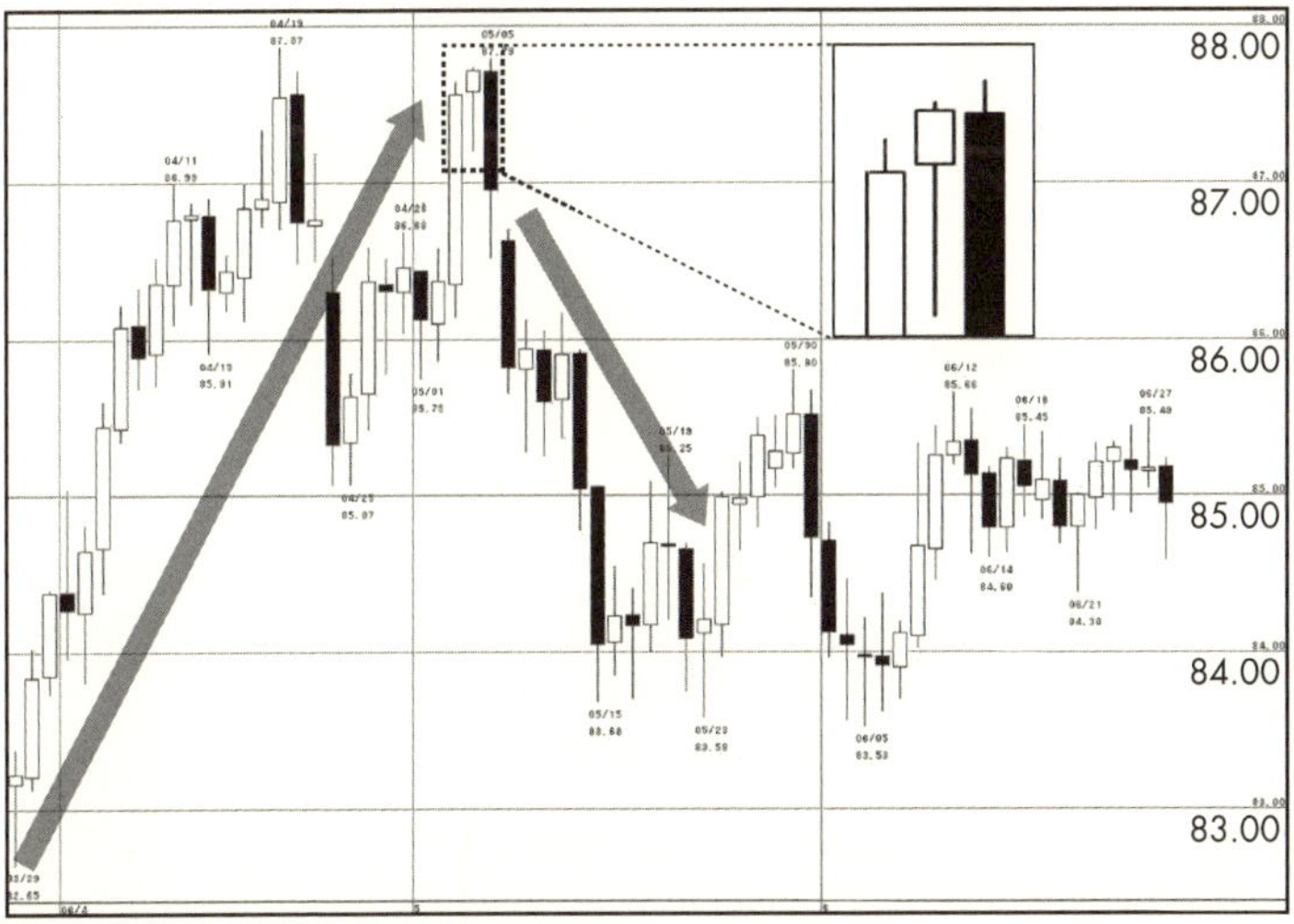

‖豪ドル／円‖日足‖2006.03〜2006.06

チャート提供：ドリームバイザー・ファイナンシャル

One Point アドバイス

酒田五法では、首つり線のヒゲの長さはボディの3倍以上としています。ちなみに、こうした形のローソク足を「カラカサ」といい、安値圏でこの形の陰線が下放れて出現すると「買いの好機」とされていますが、外国為替相場ではあまり見られません。

7

大幅下落後に現れたはらみ線は勇気を持って「買い」

今度は、安値圏で出現するローソク足の組み合わせから、買いシグナルを見出してみましょう。最初は、すでにご紹介した「はらみ線」です。

下落後の安値圏で大陰線を引いた後に、そのボディの上下に収まる格好で小さな陽線が出現したときには、反転上昇が近いと読むことができます。**2本のローソク足を合成すると長い下ヒゲ陰線**になるからです。大幅下落の後の「はらみ線」出現で「買い」とするのは勇気がいりますが、積極派はストップロスを厳格に守りながらトライしてみてください。

さて、事例として用意したのは、90円に迫る勢いで順調に上昇してきたカナダドル／円の日足チャートです。90円の大台替わり間近で失速すると、半月以上も続く鋭角的な下落相場に転じました。そして、チャート上の安値とほぼ同水準に達する非常に長い大陰線が出現。まさにヒヤッとする局面です。ところが、その翌日、やや長めの下ヒゲ陽線が出現します。これが「はらみ線」です。ここからは適度な押し目を形成しながら、90円の大台も難なく突破。あとで相場を振り返ると、「やっぱり、あそこが底値だったのか」と思わず口ばしりたくなるような買いシグナルとなったのです。

下落後の「はらみ線」は、ローソク足を合成すると「長い下ヒゲ陰線」になる

下落後に出現した**はらみ線**

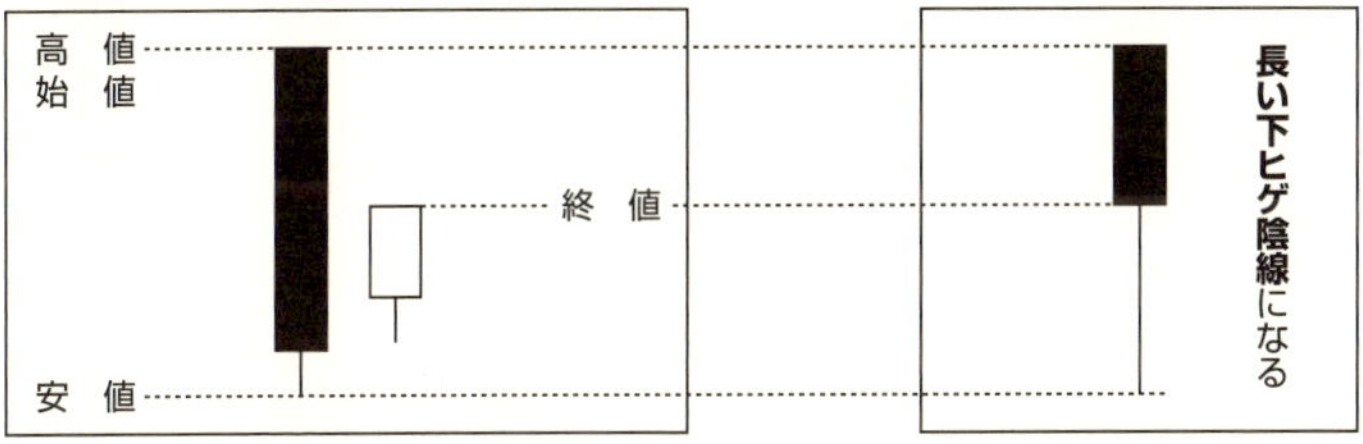

‖カナダドル／円‖日足‖2005.02～2005.08

チャート提供：ドリームバイザー・ファイナンシャル

8

安値圏で小陰線を大陽線が包み込んだら「買い」

今度は安値圏での「包み線」です。**明確な下落相場が続いている最中に陰線を包み込むような大陽線が出現したら、反転上昇の可能性が高まる**ローソク足の組み合わせです。**ローソク足を合成すると、長い下ヒゲ陽線**になるからです。第1章でご紹介したことが基本となっていることが、お分かりいただけると思います。

外国為替相場の場合、この「包み線」は安値圏では陰線の終値と陽線の始値、高値圏では陽線の終値と陰線の始値がほぼ同値ということが多いようです。というのも、外国為替相場には週末以外は、基本的に市場が閉まるときがないからです。

さて、NZドル／円チャートを使って安値圏での「包み線」を検証しましょう。56円台から鋭角的に下落してきたNZドル／円は、高値から2割ほど下げた46円近辺で、ときおり下ヒゲを伸ばした陽線が現れ、下落に対する抵抗が感じられます。

しかし、46円を割り込み、下落継続かと思った翌日、1円弱の陽線が前日の陰線を包み込むように出現すると相場は反転。その後、1カ月の間、上値は50円で押さえられ、下値を切り上げる展開が続きますが、心理的な節目の50円を抜けると60円を目指す勢いです。

下落後の「包み線」は、ローソク足を合成すると「長い下ヒゲ陽線」になる

下落後に出現した包み線

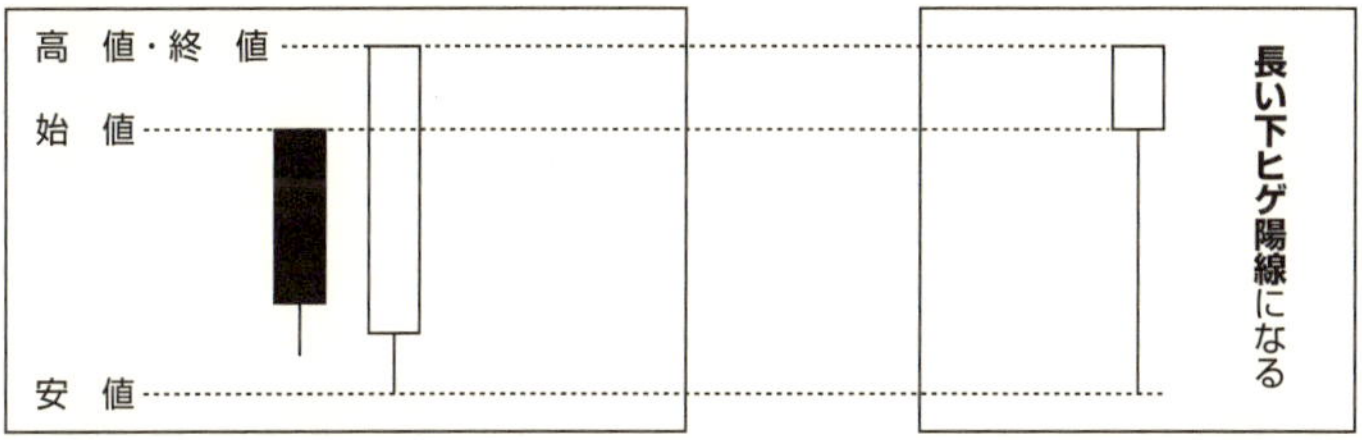

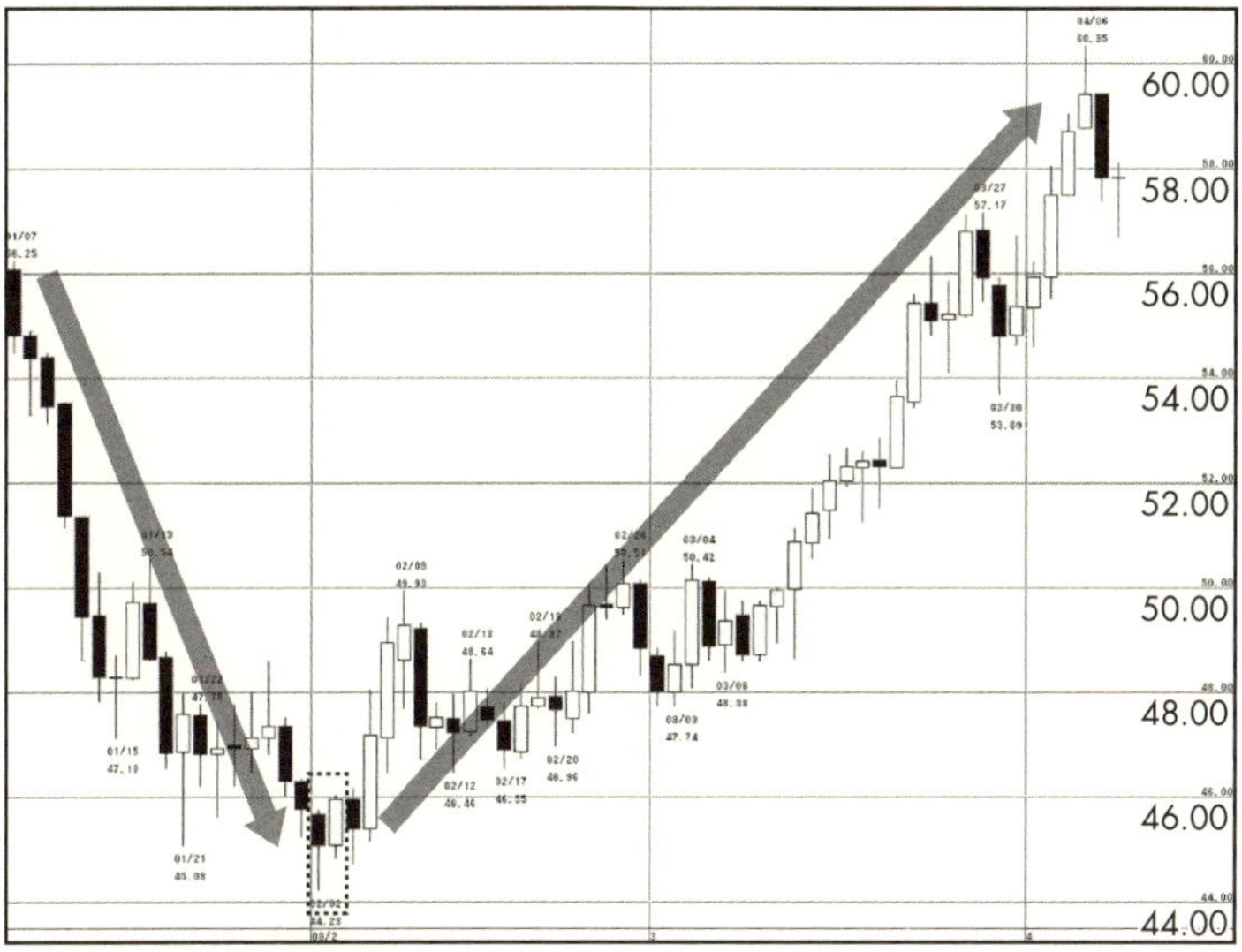

‖NZドル／円‖日足‖2009.01～2009.04

チャート提供：ドリームバイザー・ファイナンシャル

9

勢いよく下落した陰線に陽線が深く食い込めば「買い」

最後は、**勢いよく下落して大陽線が出現した直後に下放れて寄付き、前の大陰線に陽線が深く食い込むようローソク足は、相場の切り返しを意味**し、「買いシグナル」と考えられます。これが「**切り込み線**」です。この**2本のローソク足を合成すると、下ヒゲを非常に長く伸ばし、ボディは短い陰線**になります。直前の陰線を完全に包み込めば、包み線になりますから、こちらのほうが確度としてはやや低いと考えることもできます。

さて、ドル／円の日足チャートをご覧ください。121円台後半から3円近い大陰線を伴って115円台まで、ほぼ真っ逆様に急落。わずか7日間の出来事です。ところが、その直後には相場が急転、前日の陰線のかなりの部分まで陽線が食い込んでいます。ここから約3カ月をかけて上昇すると、急落前の高値を奪回しました。

ところで、このときの始値は、陰線の終値から下放れていないため、厳密には「切り込み線」とはいえません。最も大切なことは、酒田五法の組み合わせの名前や、そのパターンを厳密に覚えるより、相場の高値圏と安値圏で性質の異なるローソク足が現れたとき、その2本のローソク足を合成して相場の行方を読むという習慣を付けることなのです。

下落後の「切り込み線」は、ローソク足を合成すると「長い下ヒゲ陰線」になる

下落後に出現した切り込み線

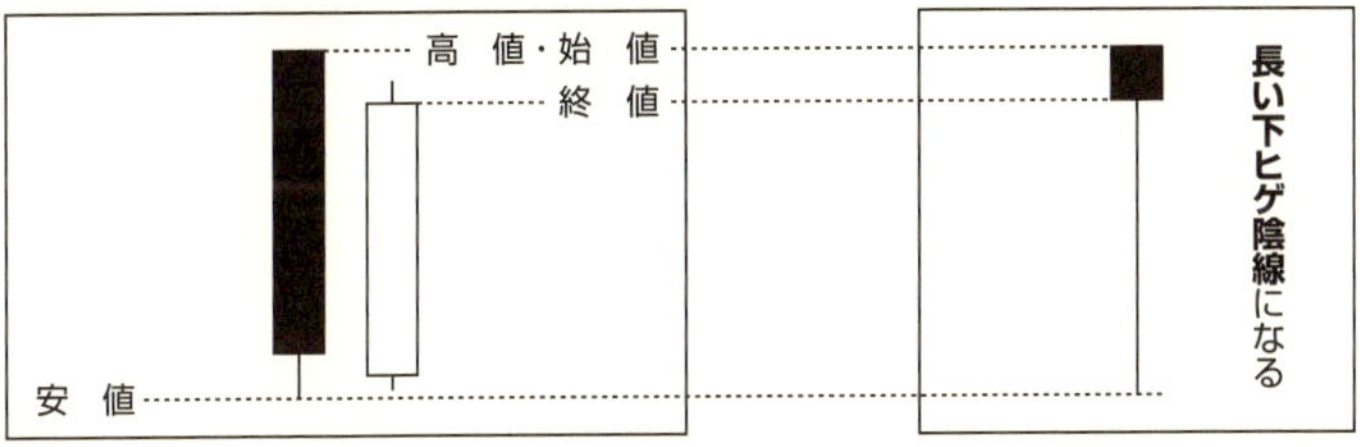

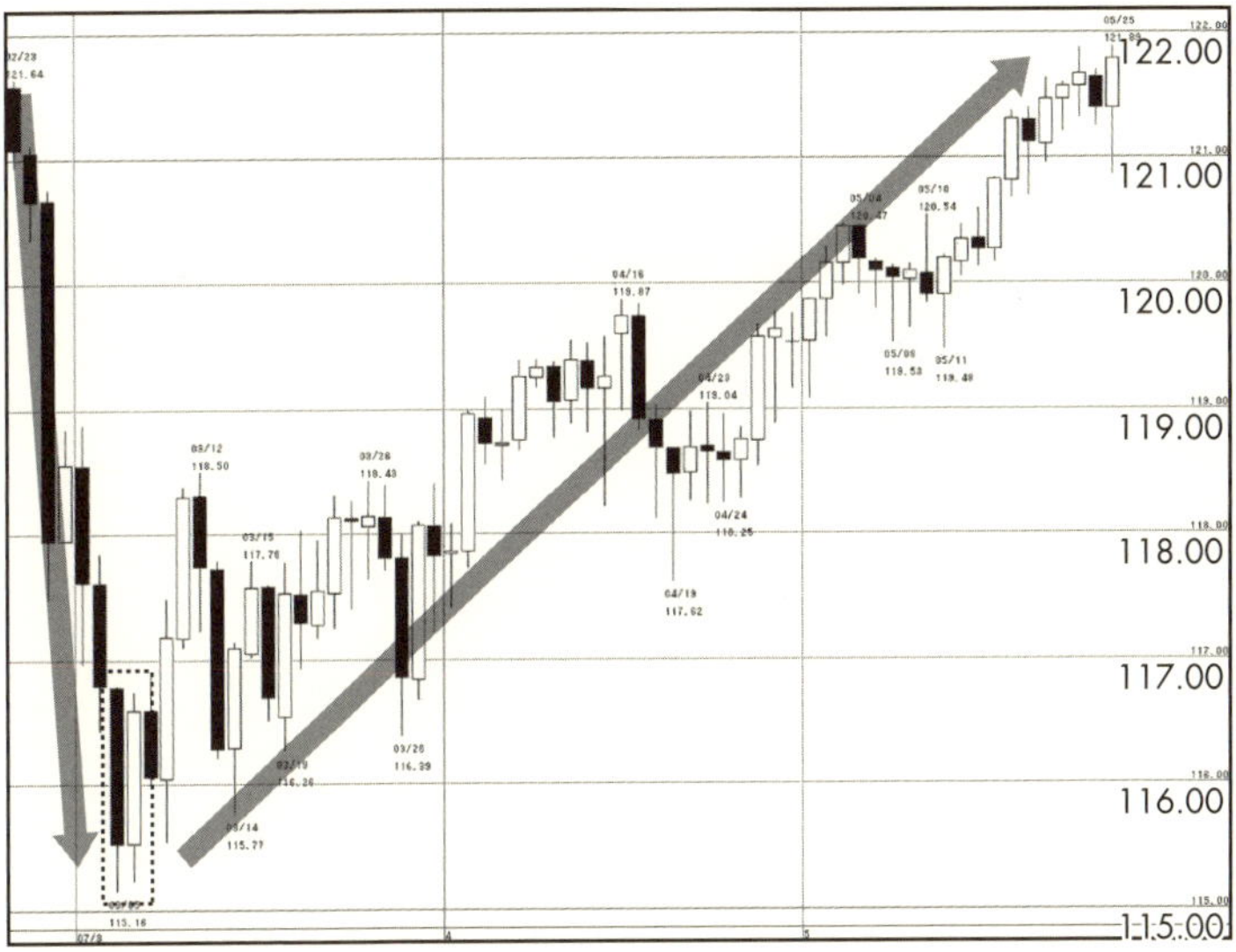

‖ドル／円‖日足‖2007.02〜2007.05

チャート提供：ドリームバイザー・ファイナンシャル

第3章

トレンドラインとチャネルラインで「相場の行方」を読み解く

1 相場の方向性＝トレンドを見ることが最も重要

外国為替相場に限らず、**相場には「右肩上がり」「右肩下がり」「一定の幅を行ったり来たりする横ばい」の3つ**があります。チャート分析では、これらの相場の方向性を示すのに「トレンド」という言葉が使われます。つまり、右肩上がりの相場なら「**上昇トレンド**」、右肩下がりなら「**下降トレンド**」、横ばい相場なら「**横ばいトレンド**」「**ボックス圏**」などと名付けられています。

相場のトレンドを見るためには「**トレンドライン**」を引いて、チャート分析に役立てることができます。具体的には、上昇トレンドのときは、価格が上昇に転じた最初の安値と次の安値を結び、それを右上に伸ばします。下降トレンドのときは、価格が下落に転じた最初の高値と次の高値を結び、それを右下に伸ばします。横ばいトレンドのときは、最初の高値と安値をそれぞれ起点とした水平の線を右に伸ばします。

ところで、トレンドラインには大切な役割があります。**上昇トレンドでは、トレンドラインが下値を支えることから下値支持線（サポートライン）**として、**下降トレンドでは同線が上値を押さえることから上値抵抗線（レジスタンスライン）**として機能することです。

外国為替相場とトレンドの間には、非常に密接な関係がある

相場を織りなす3つのトレンド

■ **上昇トレンド**とトレンドライン

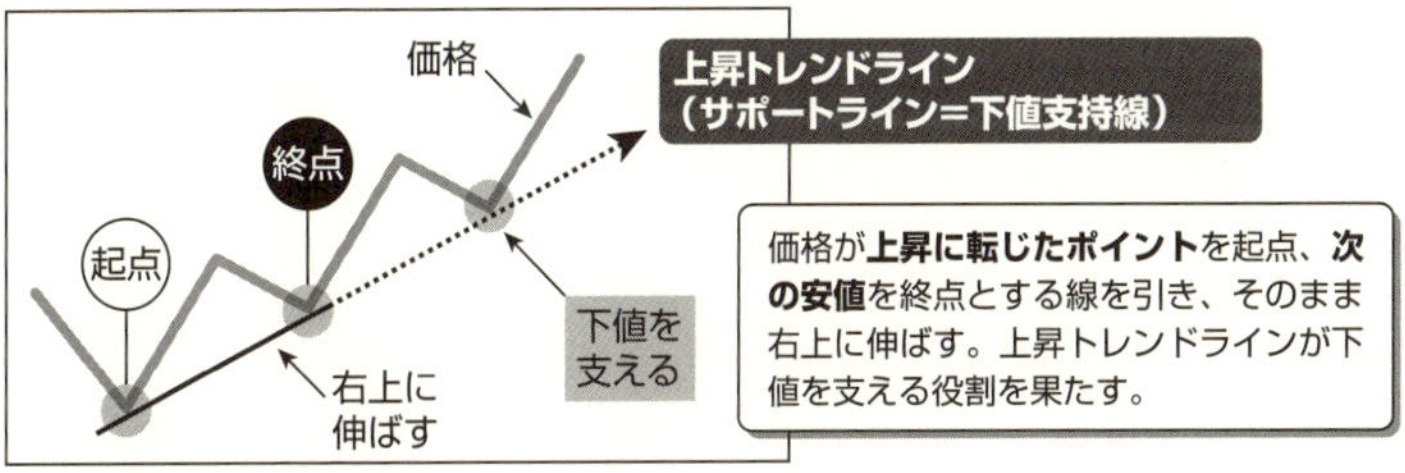
価格
終点
起点
右上に伸ばす
下値を支える
上昇トレンドライン（サポートライン=下値支持線）
価格が**上昇に転じたポイント**を起点、**次の安値**を終点とする線を引き、そのまま右上に伸ばす。上昇トレンドラインが下値を支える役割を果たす。

■ **下降トレンド**とトレンドライン

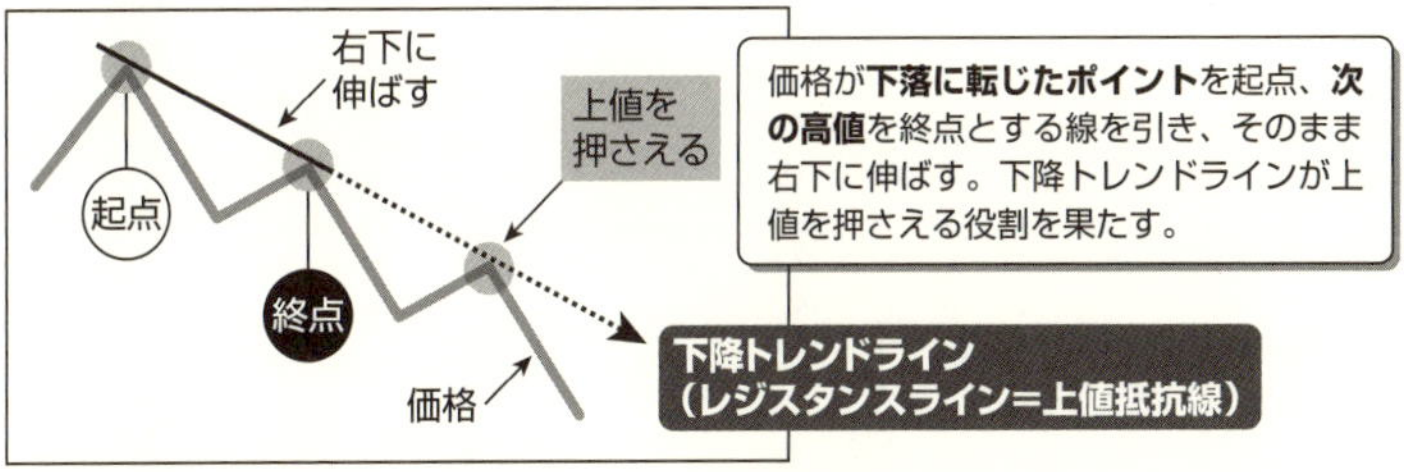
右下に伸ばす
上値を押さえる
起点
終点
価格
価格が**下落に転じたポイント**を起点、**次の高値**を終点とする線を引き、そのまま右下に伸ばす。下降トレンドラインが上値を押さえる役割を果たす。
下降トレンドライン（レジスタンスライン=上値抵抗線）
■ **横ばいトレンド（ボックス圏）**とトレンドライン

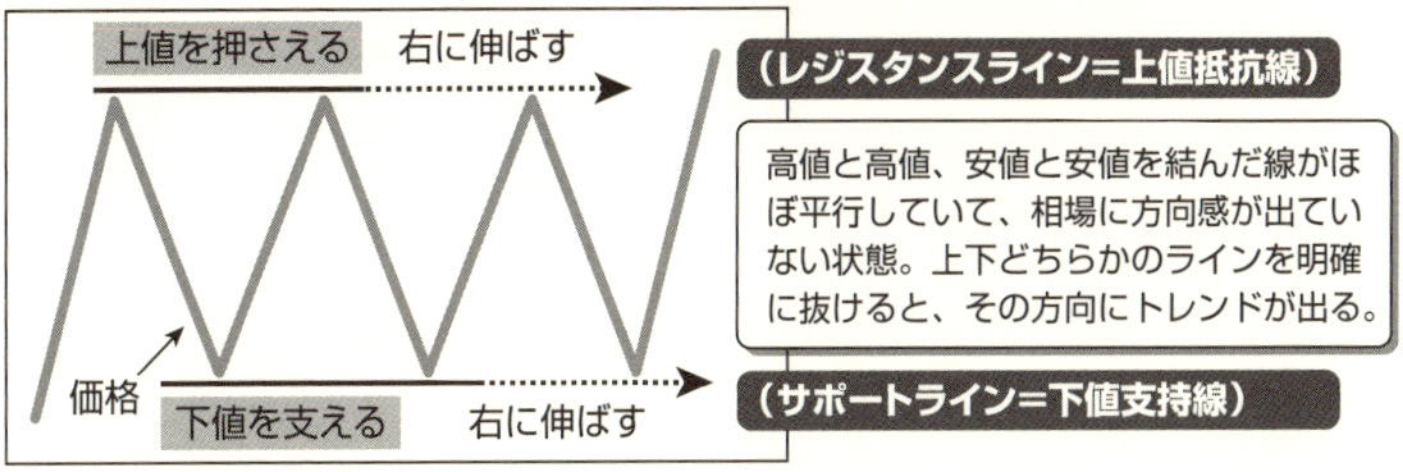
上値を押さえる
右に伸ばす
（レジスタンスライン=上値抵抗線）
高値と高値、安値と安値を結んだ線がほぼ平行していて、相場に方向感が出ていない状態。上下どちらかのラインを明確に抜けると、その方向にトレンドが出る。
価格
下値を支える
右に伸ばす
（サポートライン=下値支持線）

2

外国為替相場最大の特徴はトレンドが強く出ること

実際のチャートを見ながら、トレンドを検証してみましょう。今の段階では、トレンドラインのことは気にせず、**相場には大きく3つの流れ＝トレンドがあることをしっかりイメージ**できるようにしてください。

チャートは、２００７年9月下旬から1年にわたるユーロ／ドルの日足チャートです。この時期は、サブプライムローン問題が顕在化して世界の金融市場が大混乱に陥った後の修復局面から、リーマンショックで未曾有の大暴落に見舞われるまでのものです。

チャートに示した矢印の通り、上昇、下降、横ばい（ボックス圏）の各相場で構成されていることが分かります。また、上昇相場の中に小さな下落相場が、ボックス圏の中には上昇相場や下落相場が見られます。

これら**トレンドの継続性や、上昇・下落の角度の変化などを分析することで、トレードの精度を高める**ことができます。外国為替相場において、トレンドを見極めることこそ、最も大切なことといえましょう。というのも、**ひとたびトレンドが出ると、しばらく、時には数年の長きにわたって継続するのが、外国為替相場の最大の特徴**だからです。

トレンドの継続性や角度の変化を分析することでトレードの精度が高められる

トレンドに着目することが、FXで成功するための第一歩

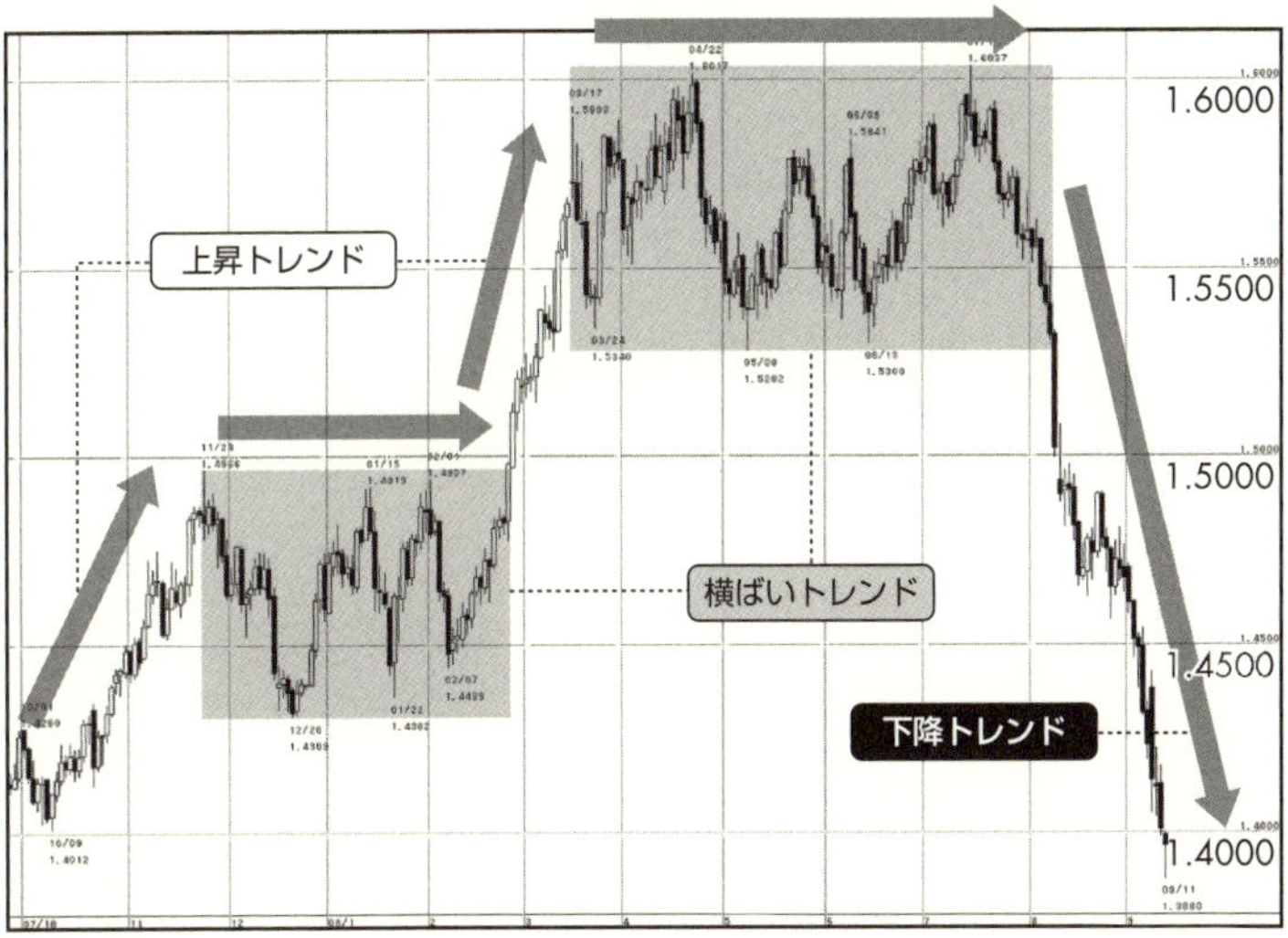

‖ユーロ／ドル‖日足‖2007.09〜2008.09

チャート提供：ドリームバイザー・ファイナンシャル

One Point アドバイス

1本の日足を分足で見れば、その中にも3つのトレンドが展開しています。日足チャートで期間を長めに表示してトレンドを確認し、さらに直近の数日では分足がどのようなトレンドを形成しているかを確認することはとても大切なことです。

3

1本のトレンドラインを引くことから始めよう

ここからは、トレンドラインの引き方や使い方、その重要性などについて、詳しく紹介していきましょう。外国為替相場とトレンドとの関係や、相場の行方を読むのにトレンドラインが非常に役立つことがお分かりいただけると思います。

左の豪ドル／円の日足チャートをご覧ください。チャートの左部分は約1カ月の間に90円台から55円割れまで下落した相場です。その後、60円割れから70円手前の広い範囲を行ったり来たりしており、相場が回復するまでには時間がかかりそうです。そして、２００9年2月に入ると再度、55・52円の安値を付けて「底割れか！」という展開になります。

しかし、この2月2日を境に相場は緩やかに上昇を開始。約1カ月後の3月12日には、61・40円まで売られたものの買い戻され、長い下ヒゲ陽線となってこの日は終了します。

ここで**2月2日の安値55・52円を起点、3月12日の安値61・40円を終点とした右肩上がりのトレンドライン**を引きます。唖然とするような急落相場でしたから、この時点で上昇に転じたかどうかはなかなか確信が持てませんが、この後、トレンドラインをローソク足が「明確」に割り込まなければ、トレンドが転換したと判断することができます。

トレンド転換は、一定の時間が経過しないと確認することができない

暴落相場の後にトレンド転換の兆しが、わずかに見られる

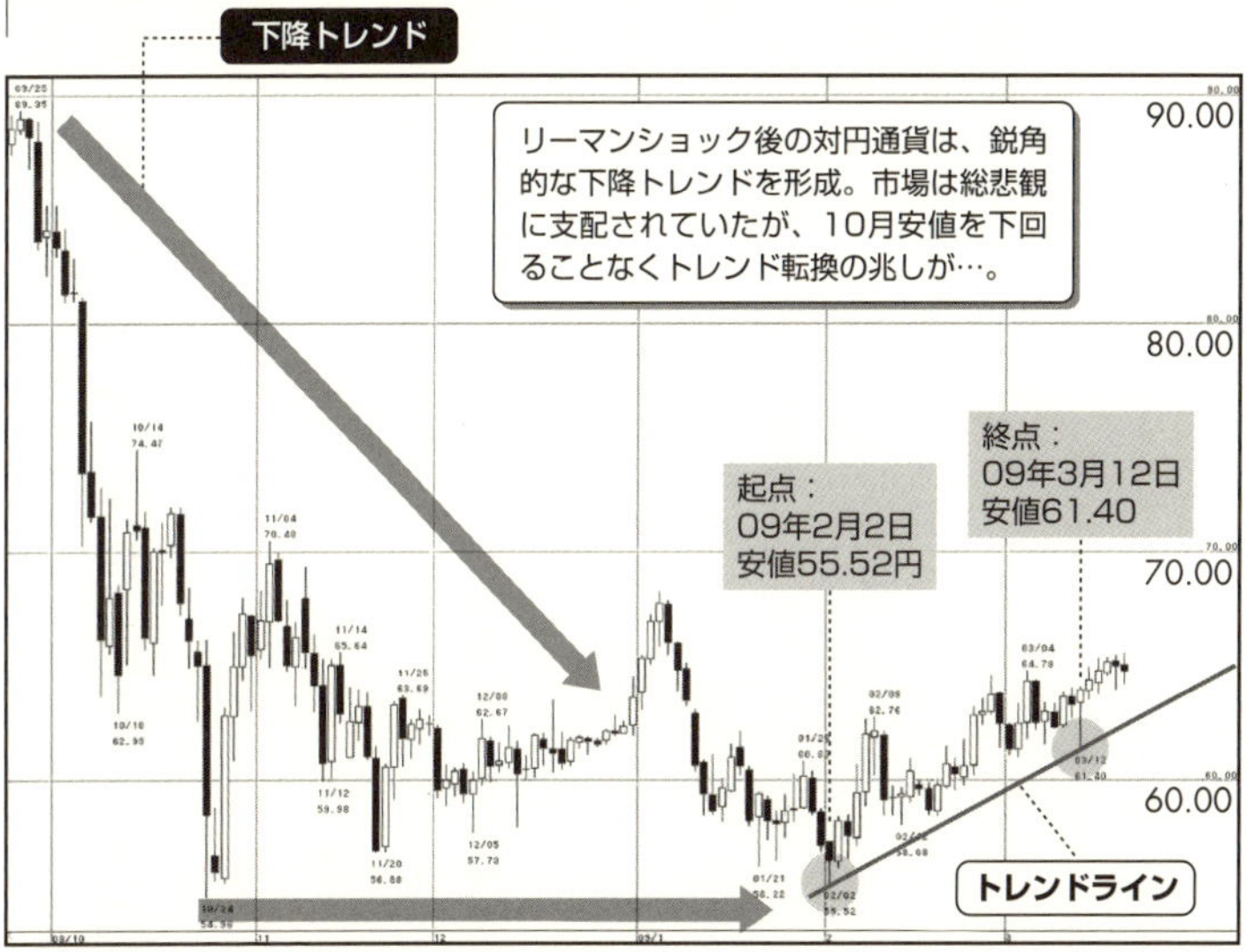
下降トレンド
リーマンショック後の対円通貨は、鋭角的な下降トレンドを形成。市場は総悲観に支配されていたが、10月安値を下回ることなくトレンド転換の兆しが…。
90.00
80.00
70.00
60.00
起点：
09年2月2日
安値55.52円
終点：
09年3月12日
安値61.40
トレンドライン

‖豪ドル／円‖日足‖2008.09〜2009.03

チャート提供：ドリームバイザー・ファイナンシャル

One Point アドバイス

上に示したケースでは、トレンドラインを引くまでに1カ月以上もかかりました。やはり、日足や週足のチャートでトレンド転換を確認するには、一定の時間を必要とします。また、性質の異なるもう1本の線を引いて、精度を高めることができます。

4 トレンドラインが下値を支え、上値を押さえる

前項で示した豪ドル／円チャートの、その後の動き見てみましょう。チャートの左側にある起点と終点は先ほどと変わりません。

点線の丸で囲んだ部分を見ると、上昇トレンドラインが下値をしっかりサポート（支持）していることがお分かりいただけると思います。

最初は、ローソク足がトレンドラインに近づくように下落すると、長い下ヒゲを伸ばして下げを拒否する動きが見られます。次は、トレンドラインに向けてやや大きな値幅で下落し、勢い余って同線を一時的に割り込みますが、やはり長い下ヒゲを伸ばして、トレンドライン上まで戻して終了しています。3回目も、2回目と同じような展開です。

ところで、チャート右上のグレー部分を見ると、相場を支えていたはずのトレンドラインを大陰線で明確に下抜けてしまっています。しかも、その後に割り込んだトレンドラインを陽線で上抜こうとしていますが、トレンドラインが行く手を阻んでいます。どうも上昇相場に「小さな変化」が現れているようです。この点を引き続き解明したいところですが、その理解を深めるためにはいくつか紹介したいことがありますので、少々お待ちを。

トレンドラインを引くことで、相場の「小さな変化」を察知することができる

トレンドラインを引いてから約3カ月間は順調に上昇した

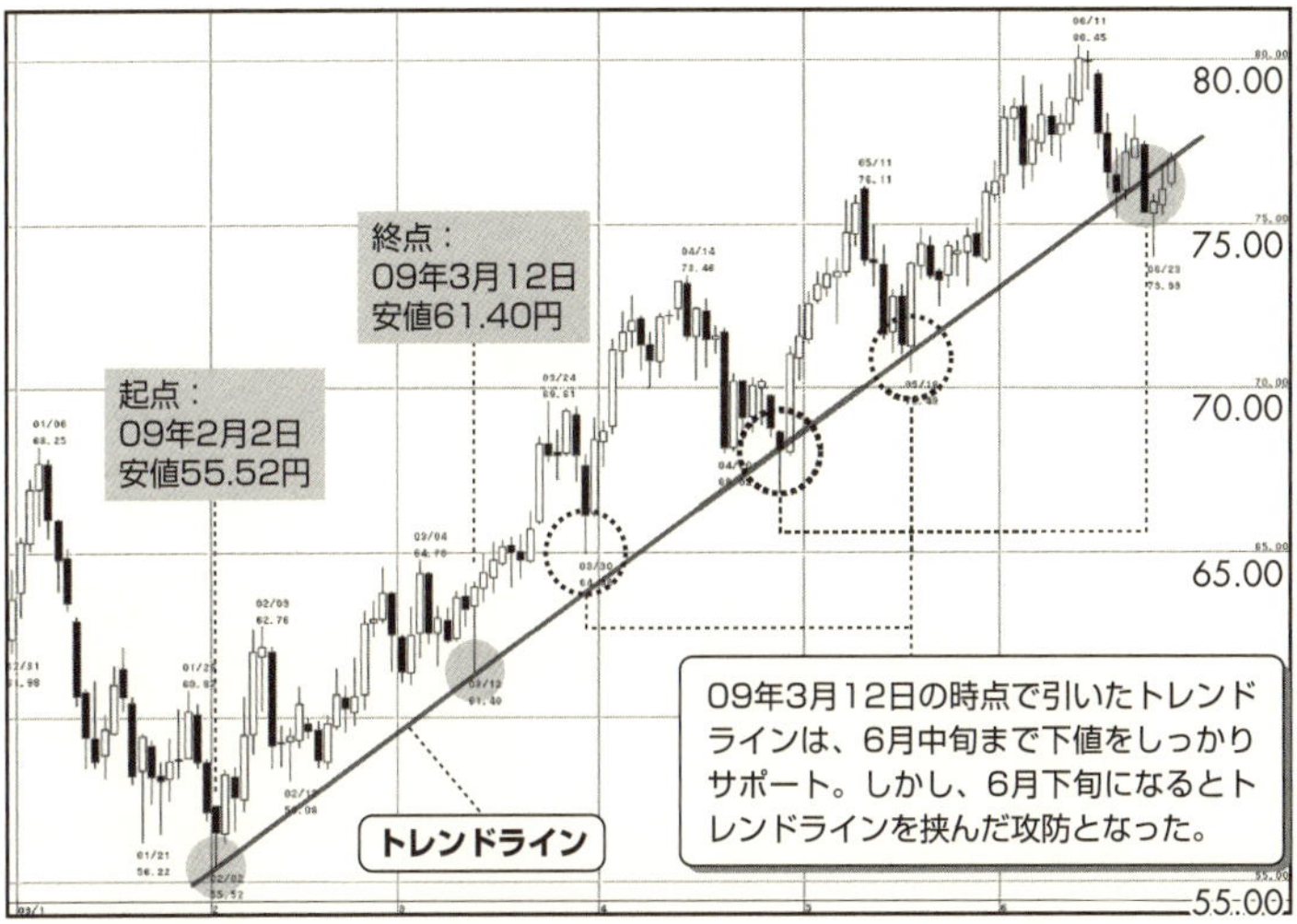

終点：
09年3月12日
安値61.40円
起点：
09年2月2日
安値55.52円
トレンドライン
09年3月12日の時点で引いたトレンドラインは、6月中旬まで下値をしっかりサポート。しかし、6月下旬になるとトレンドラインを挟んだ攻防となった。
80.00
75.00
70.00
65.00
55.00

‖豪ドル／円‖日足‖2008.12〜2009.06

チャート提供：ドリームバイザー・ファイナンシャル

One Point アドバイス

トレンドラインなどを使うと、トレンド転換だけでなく、時に「相場の小さな変化」を捉えることができます。そのためには、次項以降で紹介するチャネルラインや、複数のトレンドラインについて理解する必要があります。

5 トレンドラインに平行する線がチャネルライン

ちょっと消化不良になったかもしれませんが、ご容赦ください。豪ドル／円のチャートでトレンドラインを引いたときのチャートに話は戻ります。

トレンドラインを引くと同時に、トレンドラインと平行する線を引かなくてはなりません。具体的には、トレンドラインの起点となった安値の直後に付けた高値、豪ドル／円のチャートでは２００９年２月９日の62・７６円の水準にトレンドラインを平行に移動します。これが「**チャネルライン**」です。そして、**トレンドラインとチャネルラインの間（幅）を「チャネル」**といいます。

ご存じのように、相場は上昇するにも下落するにも、一方的になるわけではありません。つまり、上げ下げを繰り返しながら上昇したり、下落したりするわけです。そして、この上げ下げを繰り返すときには、一定の値幅（レンジ）で動くことが多く、そのガイドとしてトレンドラインとチャネルラインを引くと、相場の流れが分かるようになるわけです。

相場に慣れてくると、これらの基本動作を軽視することが多くなりますので、**トレンドラインを引いたら必ず、チャネルラインも引くという習慣を付ける**ようにしてください。

トレンドラインを引いたら必ず、チャネルラインも引く習慣を付ける

トレンドラインとチャネルラインで相場の流れを明確にする

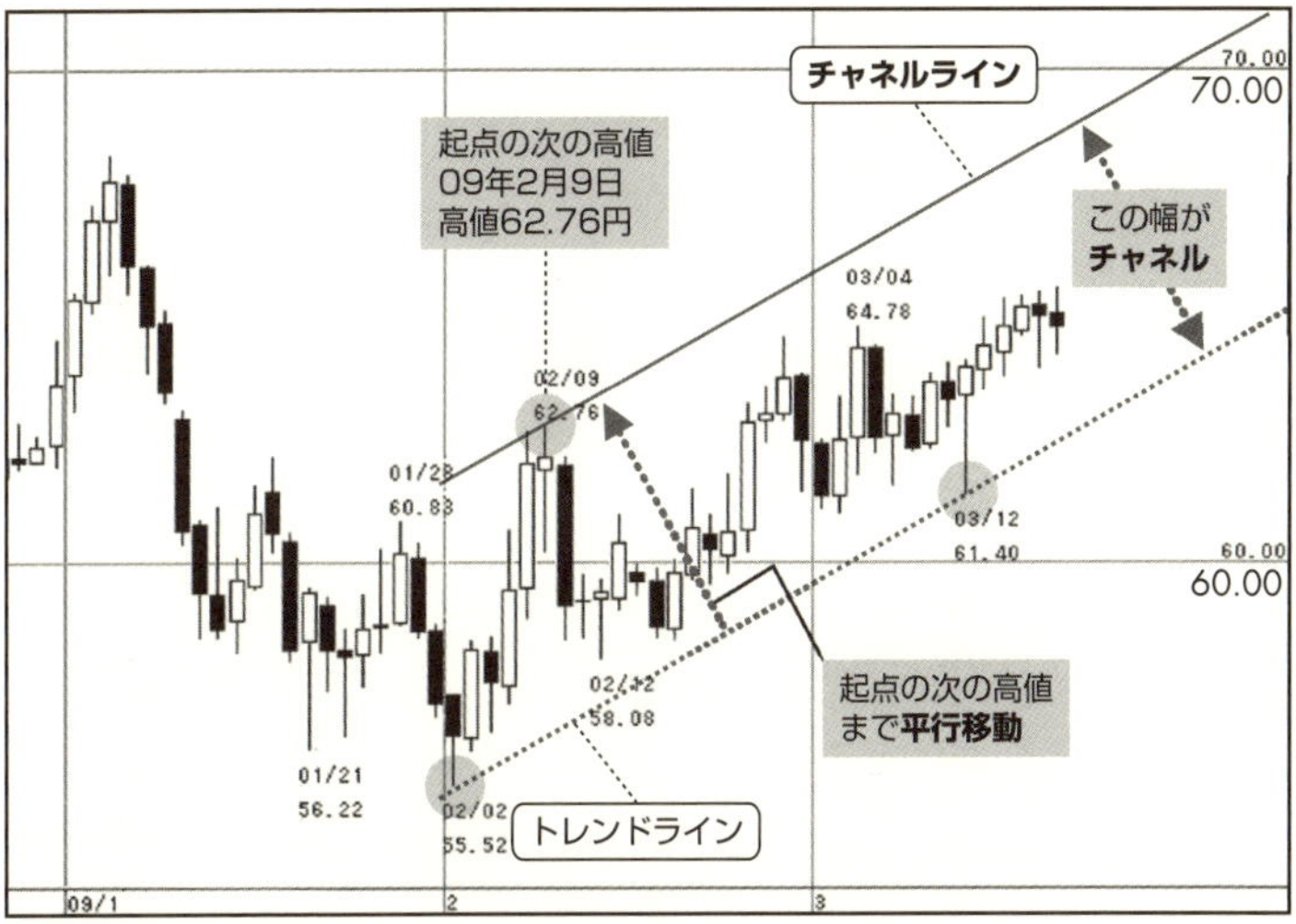
チャネルライン
起点の次の高値
09年2月9日
高値62.76円
この幅が
チャネル
70.00
03/04
64.78
02/09
62.76
01/28
60.83
03/12
61.40
60.00
02/12
58.08
起点の次の高値
まで平行移動
01/21
56.22
02/02
55.52
トレンドライン
09/1
2
3

‖豪ドル／円‖日足‖2008.12〜2009.03

チャート提供：ドリームバイザー・ファイナンシャル

One Point アドバイス

トレンドラインやチャネルラインを引いたために、相場の流れを見誤ることがあります。こうしたことが度重なると、2本のラインに不信感を抱いてしまいます。とはいえ、これがチャートの基本ですから、「裏切り」に懲りずに引き続けてください。

6 上昇相場のトレンドラインとチャネルライン

トレンドラインとチャネルラインを引くと、相場の流れが分かるようになると書きましたが、豪ドル／円のチャートでその後の経過を見ても、チャネルの範囲にほぼ収まった形で上げ下げを繰り返していることが分かるでしょう。

チャネルラインとローソク足の関係をより詳しく見ると、点線の丸の部分は、価格がチャネルラインに近づくと長い上ヒゲを伸ばして上昇の勢いが弱まっている様子が分かります。その上の点線の長方形の部分は、一時的にローソク足がチャネルラインの上に位置することがあるものの、3日を待たずして下回っています。

つまり、**上昇時のチャネルラインが相場の上値を押さえる**「**レジスタンスライン（上値抵抗線）**」**として機能**しているわけです。一方、**下落時のチャネルラインは**「**サポートライン（下値支持線）**」**として相場の下値を支える**ことになります。

ところで、チャネルラインとローソク足でも、上方の丸いグレー部分で変化が見られます。これまで、最低でもローソク足がチャネルラインにタッチしてから反落していたものが、その手前で失速しているからです。この点については、第9・10項でご説明します。

相場の「小さな変化」は、まず最初にチャネルラインに現れる

チャネルラインが、相場上昇の重石となっている

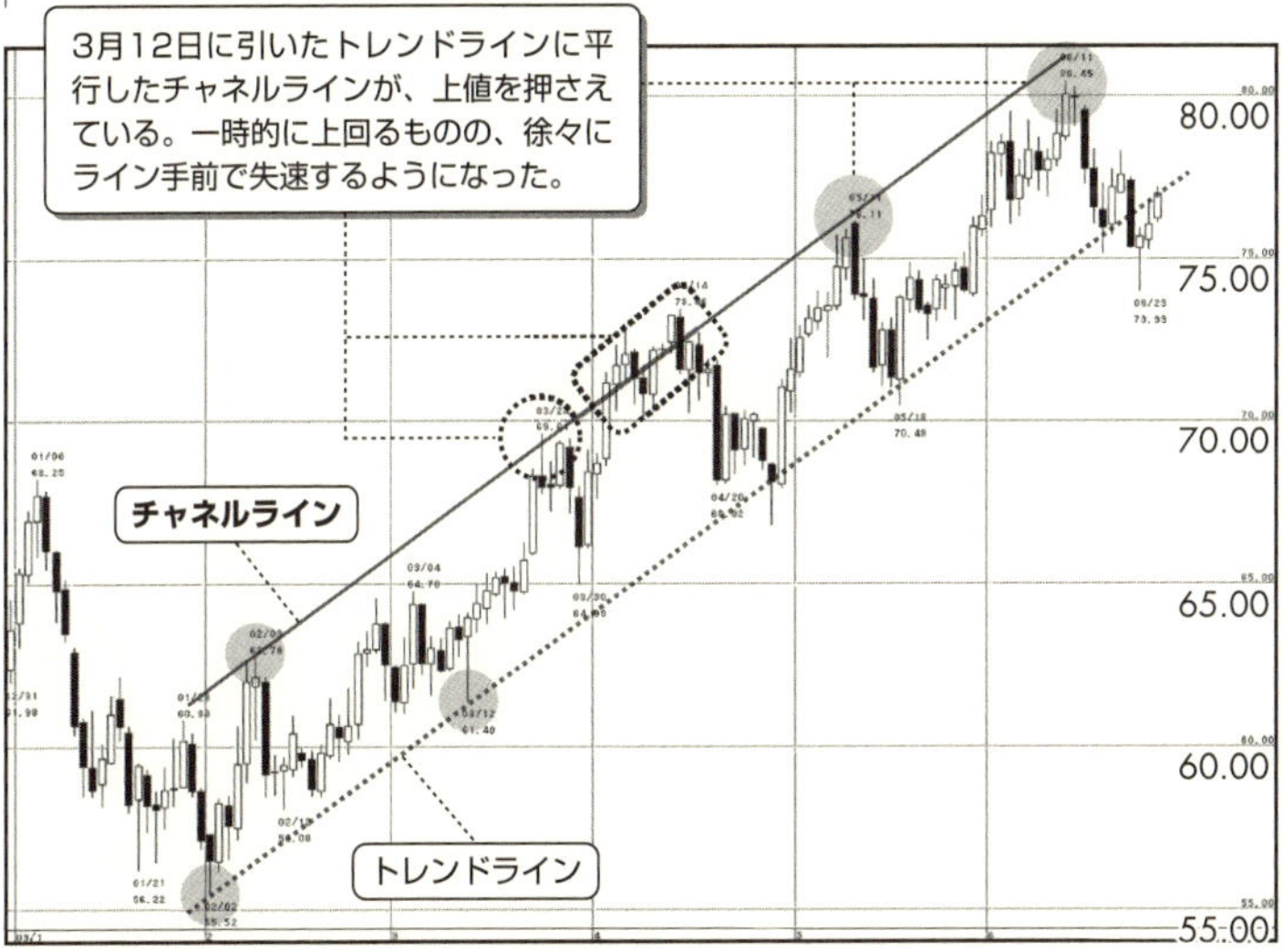
3月12日に引いたトレンドラインに平行したチャネルラインが、上値を押さえている。一時的に上回るものの、徐々にライン手前で失速するようになった。
チャネルライン
トレンドライン
80.00
75.00
70.00
65.00
60.00
55.00

‖豪ドル／円‖日足‖2008.12〜2009.06

チャート提供：ドリームバイザー・ファイナンシャル

One Point アドバイス

トレンドラインを引いても、チャネルラインを引かないことがよくありますが、やはりこの2本が基本線ですから、必ずセットで引くように心がけてください。相場の変化は、意外にもチャネルラインに現れることが多分にありますから……。

7

下落相場のトレンドラインとチャネルライン

念のため、下降トレンドのときのトレンドラインとチャネルラインの働きについても、ドル／円の日足チャートで確認しておきましょう。

１０８円台から１１５円直前までほぼ垂直に急騰したドル／円は、これをピークにおよそ1年の下降トレンドに突入します。上方にある２つの高値（グレーの丸）を結んだのがトレンドライン、下方にあるグレーの丸がチャネルラインの起点です。チャート中央で一時的にローソク足がトレンドラインを上抜けますが、すぐに大陰線で大幅下落してチャネルに収まっています。下落相場の終盤では長い上ヒゲでトレンドライン突破を試みますが、これも失敗。その後はトレンドラインに張り付いてなかなか上抜けることができません。

下値は、チャネルラインでピタリと下げ止まっている様がお分かりいただけるでしょう。ここでも、１０２円近辺で下げ止まったドル／円は反転急騰しますが、トレンドラインに届く前に失速。再び、１０２円まで下落しますが、これもチャネルラインには届かず、方向感が定まりません。そして、先に述べたようにトレンドラインまで上昇するとそのまま張り付き、ようやく下降トレンドから抜け出すことに成功すると上げ足を速めました。

下落相場でトレンドラインを上抜けると、上昇に勢いが付く

下落相場では、チャネルラインが相場をサポートしている

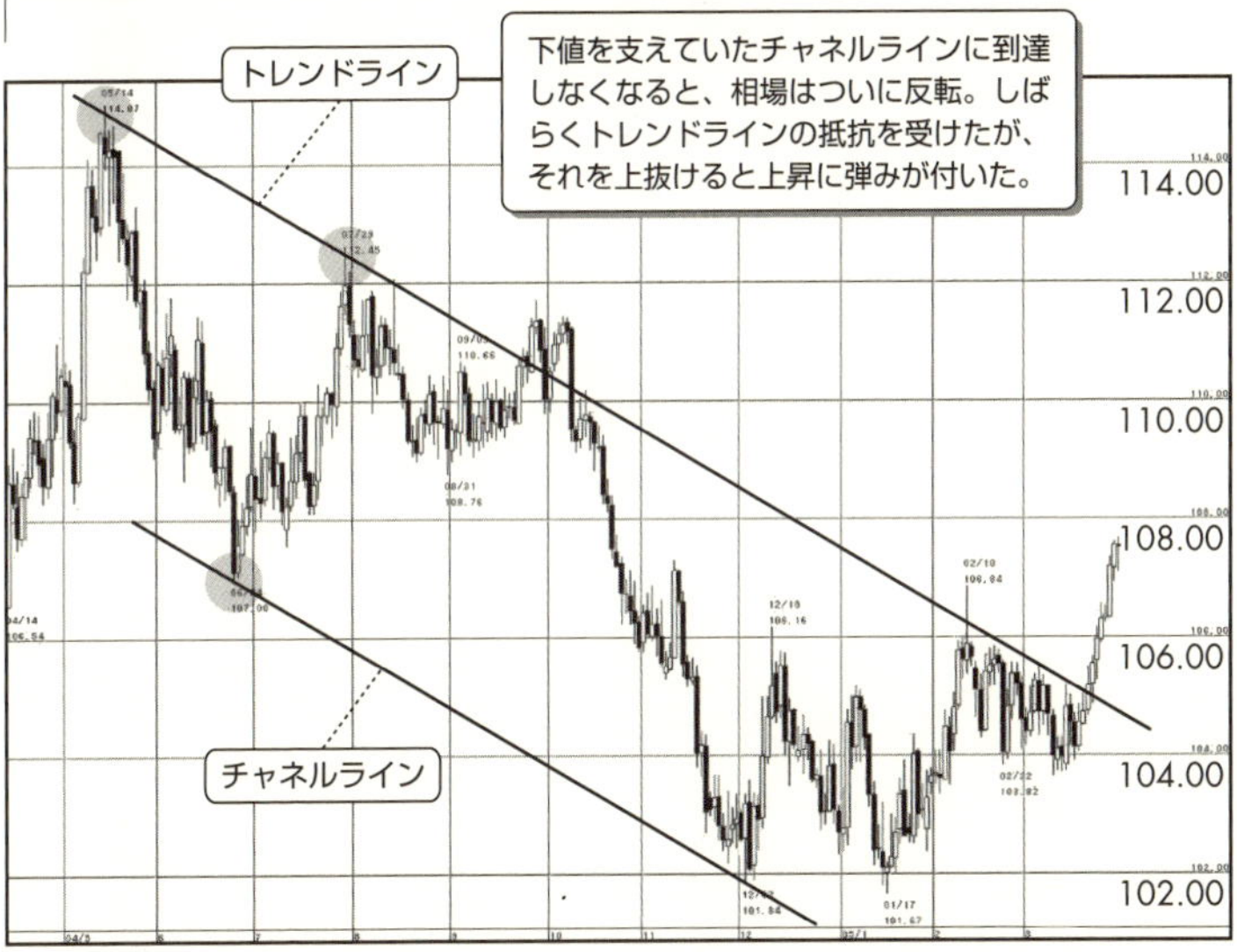
トレンドライン
下値を支えていたチャネルラインに到達しなくなると、相場はついに反転。しばらくトレンドラインの抵抗を受けたが、それを上抜けると上昇に弾みが付いた。
114.00
112.00
110.00
108.00
106.00
104.00
102.00
チャネルライン

‖ドル／円‖日足‖2004.04〜2005.03

チャート提供：ドリームバイザー・ファイナンシャル

One Point アドバイス

トレンドラインやチャネルラインを引くと、各ラインを一時的に上抜けたり下抜けたりすることで、相場を見誤ってしまうことがあります。これを「ダマシ」といって、いわば、ラインを引いたことによる副作用といえましょう。何事も一長一短です。

8 それぞれのラインを抜けると、その役割が転換する

前項の続きです。下降トレンドライン突破に成功したドル／円は、109円手前で反落すると104円台まで再び下落します。やはり、トレンドは転換していなかったのかと思われましたが、先のトレンドラインがレジスタンスラインからサポートラインに転換していましたから、その約1円手前で下げ止まり、再び上昇トレンドへと戻ります。途中、中段で持ち合ったり反落したりするものの、121円を超えるまで上昇相場が継続しました。

大切なのは、**下落相場においては、ローソク足がトレンドラインを上抜けるとレジスタンスラインがサポートラインに、ローソク足がチャネルラインを割り込むとサポートラインがレジスタンスラインに転換する**ことです。上昇相場のときでは、その逆になります。

ところで、トレンドラインやチャネルラインはその場限りのものではありません。かなり前（時に数年前を起点）に引いたトレンドラインやチャネルラインが、実は機能していたということもあります。そのため、目先のチャートを見るだけでなく、たまには、かなり長い期間のチャートを表示して、過去に引いたそれぞれのラインが、現在の相場にどのような影響を及ぼしているかを確認することも大切です。

目先だけでなく、過去に引いたトレンドラインを確認することも大切

レジスタンスラインを突破した後の反落局面が重要

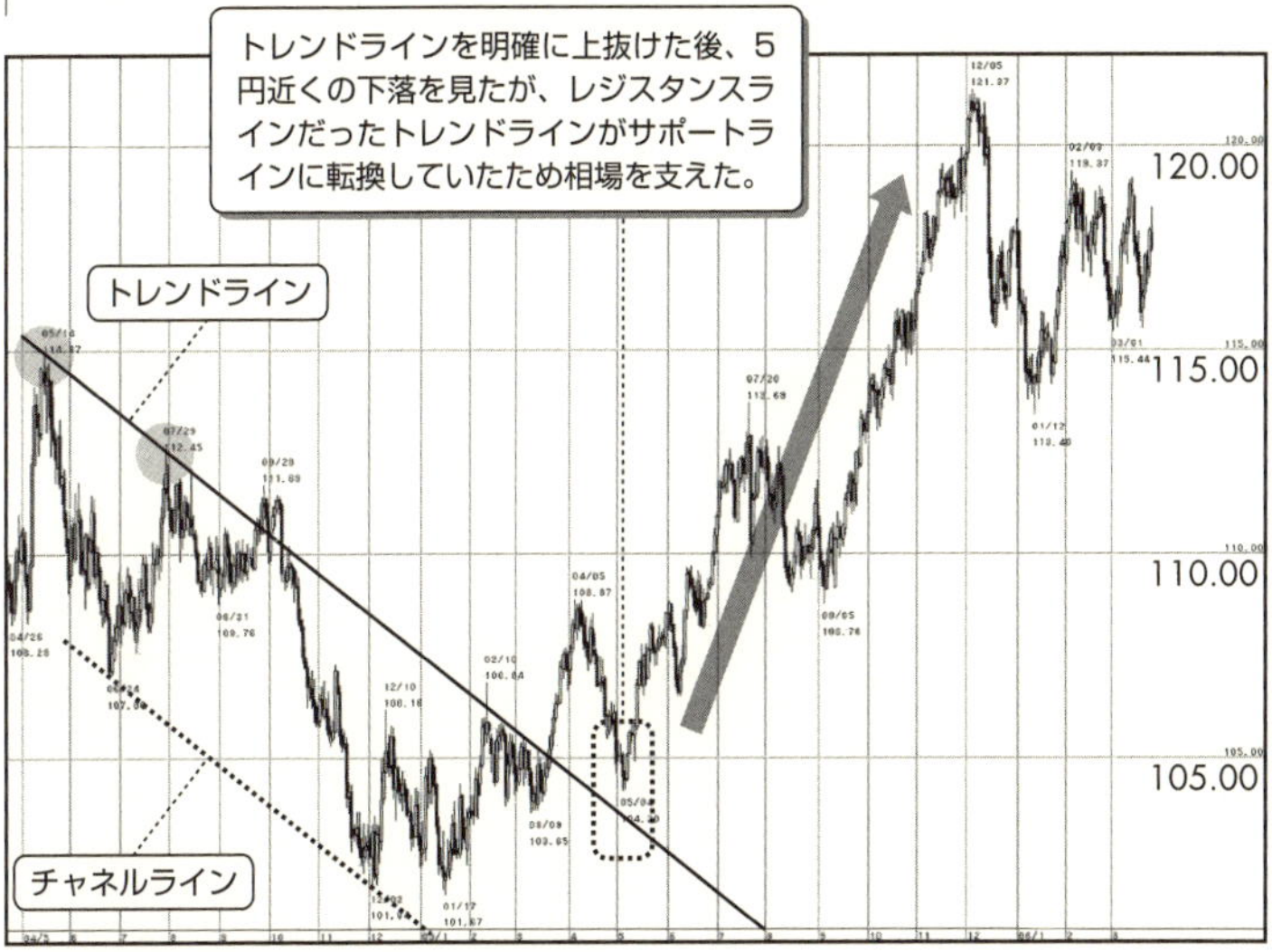

トレンドラインを明確に上抜けた後、5円近くの下落を見たが、レジスタンスラインだったトレンドラインがサポートラインに転換していたため相場を支えた。
トレンドライン
チャネルライン
120.00
115.00
110.00
105.00

‖ドル／円‖日足‖2004.04〜2006.03

チャート提供：ドリームバイザー・ファイナンシャル

One Point アドバイス

レジスタンスラインがサポートラインに転じたり、サポートラインがレジスタンスラインに転じた直後は、一旦、揺り戻し（反落や反騰）の動きをすることがあります。上のドル／円でも、そうした動きが見られました。

9 「相場に小さな変化」が現れたときの対処法

さて、第4項で消化不良になっていた「相場に小さな変化」が現れたときの対処法についてご説明しましょう。上昇相場のときにチャネルラインを上抜けたり、トレンドラインを下抜けたりしたときには、本来、これまでとは異なる角度のトレンドラインとチャネラインを引くのが基本とされています。この点については、後に詳しく紹介しますが、基本動作が大切とはいえ、これをしていては一手も二手も始動が遅れる気がしてなりません。

第6項で触れたように、**上昇トレンドでは、ローソク足が徐々にチャネルラインに届かなくなることで相場の小さな変化を知る**ことができました。要するに、「上昇の勢いが、これまでより衰えている」と考えられるわけです。ローソク足がトレンドラインを明確に割り込むことなく反転すれば無用の心配で済ませられますが、仮に、**トレンドラインを明確に下抜ければ、トレンドラインがレジスタンスラインに転換**しますから、上昇の角度はこれまでより緩やかになり、下値不安も台頭。しかも、大きな調整局面に遭遇する可能性すらあります。こうした変化を察知できるのも、トレンドラインとチャネルラインを引いていればこそです。そこで、下値を見積もるためにラインをもう1本引くことになります。

2本のラインの両外に等幅のラインを引いておくと、相場の変化に対応できる

順調に上昇トレンドを描いているように見えるが……

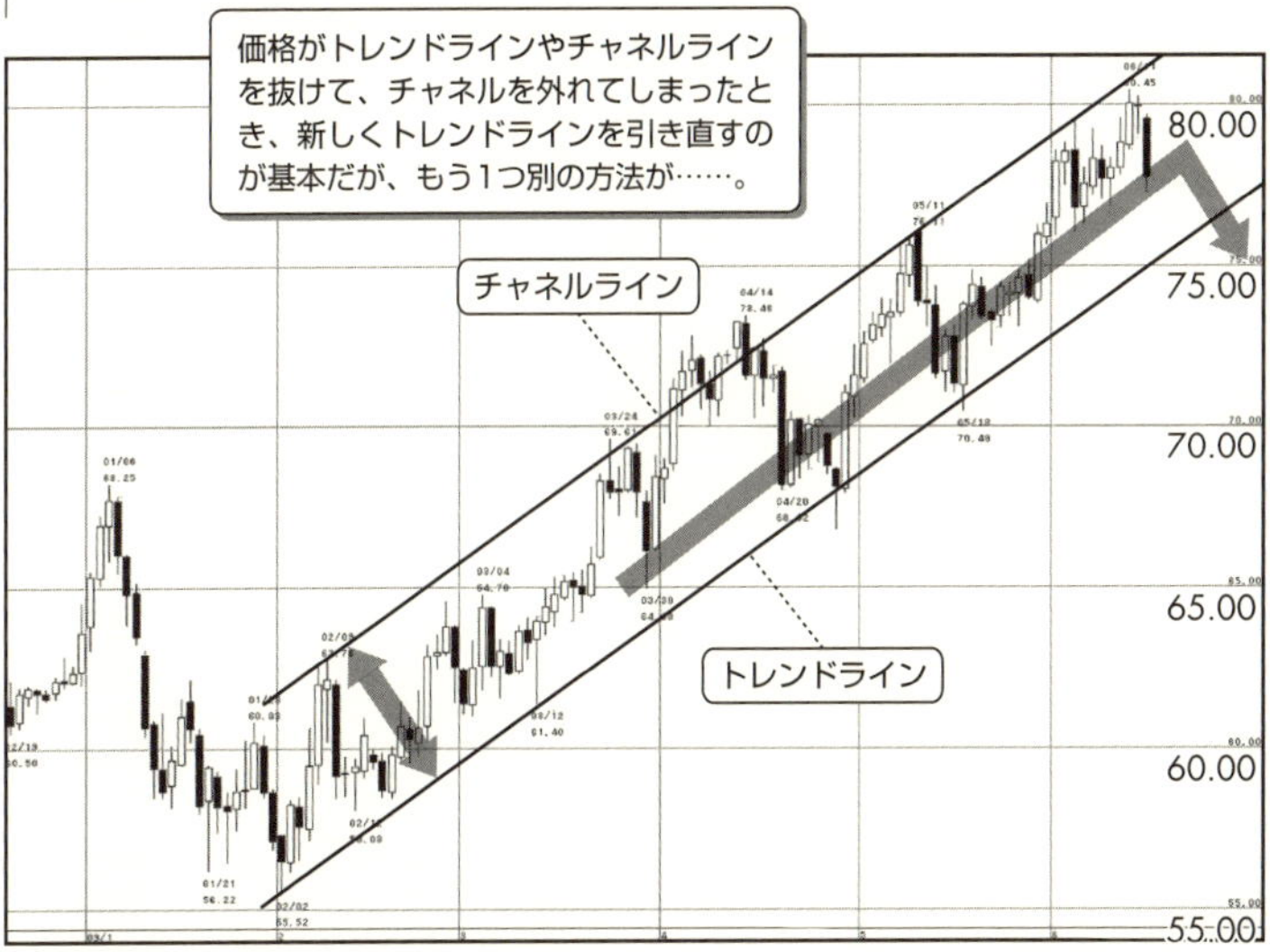
価格がトレンドラインやチャネルラインを抜けて、チャネルを外れてしまったとき、新しくトレンドラインを引き直すのが基本だが、もう1つ別の方法が……。
チャネルライン
トレンドライン
80.00
75.00
70.00
65.00
60.00
55.00

‖豪ドル／円‖日足‖2008.12～2009.06

チャート提供：ドリームバイザー・ファイナンシャル

One Point アドバイス

チャネルラインにローソク足が一時的に届かなくても、再び、相場が勢いを取り戻してタッチするようになったり、上抜けたりすることもありますが、まずは「相場の変化」を疑って、利益確定やストップロスをやや厳しくするようにしてください。

10 基本線の両外にチャネルと等幅の疑似ラインを引く

トレンドラインとチャネルラインを引くときには、あらかじめその上下に同じチャネル（幅）の疑似トレンドラインと疑似チャネルラインを引いておくことをお勧めします。相場に変化が起きたときに、この2本の疑似ラインが意外と役に立つからです。

上昇トレンドのとき、ローソク足が当初のトレンドラインを下抜ければ、それがレジスタンスラインに転じ、疑似トレンドラインがサポートラインとして機能するようになります。また、チャネルラインを上抜ければ、それがサポートラインに転じて、疑似チャネルラインがレジスタンスラインとして機能するようになります。

豪ドル／円のチャートでも、トレンドラインを下抜けたローソク足は、疑似トレンドラインがサポートラインとして機能。長い下ヒゲを伸ばして踏みとどまると、上昇に転じているからです。ただし、**戻りの目途は、サポートラインからレジスタンスラインに転じた当初のトレンドライン**になります。一般的には、ローソク足がこのレジスタンスラインを簡単に抜けることはできません。逆に、疑似トレンドラインをローソク足が割り込むようなことがあると、目先のトレンドが転換した可能性が高いと考えるべきでしょう。

一般的に、トレンドラインを下抜けると元に戻るには相当な力を必要とする

あらかじめ引いていた疑似トレンドラインで踏みとどまった

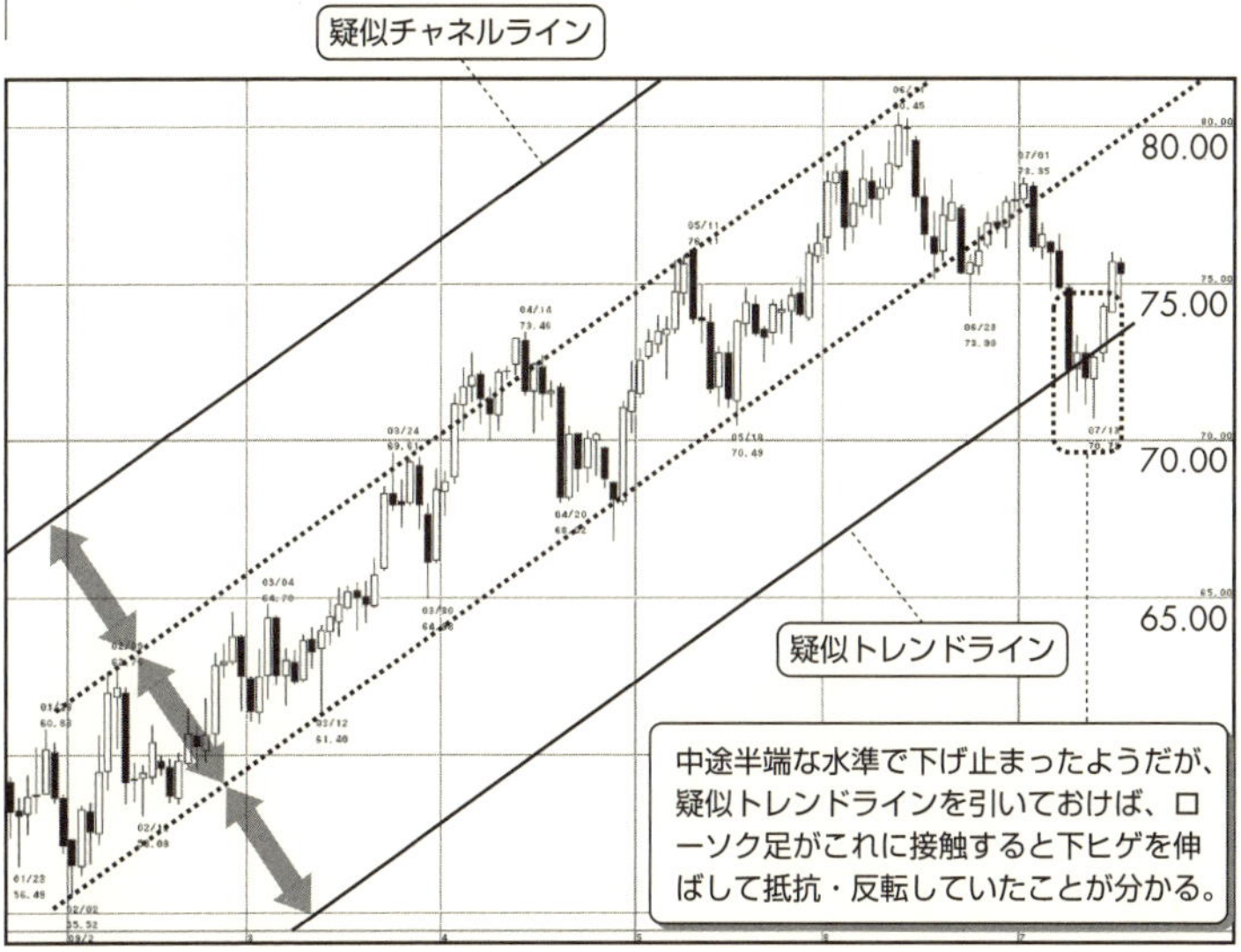
疑似チャネルライン
80.00
75.00
70.00
65.00
疑似トレンドライン
中途半端な水準で下げ止まったようだが、疑似トレンドラインを引いておけば、ローソク足がこれに接触すると下ヒゲを伸ばして抵抗・反転していたことが分かる。

‖豪ドル／円‖日足‖2009.01～2009.07

チャート提供：ドリームバイザー・ファイナンシャル

One Point アドバイス

疑似トレンドラインを引いていないと、「何でこんなところで止まるのかな」「すでにトレンドが転換したのでは」と、あれこれ悩むことが多くなります。また、チャネルが広いときには、各ラインの中央に、さらに1本ずつ引いておくと便利です。

11 異なる角度のトレンドラインで相場の変化に対応

順序が逆になりましたが、トレンドラインを下抜けたり、上抜けたりしたときの基本動作について紹介しましょう。チャートは、上昇トレンド下にあるポンド／円の日足です。最初に引いたトレンドラインは、グレーの丸い部分の２カ所を結んだ点線です。ところが、２００８年5月9日に下ヒゲを伸ばした大陰線で、当初のトレンドラインを割り込んでしまいます。そこで、この**トレンドラインを割り込んだ直後の安値を「終点②」とした、これまでより角度の緩やかな修正したトレンドラインを引かざるを得なくなります**。

その後も上昇は継続しますが、当初のトレンドラインの上方にローソク足が留まるのは2日が精一杯。やはり、これまでの上昇角度を維持するのは難しそうです。そして、いよいよ当初のトレンドラインにローソク足が届かなくなると、相場の勢いは急速に衰え、修正したトレンドラインをあっさり割り込むと、その後には急落相場が待ち受けていました。

トレンドラインを修正したときも、当初のトレンドラインがレジスタンスラインに転換し、修正したトレンドラインが新たなサポートラインとなります。そして、修正したトレンドラインを明確に下抜けたときが、「売り」のポイントと考えることができるわけです。

修正したトレンドラインを明確に下抜けたところが「売り」のポイント

相場の勢いが弱まり、修正トレンドラインを割ると急落した

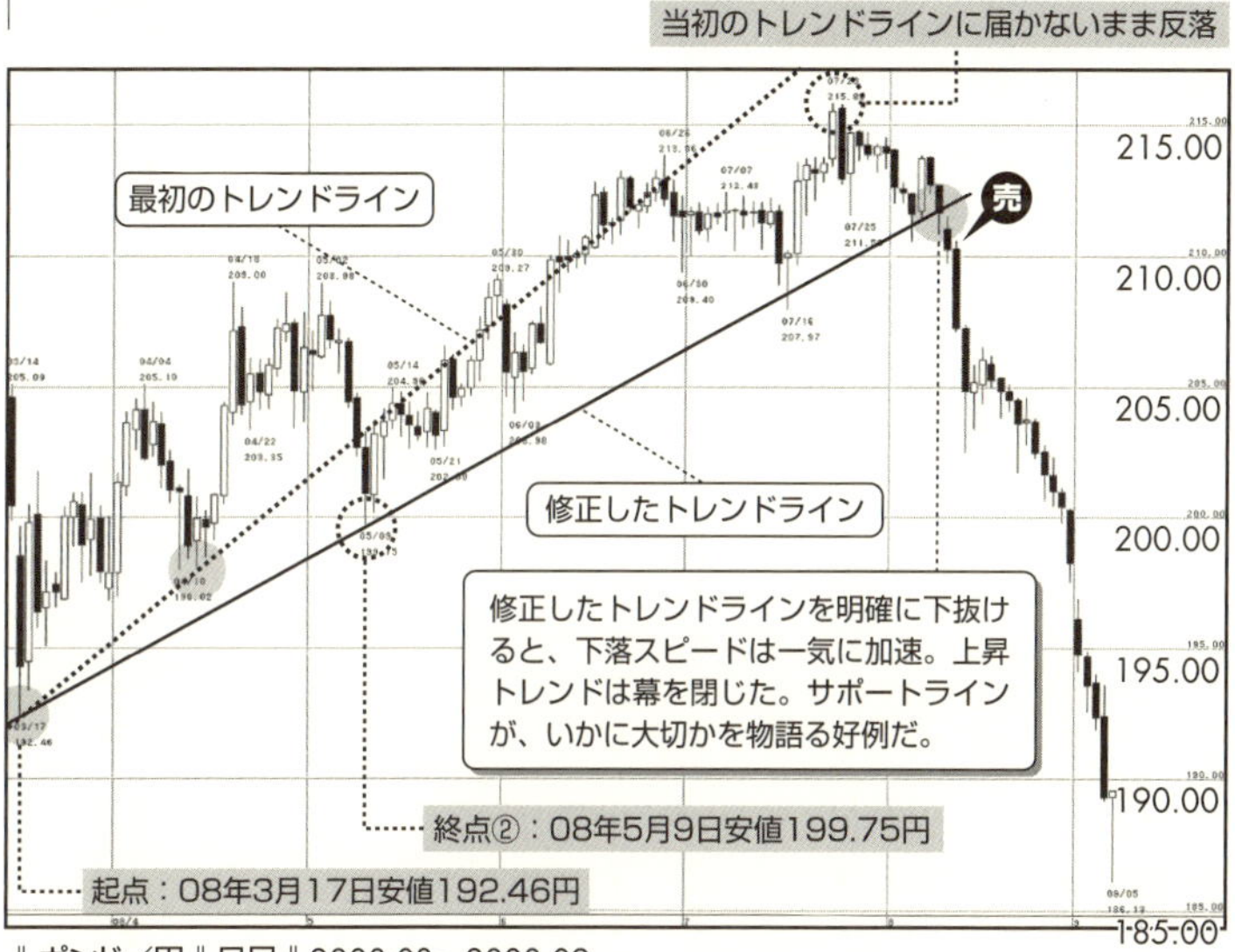

当初のトレンドラインに届かないまま反落
最初のトレンドライン
修正したトレンドライン
売
修正したトレンドラインを明確に下抜けると、下落スピードは一気に加速。上昇トレンドは幕を閉じた。サポートラインが、いかに大切かを物語る好例だ。
終点②：08年5月9日安値199.75円
起点：08年3月17日安値192.46円
215.00
210.00
205.00
200.00
195.00
190.00
185.00

‖ポンド／円‖日足‖2008.03～2008.09

チャート提供：ドリームバイザー・ファイナンシャル

One Point アドバイス

修正したトレンドラインをローソク足が割り込むと、さらなる修正トレンドラインを引くというファン理論があります。しかし、これは闇雲に投資判断を遅らせるだけになるため、トレンドラインの修正は2本に止めておくべきでしょう。

12 目先の相場には身近な起点のトレンドラインが有効

遠いポイントと、より身近なポイントを起点とした異なるトレンドラインを引くことで、後の相場を読みやすくすることができます。

カナダドル／円は、２００８年9月25日の高値１０３・40円を起点に、約１カ月で70・９１円まで急落。その後、買い戻しなども入り、同11月４日の高値87・４４円まで自律反発しますが、再び反落して下値を模索します。ここで、１０３・40円と87・４４円の２つの高値を結ぶと、最初の下降トレンドラインを引くことができます。

相場はその後、80円手前まで修復しますが、レジスタンスラインとして機能しているトレンドラインを上抜けることができずに下落が継続。ようやくトレンドラインを上抜けると底を這うような展開から上昇に転じます。しかし、２００９年1月6日に高値80・３５円まで戻すものの80円台奪回には失敗し、一時は70円割れまで再下落。ここで２本のトレンドラインを引くことになります。いずれも点線で表示していますが、１本は９月25日の高値１０３・40円と1月6日の高値80・３５円を結んだ線で、もう1本は11月４日の高値87・４４円と１月６日の高値80・３５円を結んだ線です。これが後の相場で功を奏します。

目先の上昇相場に影響を及ぼすのは、直近に近い高値を通るトレンドライン

3つの高値を利用して3本のトレンドラインを引いたが……

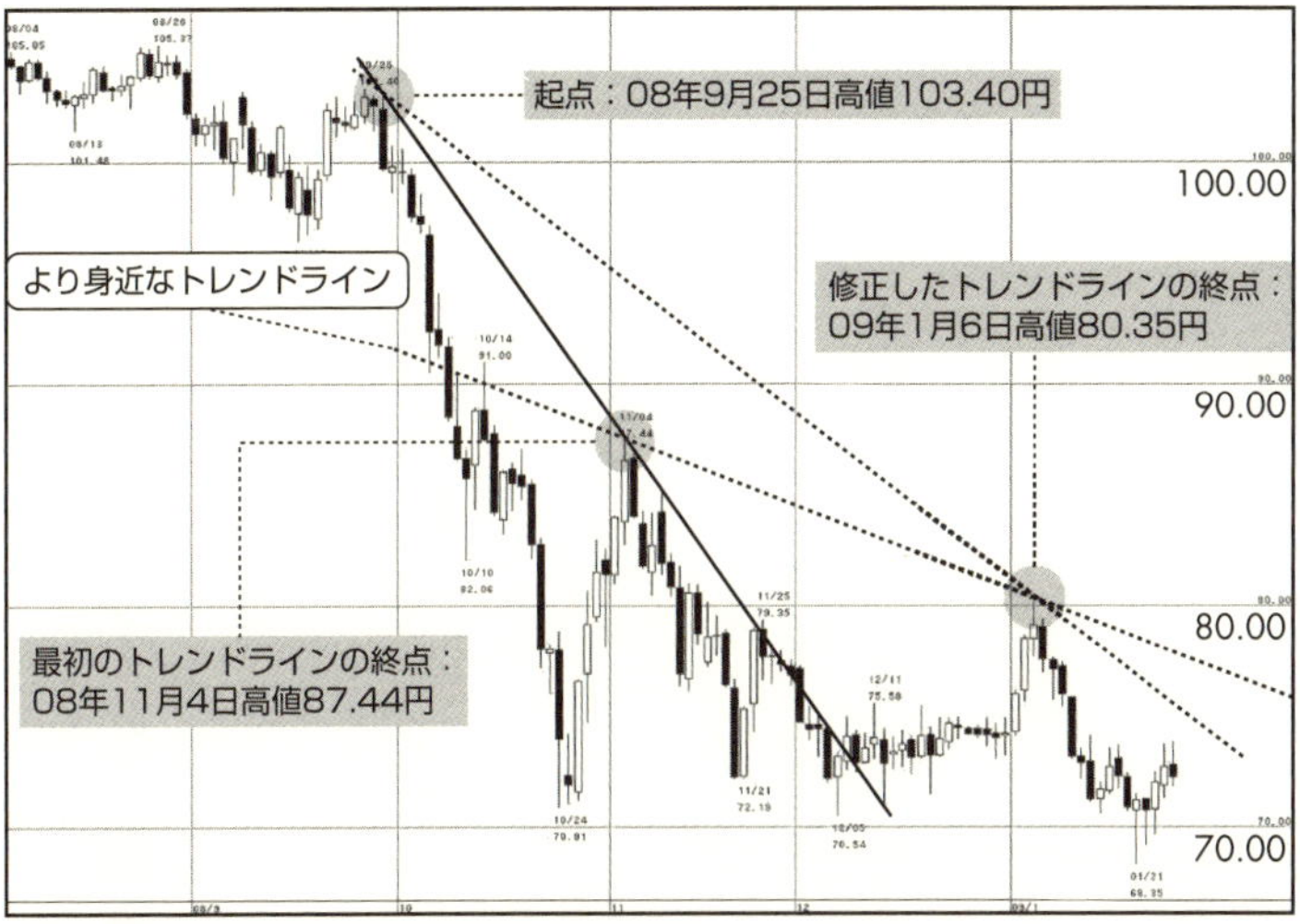

‖カナダドル／円‖日足‖2008.08〜2009.01

チャート提供：ドリームバイザー・ファイナンシャル

One Point アドバイス

上のチャートのように、トレンドラインを修正するだけでなく、新たなトレンドラインを引くことは、とても大切なことです。あまり関係がないように見えますが、トレンドが転換したときに重要な役割を果たすことがよくあるからです。

13 より現在に近いトレンドラインが重要な役割を担う

前項の続きです。カナダドル／円は、修正したトレンドラインによって一時的な抵抗を受けますが、それを突破すると相場に弾みが付きます。新たに引いた「より身近なトレンドライン」も難なく上抜けるのですが、「鬼門の80円」に近づくと、売りに押されてしまいます。「やはり、トレンド転換を果たしていなかったのか」と思った矢先、かなり長い下ヒゲを伸ばした陽線で盛り返すと、上昇トレンドに対して確信が持てるようになりました。先ほど、後に引いた「2本のトレンドラインが功を奏します」と書きました。

もう、お分かりのようにレジスタンスラインとして機能していた修正したトレンドラインを突破したわけですから、トレンド転換の可能性が非常に高いと考えることができます。そして、「より身近なトレンドライン」を引いていたお陰で、先の長い下ヒゲ陽線もこのラインの手前で下げ止まるとアタリを付けることができました。実際に、これを下抜けずに上昇すれば、目先の相場は上昇トレンドに転換したと確信が持てるようになるわけです。

起点の遠いトレンドラインより、より現在に近いポイントを起点としたトレンドラインが目先の相場を読み解く上では非常に重要な役割を演じることがあるわけです。

逆に、起点の遠いトレンドラインは、相場の大きな流れに影響を及ぼす

より身近なトレンドラインでトレンド転換に確信が持てた

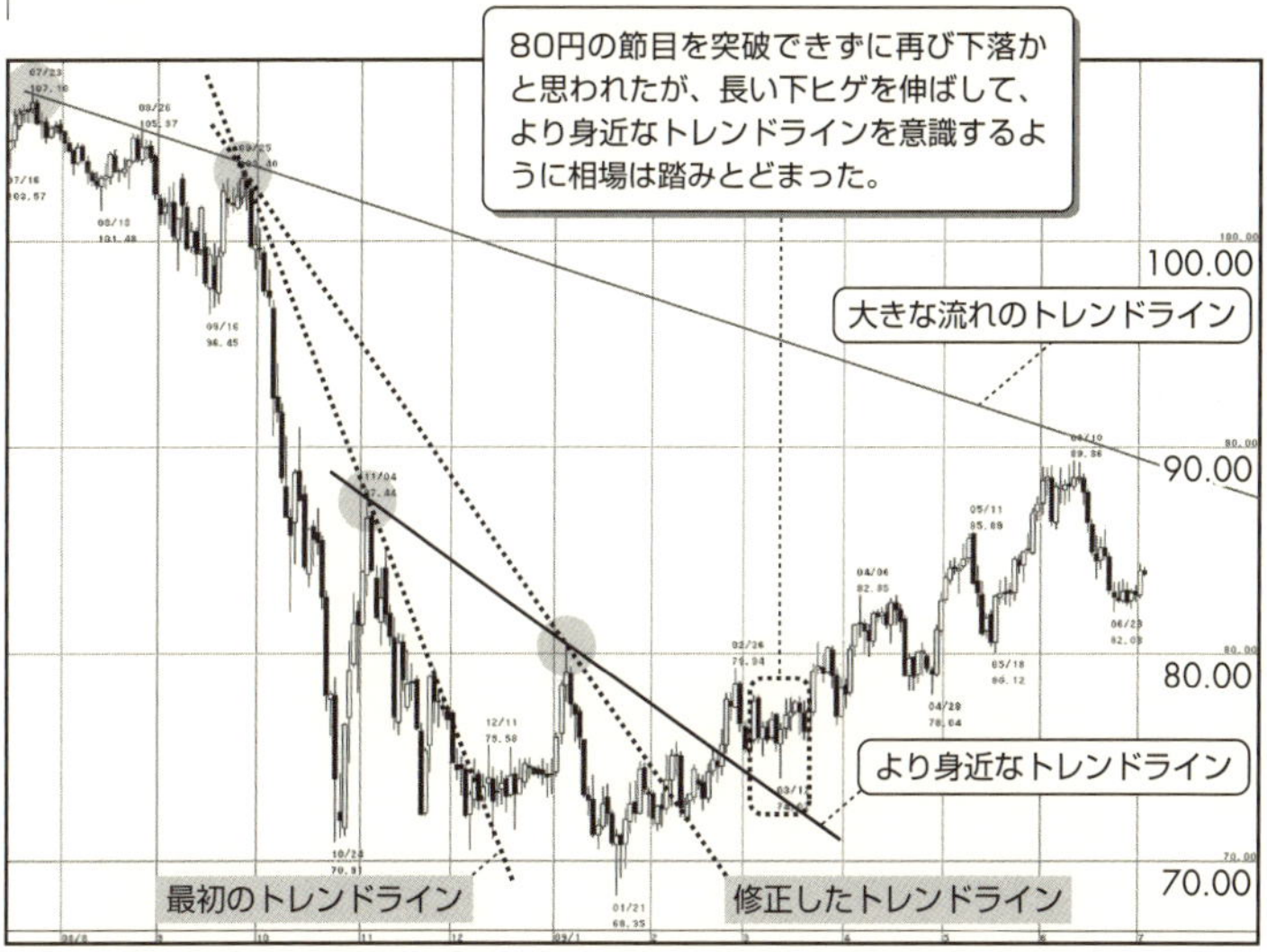
80円の節目を突破できずに再び下落かと思われたが、長い下ヒゲを伸ばして、より身近なトレンドラインを意識するように相場は踏みとどまった。
大きな流れのトレンドライン
より身近なトレンドライン
最初のトレンドライン
修正したトレンドライン
100.00
90.00
80.00
70.00

‖カナダドル／円‖日足‖2008.07～2009.07

チャート提供：ドリームバイザー・ファイナンシャル

One Point アドバイス

チャート上方から、「より大きな流れのトレンドライン」が降りてきていますが、これもあらかじめ引いておくと、戻り高値を予測するのに役立ちます。順調に上昇してきた相場も、このトレンドラインを意識した格好で、反落局面を迎えています。

14 横ばいトレンドのトレンドラインと相場のメド

最後に、横ばいトレンドでのトレンドラインとチャネルラインを検証しましょう。

ユーロ／ドルは1・42ドル近辺から順調に上昇してきましたが、1・5000ドルを目前にして反落すると、1・4809ドルを下限とした3カ月にわたるボックス圏を形成します。そこで、1・4809ドルを起点にしたトレンドラインと、上限の1・4966ドルを起点にしたチャネルラインをそれぞれ水平に引きます。

横ばいトレンドのときには、どちらか一方のラインを抜いた方向に相場が展開すると考えます。このときは、レジスタンスラインとして機能するチャネルラインを突破しましたから、上昇トレンドは継続です。このように上昇（下落）途中に踊り場のような状況になることを「中段の持ち合い」といって、相場の分岐点となります。

ところで、**横ばいトレンドでより重要なのは、いずれかのラインを明確に抜けたところがエントリーポイントになる**ことです。そして、**ラインを抜けた後は、チャネルの値幅分が上値、もしくは下値メドとなる**ことです。ユーロ／ドルのチャートでは、チャネルラインを突破すると、チャネルと同じ幅の上昇を見た後、波乱含みの展開になっています。

ボックス圏相場は、いずれかのラインを明確に抜けたところでエントリー

ボックス圏を上抜けて、チャネルと同幅の上昇で波乱が起きた

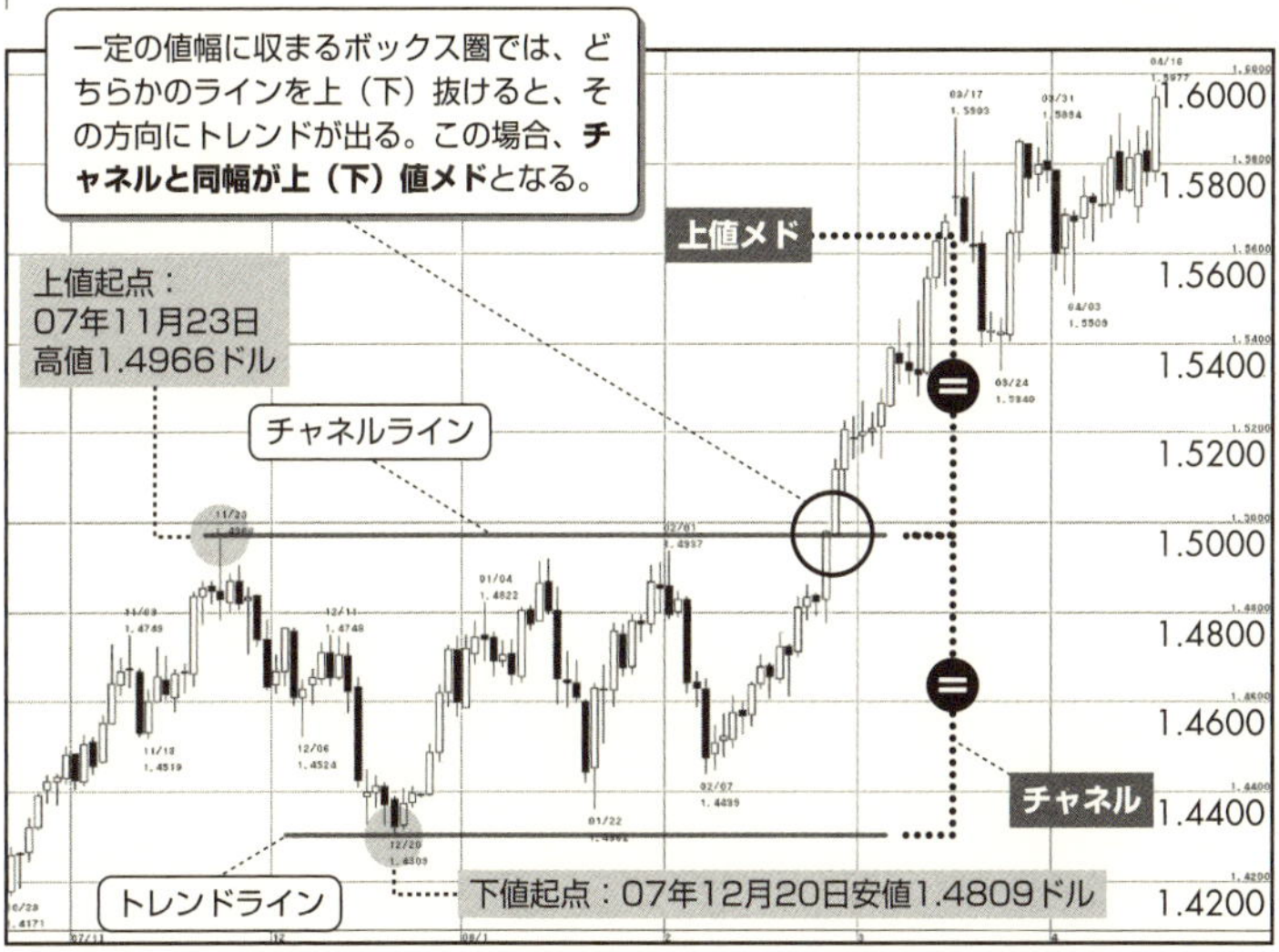
一定の値幅に収まるボックス圏では、どちらかのラインを上（下）抜けると、その方向にトレンドが出る。この場合、**チャネルと同幅が上（下）値メド**となる。
上値起点：
07年11月23日
高値1.4966ドル
チャネルライン
トレンドライン
下値起点：07年12月20日安値1.4809ドル
上値メド
チャネル
1.6000
1.5800
1.5600
1.5400
1.5200
1.5000
1.4800
1.4600
1.4400
1.4200

‖ユーロ／ドル‖日足‖2007.10～2008.04

チャート提供：ドリームバイザー・ファイナンシャル

One Point アドバイス

上昇・下落相場の途中に現れるボックス圏を「中段の持ち合い」といいます。また、外国為替相場では、ボックス圏が安値圏や高値圏でも出現することがありますので、上下どちらかのラインを抜けたことを確認して動くことが大切です。

第4章

「相場の節目」を読み解く技術を身に付ける

1 価格を基準にした「相場の節目」を効果的に使う

第3章では、相場の方向性＝トレンドを軸に、価格がどのように動くのかについて紹介しました。いわば、時間の移り変わりによって、相場の動きを捉えようと試みたわけです。チャートには、**上昇から下落に転じたり、下落から上昇に転じたりする相場の転換点**が数多く存在し、これらを「**相場の節目**」といいます。第4章では、価格を基準にした節目、つまり、**相場の**「**山**」**や**「**谷**」を使って相場の行方を読み解く方法をお話しします。ちなみに、１００円や95円といった切りの良い価格を「**心理的な節目**」などといいます。

「**価格を基準**」**にした相場の節目を知るには、高値（山）や安値（谷）を形成したとき、それを通る1本の水平の線を引きます**。高値に引けば、それがレジスタンスラインに、安値に引けば、それがサポートラインになるわけです。

前章の最後に紹介した横ばいトレンドも、この考え方を活用しています。したがって、**価格がレジスタンスラインを上抜ければ、サポートラインに転換して相場を支えるようになる一方、価格がサポートラインを下抜ければ、レジスタンスラインに転換して相場の行く手を阻む**ことになるのです。

特段の節目がなくても、切りの良い価格に近づくと反落や反発をすることがある

高値と安値に着目したレジスタンスラインとサポートライン

■ **上昇トレンド**のときの価格を基準にした「節目」の基本例

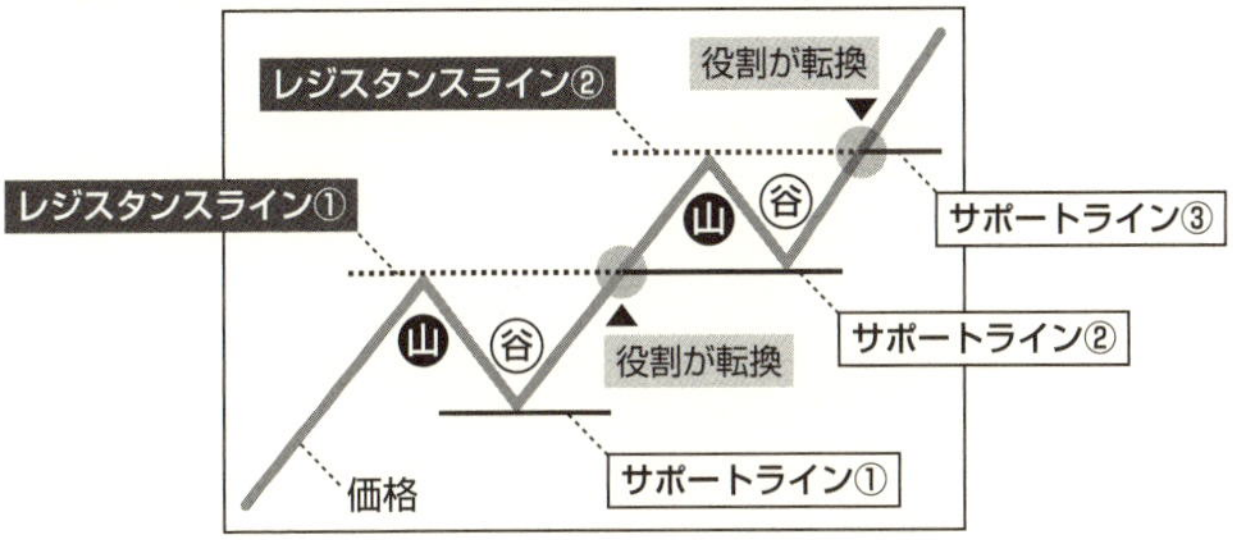

■ **下降トレンド**のときの価格を基準にした「節目」の基本例

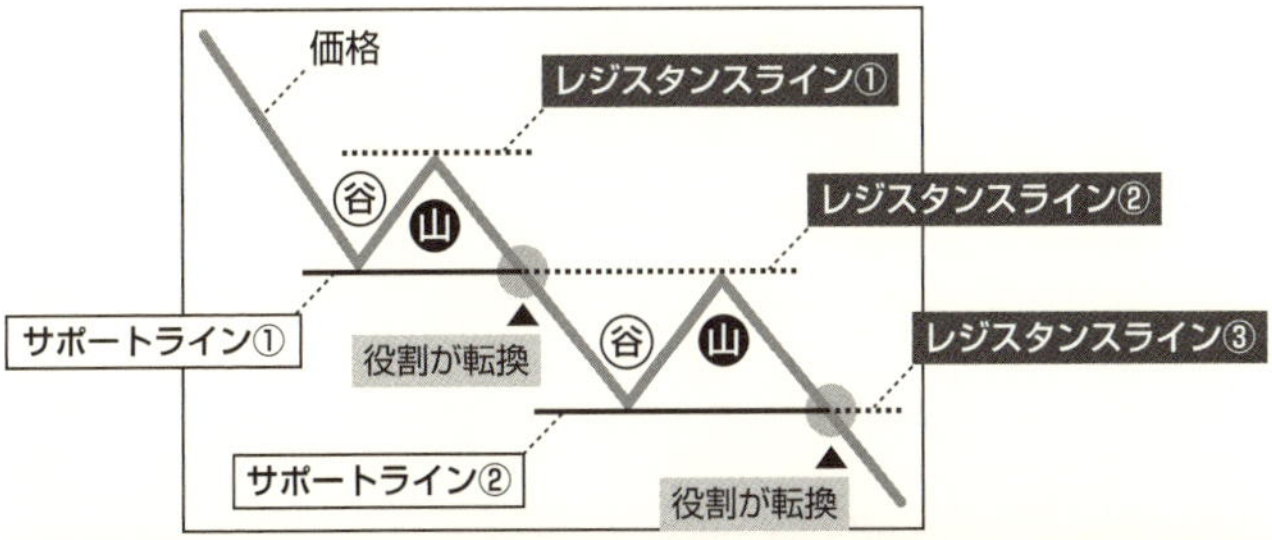

One Point アドバイス

トレンドラインやチャネルラインも「相場の節目」となります。つまり、チャート上にはいくつもの節目が存在することになるわけです。これらの節目は、相場を読み解く上で有効に機能することがある反面、投資家を悩ませる原因にもなります。

2

節目を形成する山と谷の大きさで、その力は異なる

価格を基準にしたレジスタンスラインとサポートラインが、相場にどのような影響を及ぼしているかを、実際のチャートを見て検証しましょう。

豪ドル／円は、ほぼ100円を高値に1カ月以上も小康状態が継続。心理的な節目である100円がレジスタンスラインとなって相場の上昇を阻んでいました。しかし、この節目を上抜けると相場は勢いを取り戻し、2007年7月20日の高値107・63円まで上昇。

しかし、この高値をピークに相場は2本の大陰線を伴って急落します。大幅上昇の反動による調整局面なら、100円と107・63円の間の2本のサポートライン（実線）が下値を支えるはずですが、売り圧力が強ければ、力の弱い節目は機能しないこともあります。

そして、100円付近のレジスタンスラインがサポートラインに転じていたため、ここで下げに対する抵抗感が出てきます。とはいえ、先ほどの力の弱い節目までが戻りの限界と読むべきです。そうなれば再下落だけでなく、100円近辺のサポートラインを割り込む可能性が高くなります。その後は案の定の崩落状態。しかし、買い戻しも手伝って意外にも早く再反転すると、100円の節目も難なく突破し、高値奪回に動くのですが……。

下落相場では、強いサポートラインを下抜けたところが「売り」のポイント

レジスタンスラインとサポートラインが頻繁に入れ替わる

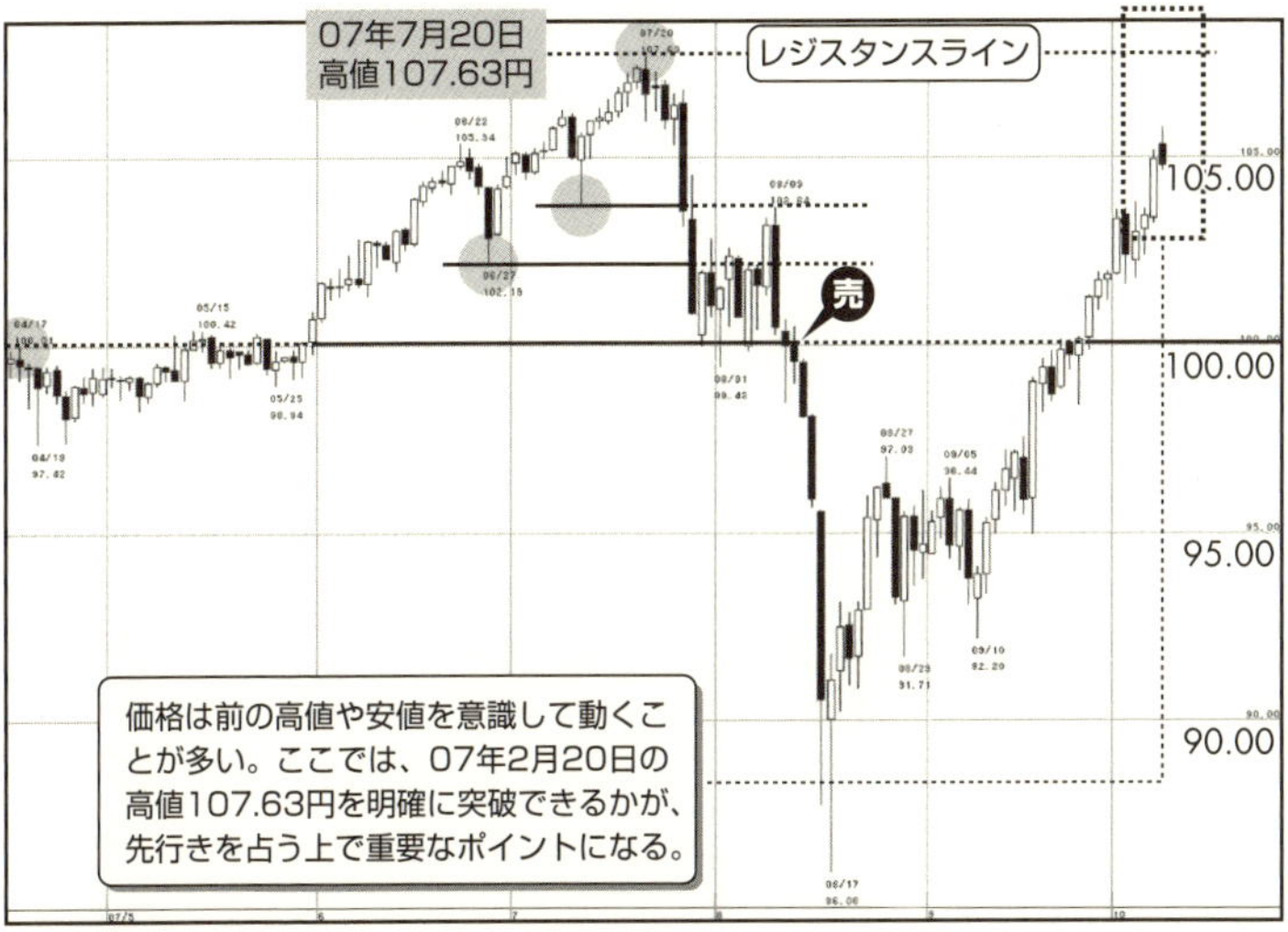
07年7月20日
高値107.63円
レジスタンスライン
売
105.00
100.00
95.00
90.00
価格は前の高値や安値を意識して動くことが多い。ここでは、07年2月20日の高値107.63円を明確に突破できるかが、先行きを占う上で重要なポイントになる。

‖豪ドル／円‖日足‖2007.04〜2007.10

チャート提供：ドリームバイザー・ファイナンシャル

One Point アドバイス

レジスタンスラインやサポートラインは、すべてが同じ力を持つわけではありません。上の例でいうと、107.63円のレジスタンスラインと100円近辺サポートラインは強く、これを抜けると、その方向にトレンドが出ます。

3

強力な節目に跳ね返されると、その反動は大きい

先ほどのチャートの続きです。再反転した豪ドル／円は、2007年7月20日の高値107・63円奪回に動きますが、このポイントから先の急落相場が始まっているだけに、このレジスタンスラインの力は、かなり強いと見るべきでしょう。

豪ドル／円は、この高値に2回挑みます。最初は10月15日の高値106・84円で力尽き、100円割れまで反落。しかし、この水準に差し掛かると非常に長い下ヒゲを伸ばしていますので、このサポートラインも一定の力を持っているといえましょう。

相場が下げ止まると再度、高値奪回に挑戦します。11月1日には107・79円まで上昇し、一時的にレジスタンスラインを上抜くものの、3円近い大陰線で大幅安。やはり、このレジスタンスラインは相当強い力を持っているといわざるを得ません。

結局、2回の高値奪回に失敗すると、2本の大陰線を伴って100円近辺のサポートラインもあっさり割り込み、高値から10円以上の急落。一定の力を持っていたはずのサポートラインを「窓」を開けて下落していますから売り圧力は強く、しかも、この下落でレジスタンスラインに転換したため、その力は以前よりも強くなっていると推測できます。

レジスタンスラインとサポートラインの持つ力を見分けることが重要

強い力を持つレジスタンスラインに跳ね返されて力尽きた

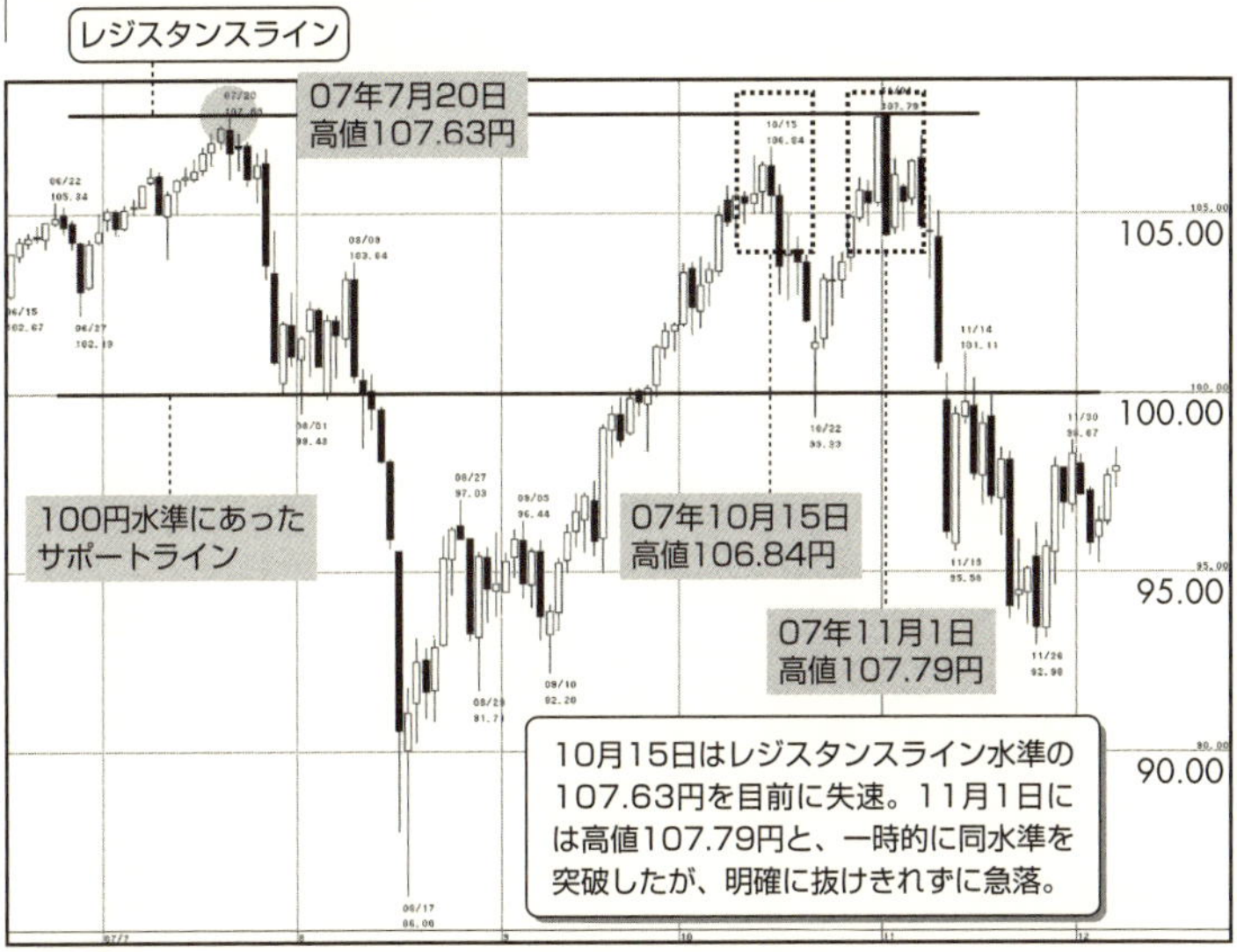
レジスタンスライン
07年7月20日
高値107.63円
100円水準にあったサポートライン
07年10月15日
高値106.84円
07年11月1日
高値107.79円
10月15日はレジスタンスライン水準の107.63円を目前に失速。11月1日には高値107.79円と、一時的に同水準を突破したが、明確に抜けきれずに急落。
105.00
100.00
95.00
90.00

‖豪ドル／円‖日足‖2007.06〜2007.12

チャート提供：ドリームバイザー・ファイナンシャル

One Point アドバイス

「窓」とは、ヒゲを含むローソク足とローソク足の間が開く状態のことをいいます。24時間取引の外国為替相場はローソク足の連続性が非常に高く、ヒゲを長く伸ばす特徴もあることから、日足で窓を開けるときには、相当強い力が働いています。

4 レジスタンスラインを突破するたびに上昇力が増す

今度は、レジスタンスラインを突破できたケースを検証します。2006年7月、145円から148・07円まで上昇したユーロ/円は、売りに押されて146円を少し割るところまで押し戻されます。ここで、148・07円にレジスタンスライン①を引きます。

再反騰後には、このレジスタンスラインを挟んで数日間、一進一退を繰り返しますが、比較的容易に上抜くことができると、8月31日の高値150・73円まで順調に上昇。150円という心理的な節目を意識したのか、ここで再び反落します。そして、150・73円の水準にレジスタンスライン②を引きます。

しかし、レジスタンスライン①がサポートラインに転換して相場を支えていたため、下ヒゲを伸ばして同線を明確に割り込むことはありません。一方、レジスタンスライン②が上値を押さえて、約2カ月超のボックス圏を形成します。11月中旬に差し掛かる頃にレジスタンスライン②を大陽線で突破すると、その後は散発的な売りに押されます。しかし、レジスタンスライン②がサポートラインに転じていたため下値を支え、いよいよ上昇に弾みが付きます。いわば、「**ボックス圏の放れに付く**」という定石ともいえましょう。

繰り返し跳ね返されていたレジスタンスラインを突破すると意外高の可能性も

レジスタンスラインがサポートラインに転じて相場を支えた

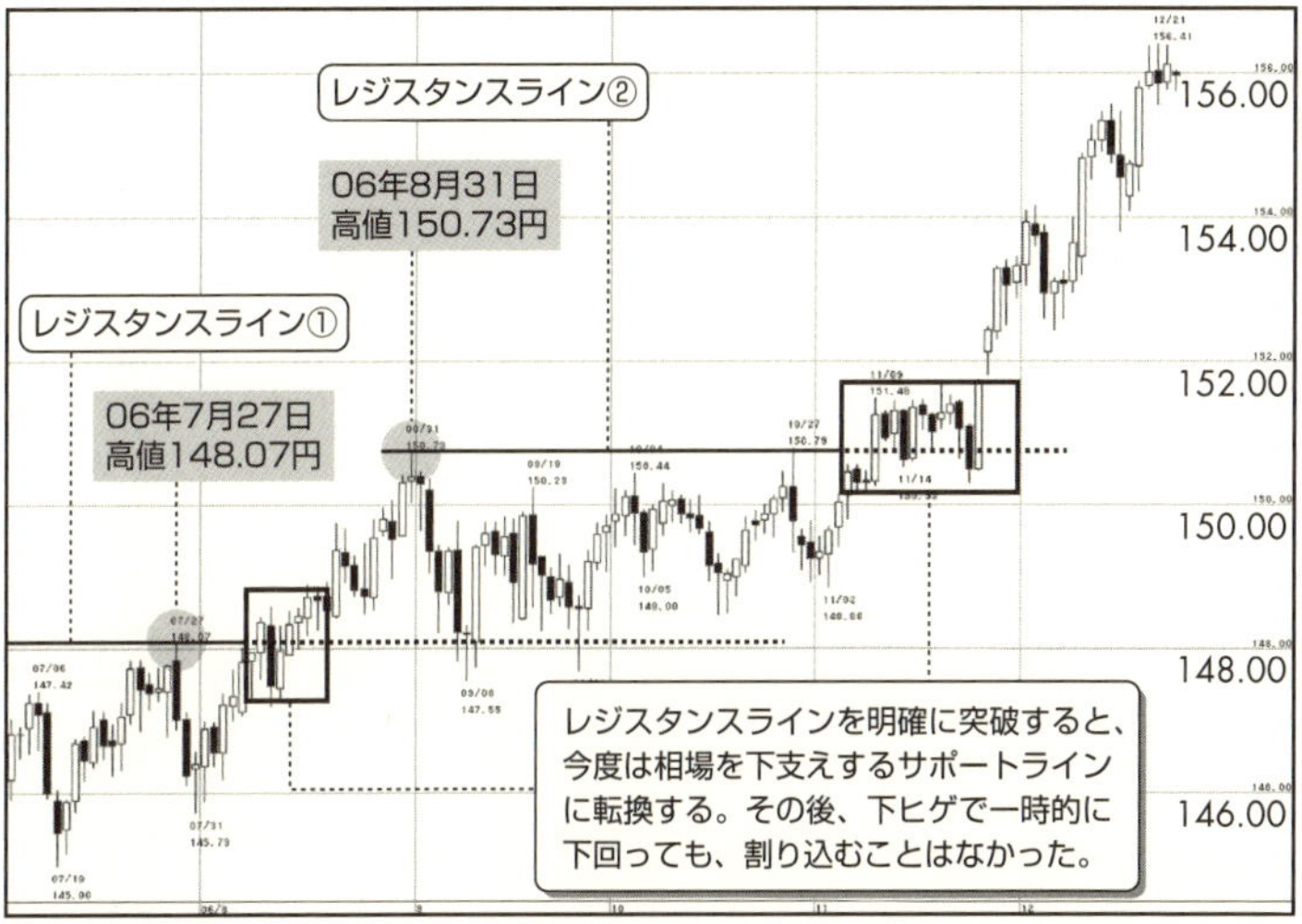

レジスタンスライン②
06年8月31日
高値150.73円
レジスタンスライン①
06年7月27日
高値148.07円
レジスタンスラインを明確に突破すると、今度は相場を下支えするサポートラインに転換する。その後、下ヒゲで一時的に下回っても、割り込むことはなかった。
156.00
154.00
152.00
150.00
148.00
146.00

‖ユーロ／円‖日足‖2006.07〜2006.12

チャート提供：ドリームバイザー・ファイナンシャル

One Point アドバイス

ユーロ／円のボックス圏では日を追うごとに、下値はサポートラインに届かなくなり、レジスタンスラインに到達する前に失速していた上値は徐々にそれに近づき、3回目の挑戦で到達、4回目にして遂に突破に成功。相場の小さな変化がヒントでした。

5
長い持ち合いを上放れると相場の勢いは加速する

前項の続きです。２本のレジスタンスラインを上抜けたユーロ／円は、中段のボックス圏で力を蓄えていただけに、上放れたときの上昇力はかなり強いものでした。

８月31日の高値１５０・73円に引いたレジスタンスライン②を突破すると、中間で比較的大きな反落局面があったものの、２００７年２月23日の高値１５９・63円まで約９円も上昇します。ここで念のため、レジスタンスライン③を引いておきます。

ここでも心理的な節目である１６０円には届かず、達成感も手伝って大幅急落。相場を目の当たりにしていたら、かなり冷や冷やする展開です。しかし「ちゃんと」というべきか、ボックス圏を形成したレジスタンスライン②で下げ止まります。力を蓄えていたということは、こういうことでもあるわけです。また、**大きな「山」や「谷」でなくても、それらが数多く集まることで支持や抵抗の力が強くなる**ということも覚えておいてください。

反面、このチャートでは示されていませんが、力を蓄えていたはずのサポートラインを下抜ければ、下値はかなり深くなる可能性が高くなり、逆に強力なレジスタンスラインを上抜ければ、視界はかなり良好になります。

目を覆うような急落でも、力を蓄えたサポートラインなら跳ね返すケースが……

ボックス圏で力を蓄えたサポートラインが急落相場を支えた

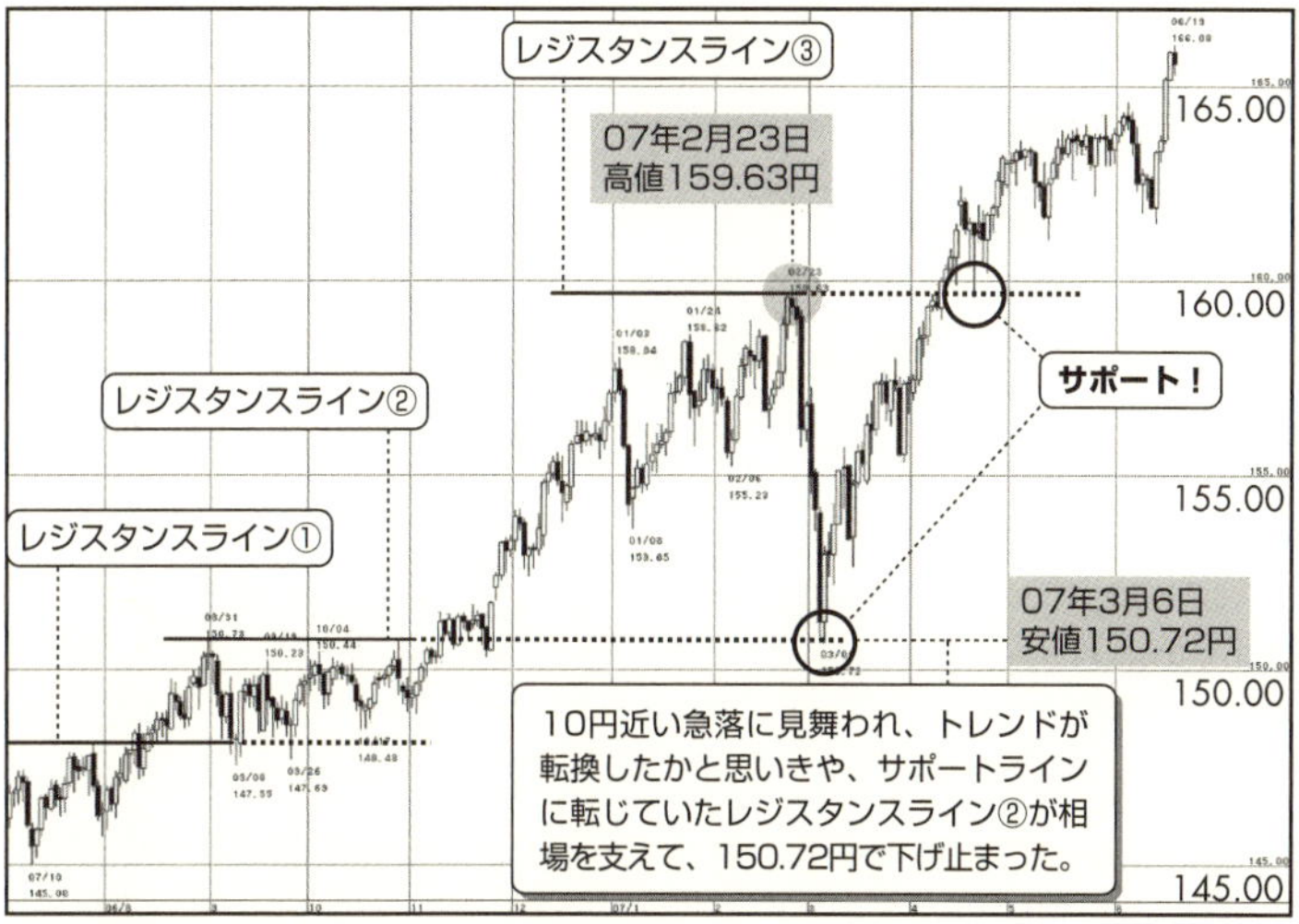
レジスタンスライン③
07年2月23日
高値159.63円
レジスタンスライン②
レジスタンスライン①
サポート！
07年3月6日
安値150.72円
10円近い急落に見舞われ、トレンドが転換したかと思いきや、サポートラインに転じていたレジスタンスライン②が相場を支えて、150.72円で下げ止まった。
165.00
160.00
155.00
150.00
145.00

‖ユーロ／円‖日足‖2006.07〜2007.06

チャート提供：ドリームバイザー・ファイナンシャル

One Point アドバイス

節目の力が強ければ強いほど、節目を突破した後には一旦、揺り戻しがあるケースが多いようです。たとえば、強力なレジスタンスラインを突破して勢いよく上昇すれば、同線に引き付けられるように一時的に急落する場面が見られます。

6

「目に見えない節目」を過去の高値安値から推測する

水平に引くサポートラインやレジスタンスラインを基準に、**上昇後の反落局面における下値（押し）のメドや、下落後の反発局面における上値（戻り）のメドを計る方法**があります。ある計算式から導き出した水準が、**「目に目ない節目」として機能することがある**というわけです。計算といっても、とても簡単なものですし、高機能チャートなら、それぞれの水準を自動的に計算・表示してくれますから、面倒な計算は不要です。

まず、次の6つの数値、「**0・382（38・2％）**」と「**0・5（50・0％）**」と「**2分の1**」、「**0・618（61・8％）**」と「**3分の2**」を使います。

「小数点の数字」で示したものは、古代ギリシャの時代から最も調和の取れた比率と考えられてきた黄金分割比率を使用したもの。そして、「～分の1」と示したものは、日本の相場の世界で経験則から導き出されたものです。

いずれも、「ここで止まる」という保証はないものの、過去に節目として引いたラインがないところで、上げ止まったり、下げ止まったりすることがあるときには、これらの「目に見えない節目」が機能していることがあることを付け加えておきたいと思います。

黄金分割比率は、0.382と0.618の合計が「1」になることを覚えるのがコツ

高値・安値から反転した時点で、上値・下値メドを引いておく

■上昇相場時の**「下値メド」**を計算する

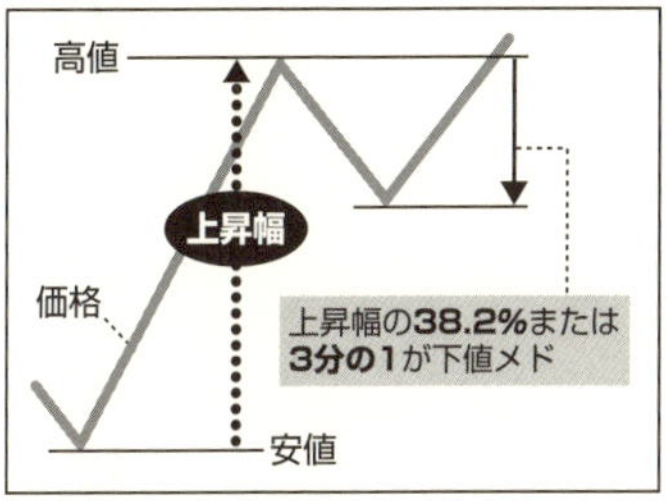
高値
上昇幅
価格
上昇幅の38.2%または
3分の1が下値メド
安値

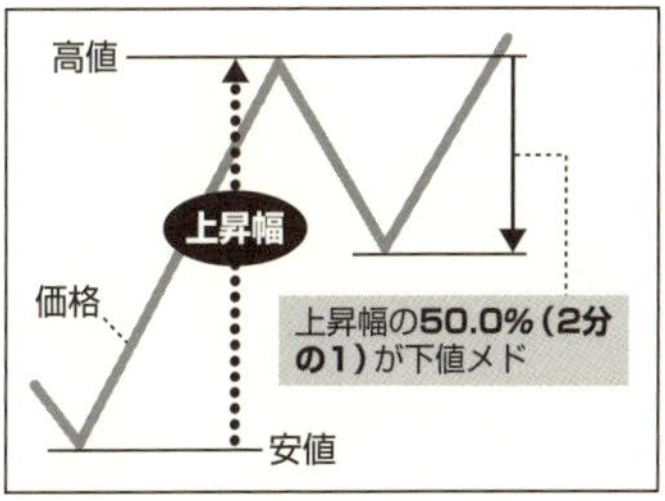
高値
上昇幅
価格
上昇幅の50.0%（2分
の1）が下値メド
安値

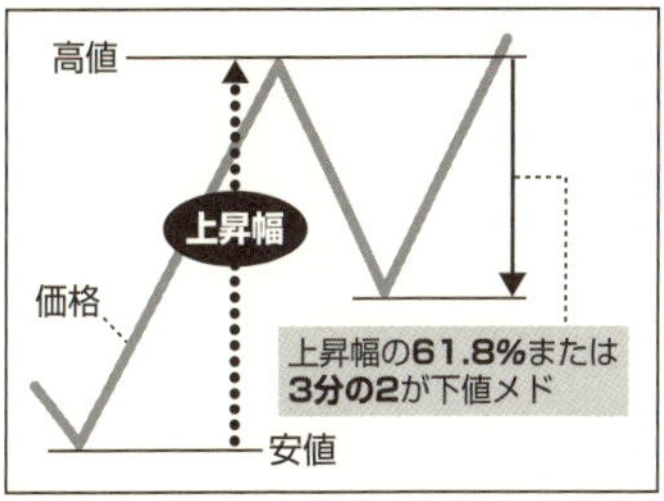
高値
上昇幅
価格
上昇幅の61.8%または
3分の2が下値メド
安値

■下落相場時の**「上値メド」**を計算する

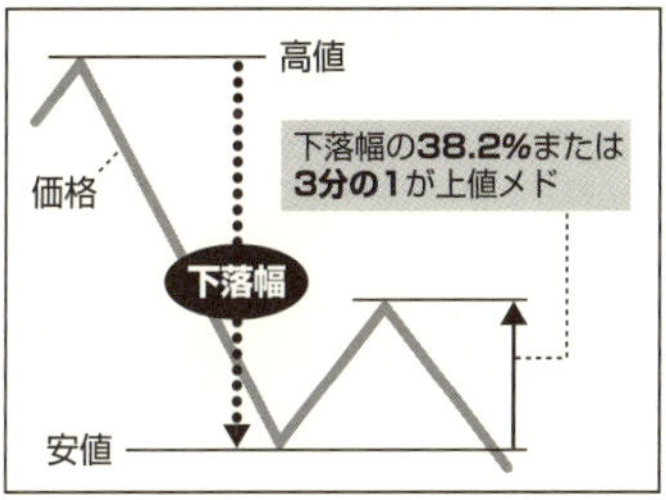
高値
価格
下落幅の38.2%または
3分の1が上値メド
下落幅
安値

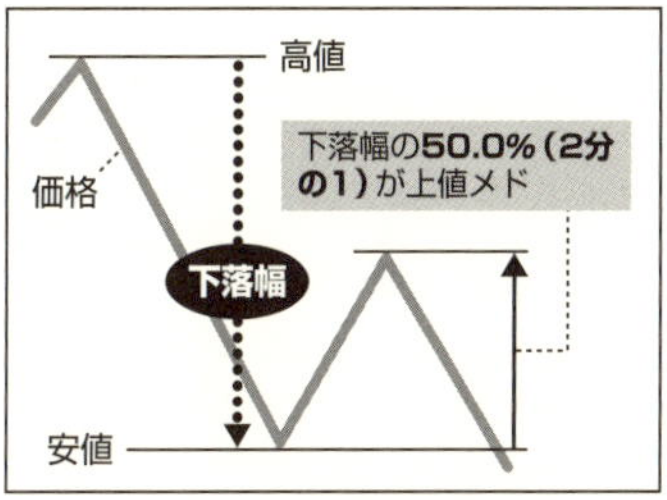
高値
価格
下落幅の50.0%（2分
の1）が上値メド
下落幅
安値

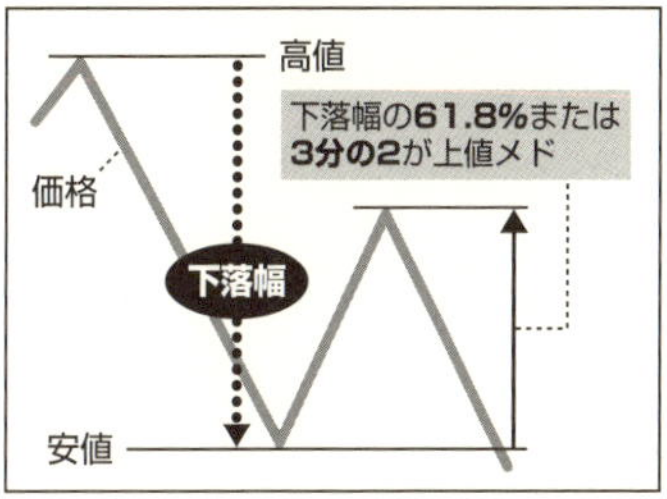
高値
価格
下落幅の61.8%または
3分の2が上値メド
下落幅
安値

7

上昇相場のときの「下値メド」を推測する①

初めての方はピンとこないかもしれないので、ここからは実際のチャートを見ながら、具体的にその仕組みを見ていきましょう。

下降トレンドを描いていたユーロ／ドルは、２００９年３月４日に長い下ヒゲを伸ばして「１・２４５３ドル」を底値に反転上昇。約３カ月後の６月３日に「１・４３３７ドル」の高値を付けると、この上昇トレンドで２回目の調整局面に入りました。

このときの下値メドを計算してみましょう。このチャートにおける安値は３月４日の１・２４５３ドル、同高値は６月３日の１・４３３７ドルですから、上昇幅は「０・１８８４ドル」。高値から「38・2％」や「３分の１」の水準を計算するなら、上昇幅にこれらの数値を掛け合わせます。具体的な下落（押し）幅は、38・2％のときは「０・０７２０ドル」、３分の１であれば「０・０６２８ドル」になります。

そして、高値から下落幅を差し引きます。具体的には、38・2％押しの水準は「１・３６１７ドル」、３分の１押しの水準は「１・３７０９ドル」となり、実際には高値から３分の１押しの水準の少し手前の１・３７４７ドルで下げ止まり、上昇に転じています。

上昇時の最初の下値メドは、上昇幅の38.2%か3分の1を高値から差し引く

高値から「3分の1押し」の水準で下げ止まり深押しを回避

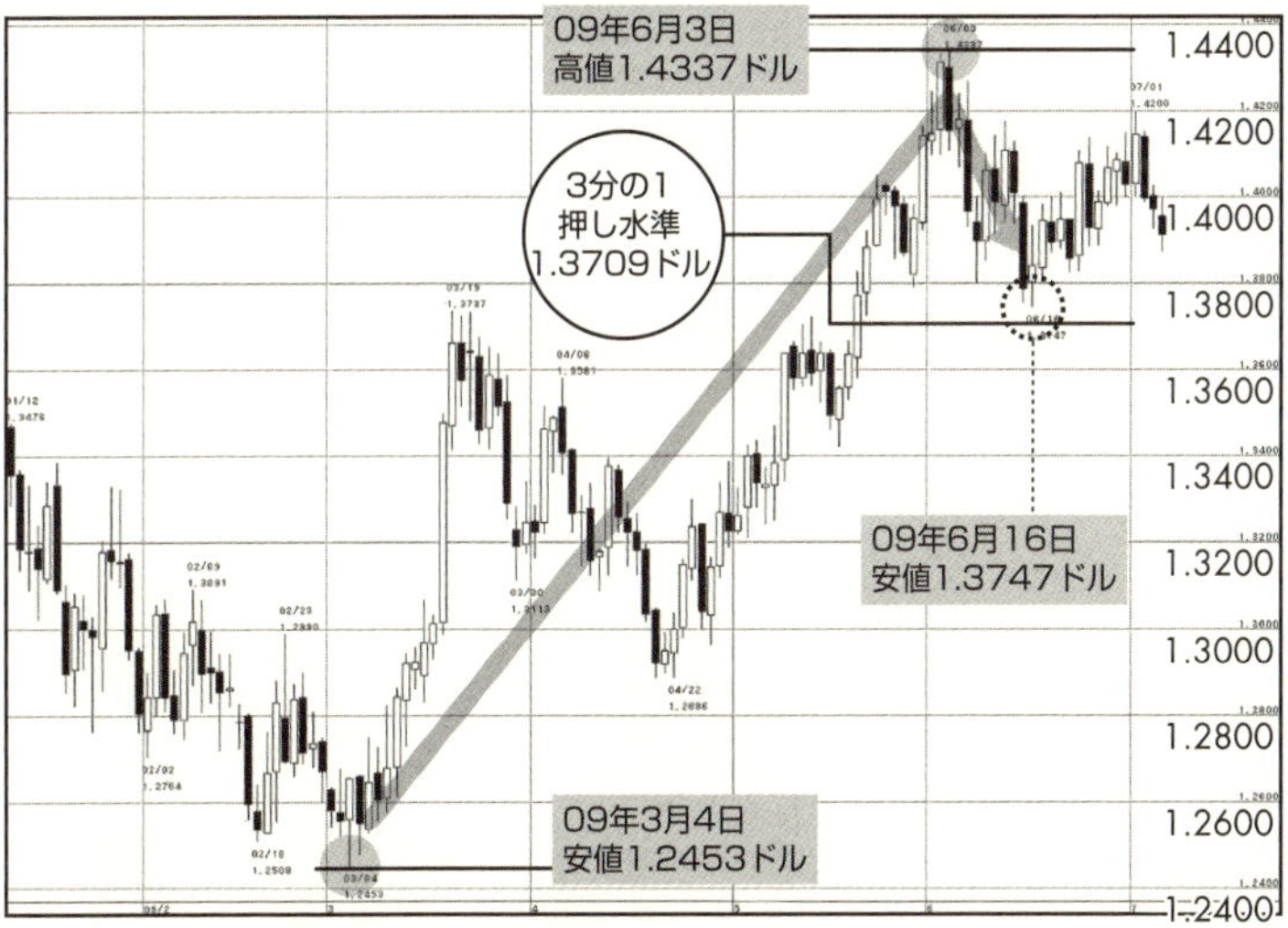

‖ユーロ/ドル‖日足‖2009.01〜2009.07

チャート提供：ドリームバイザー・ファイナンシャル

One Point アドバイス

具体的には、①1.4337ドル(09年6月3日高値)ー1.2453ドル(同3月4日安値)＝0.1884ドル(上昇幅)➡②0.1884ドル×1/3＝0.0628ドル(押し幅)➡③下値メドは、1.4337ドル(6月3日高値)ー0.0628ドル＝1.3709ドルとなります。

8 上昇相場のときの「下値メド」を推測する②

次は、50％（2分の1）押し水準を検証します。「半値押し」という言葉を耳にしたことがあるかもしれませんが、ルーツはここからです。

ユーロ／円は、115円超から130円超という広い幅で行ったり来たりの展開。2009年1月21日に「112・06円」の安値を付けると、いよいよ下放れの展開かと思われたその矢先、長い下ヒゲを数本伸ばして上昇に転じます。その後、1カ月間は予断の許さない状態が続きますが、心理的な節目の120円を上抜けると上昇に弾みが付きます。そして、4月6日に「137・40円」の高値に至ると一転、下落相場に突入しました。このときの下値メドを「50・0％（2分の1）押し」を使って計算してみましょう。

どちらも同じ数値ですから、これが一番簡単ですね。このチャートでは、高値が「137・40円」、安値が1月21日の「112・06円」ですから、上昇幅は「25・34円」。高値から「50・0％（2分の1）」の水準まで下げるとするなら、その幅は「12・67円」。

したがって、下値メドは「124・73円」となります。実際には、4月28日に長い下ヒゲを伸ばした124・35円で下げ止まっていますから、合格点といえましょう。

上昇時の2番目の下値メドは、上昇幅の50%か2分の1を高値から差し引く

高値から「50%押し」の水準で長い下ヒゲを伸ばして危機を脱出

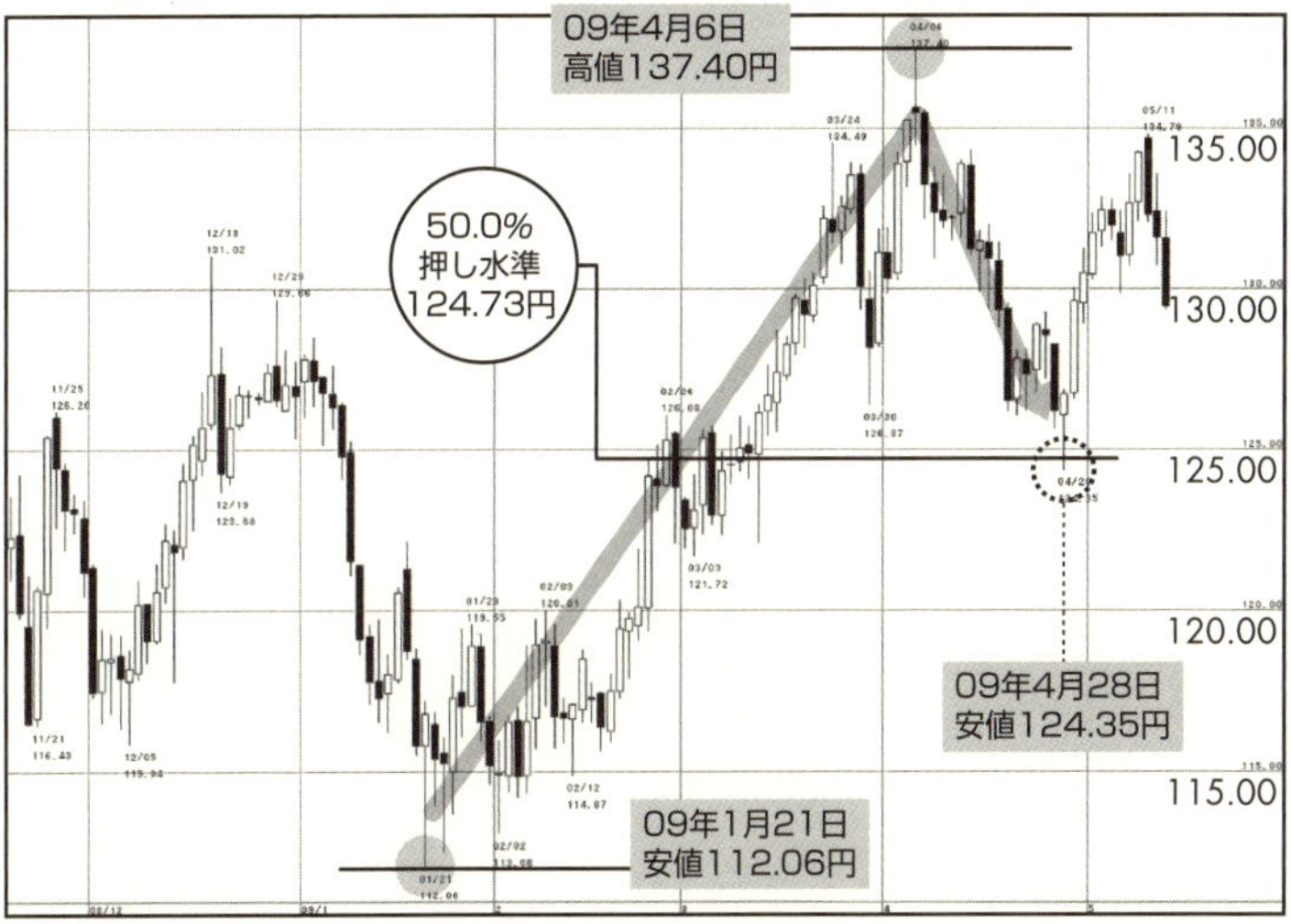

‖ユーロ／円‖日足‖2008.11～2009.05

チャート提供：ドリームバイザー・ファイナンシャル

One Point アドバイス

具体的には、①137.40円（09年4月6日高値）－112.06円（同1月21日安値）＝25.34円（上昇幅）➡②25.34円×50.0%＝12.67円（押し幅）➡③下値メドは、137.40円（同4月6日高値）－12.67円＝124.73円となります。

9 上昇相場のときの「下値メド」を推測する③

最後に、61・8％（3分の2）を使って下値メドを計算してみましょう。ここでは、2004年7月から2年間のドル／円の週足チャートを用意しました。

112円台から下落してきたドル／円は、心理的な節目である100円を意識したのか、その手前の101・67円で2005年1月17日に下げ止まります。上昇の途中、売りに押される局面が3回ありますが、いずれも大きな調整にはならず、12月5日の高値121・37円に至ります。ところが、ピークを付けたその翌週は波乱の展開に……。約5円幅の大陰線が出現したからです。これほどの急落が1週間という短期間に起きれば、相場の傷はかなり深いといえましょう。

そこで、この上昇相場の起点に戻る前に節目はないか、計算しておく必要があります。チャート上の高値は12月5日の121・37円、安値は1月17日の101・67円ですから、上昇幅は「19・7円」。最も深い3分の2押しなら高値から「13・13円」下の「108・24円」、61・8％押しなら「12・17円」下の「109・20円」が下値メドとなります。結果は2006年5月17日の安値108・96円で下げ止まり、切り返しています。

上昇時の最後の下値メドは、上昇幅の61.8%か3分の2を高値から差し引く

大陰線出現で相場の傷は深いが、「61.8%押し」で目先反転

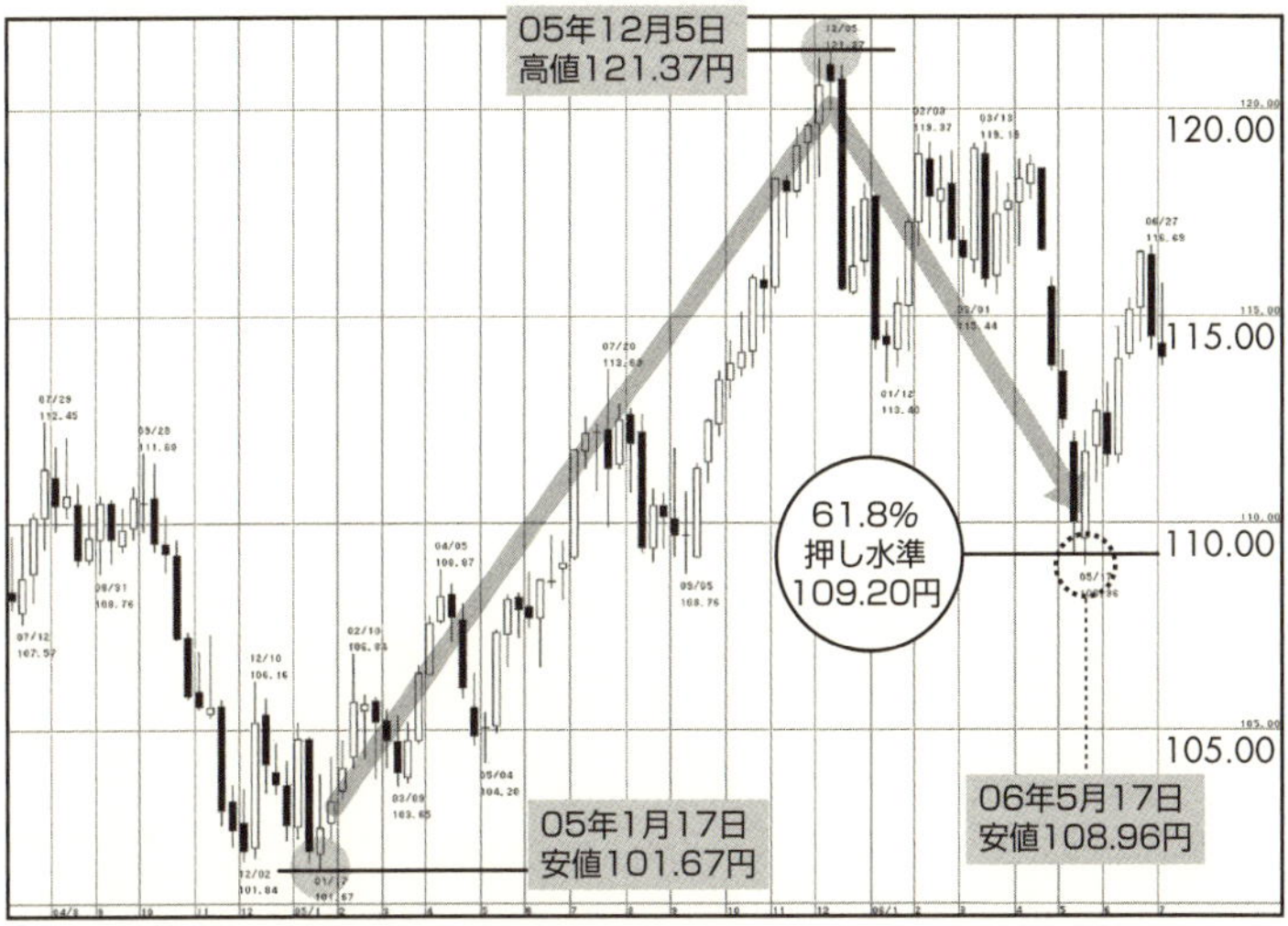

‖ドル／円‖週足‖2004.07〜2006.07

チャート提供：ドリームバイザー・ファイナンシャル

One Point アドバイス

具体的には、①121.37円（05年12月5日高値）−101.67円（同1月17日安値）＝19.70円（上昇幅）➡②19.70円×61.8%＝12.17円（押し幅）➡③下値メドは、121.37円（同12月5日高値）−12.17円＝109.20円となります。

10 下落相場のときの「上値メド」を推測する①

ここからは下落相場のときの上値メドについて検証します。考え方は、上昇相場のときと変わりはありません。ポンド／円の週足チャートで、下落後の38・2％（3分の1）戻しの水準を求めてみましょう。

２００7年7月20日の高値「２５１・07円」から一貫した下降トレンドを描いてきたポンド／円は、２００８年秋に起きたリーマンショックの少し前から崩落状態（チャート中央からの下落局面）。そして、２００9年1月下旬になると１２０円台を割り込み、よもやの１００円台を目指す展開かと思われました。ところが、1月23日の安値「１１８・76円」から切り返すと、長い間の下降トレンドに終止符を打ち修復相場に移ります。

下落後に来る反転相場は、まず、下落幅の38・2％（3分の1）戻しの水準が目先の上値メドとなります。下落幅は「１３２・31円」。上値メドは、38・2％戻しなら「50・54円」幅で上昇し「１６９・30円」、3分の1戻しなら「44・１０円」幅で上昇し「１６２・86円」と求められます。結果は、２００9年6月12日に約3分の1戻しの水準である高値１６２円・58円で上昇が一服しています。

下落時の最初の上値メドは、下落幅の38.2%か3分の1を安値に加える

下落の間に目立った節目はなかったため上値メドが役立った

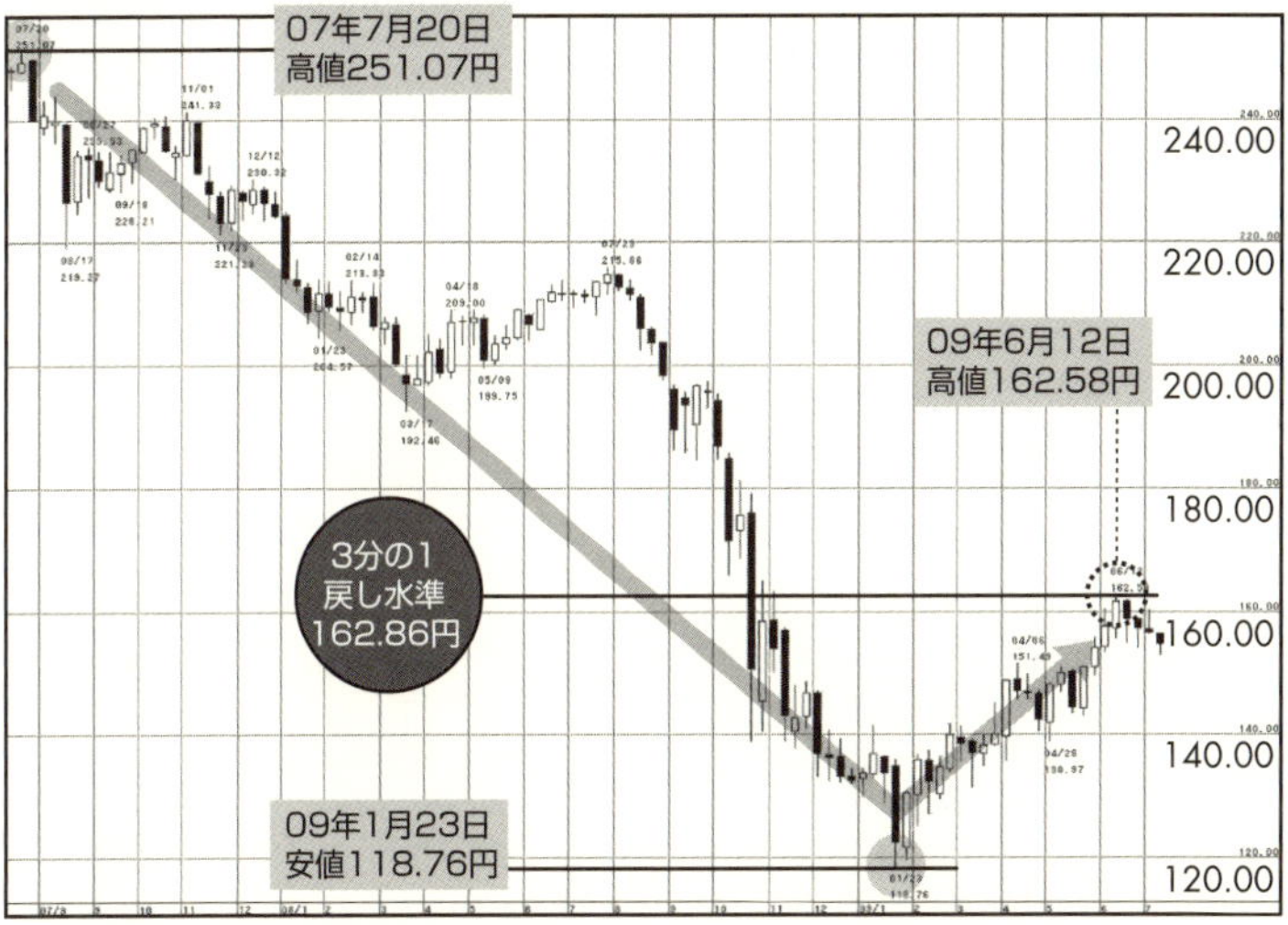

‖ポンド／円‖週足‖2007.07～2009.07

チャート提供：ドリームバイザー・ファイナンシャル

One Point アドバイス

具体的には、①251.07円（07年7月20日高値）－118.76円（09年1月23日安値）＝132.31円（下落幅）➡②132.31円×3分の1＝44.10円（戻し幅）➡③上値メドは、118.76円（同1月23日安値）＋44.10円＝162.86円となります。

11

下落相場のときの「上値メド」を推測する②

上昇後の押しの水準を求めたときには、実はいずれも過去に付けた高値（節目）を押しのメドとすることができたため、計算をしなくても大雑把にアタリを付けることができました。しかし、ポンド／円のようにどこにも節目が見あたらないときもあります。このようなときこそ、上値メドや下値メドを計算しておくと、とても役に立ちます。

ドル／円の下落相場の中間反騰局面で、50％戻し後に再下落するケースが見られました。ドル／円は２００７年６月22日に高値１２４・12円をピークに、９カ月間も下落相場が続きました。そして、２００８年３月中旬には心理的な節目の１００円を割り込み、さらに３月17日の安値９５・77円まで長い下ヒゲを伸ばすと、そこから急速に買い戻されます。

このとき、下落幅の50％（2分の1）戻しの水準を上値メドとするなら、その水準は「１０９・94円」となります。６月22日高値「１２４・12円」と３月17日安値「95・７７円」から下落幅は「28・３５円」で、その2分の1の「１４・17円」が上昇余地です。したがって、上値メドは１０９・94円。実際には、ほぼ5カ月間で１１０・66円まで上昇すると、再び１００円を割れるところまで急落しています。

下落時の2番目の上値メドは、下落幅の50%か2分の1を安値に加える

「50.0%戻し」の水準では首つり線が出現して再度の大幅下落

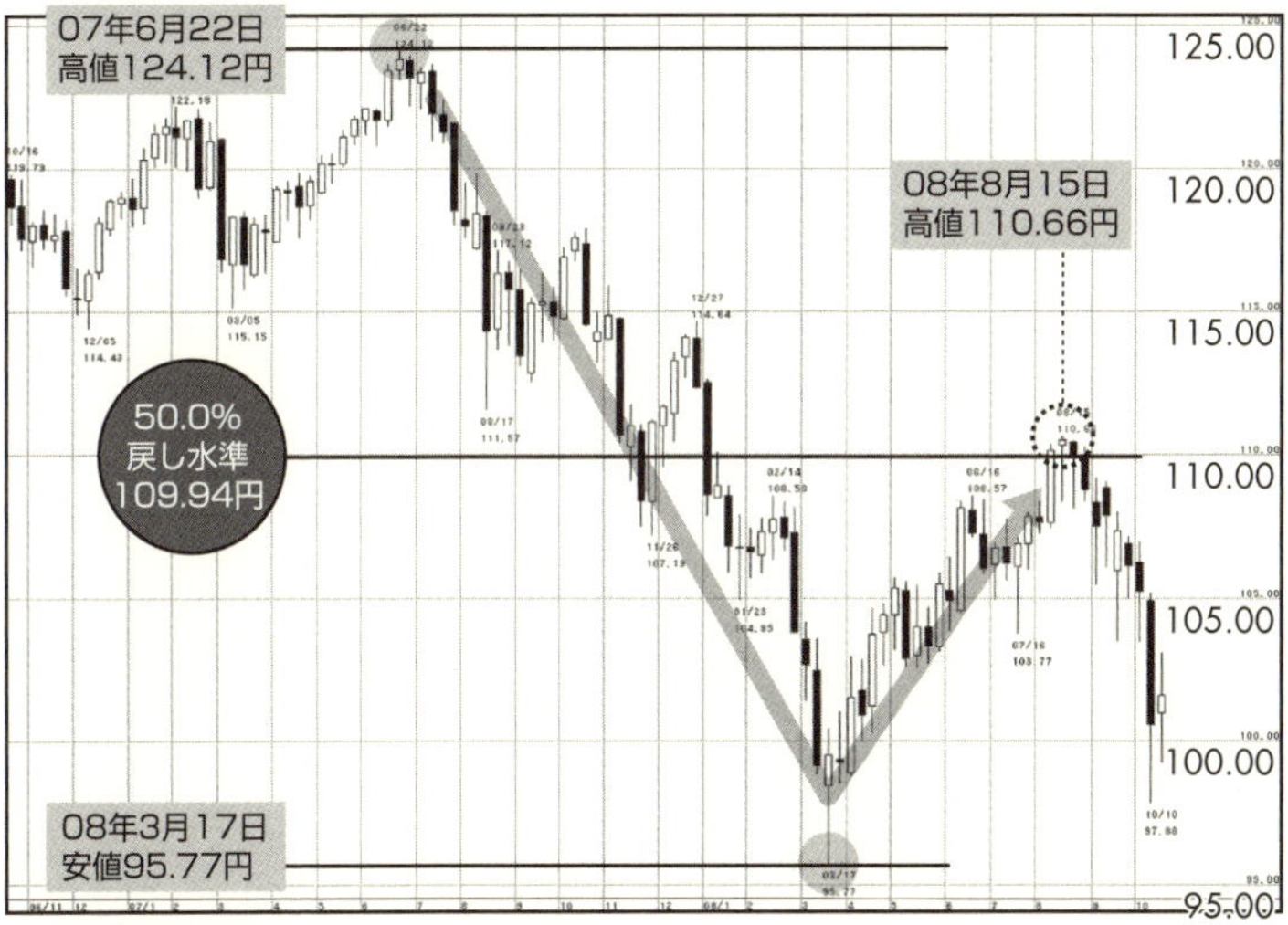

‖ドル／円‖週足‖2006.10～2008.10

チャート提供：ドリームバイザー・ファイナンシャル

One Point アドバイス

具体的には、①124.12円（07年6月22日高値）－95.77円（08年3月17日安値）＝28.35円（下落幅）➡②28.35円×50%＝14.17円（戻し幅）➡③上値メドは、95.77円（同3月17日安値）＋14.17円＝109.94円となります。

12 下落相場のときの「上値メド」を推測する③

上値・下値のメドを推し量る方法も、これが最後です。スイスフラン／円の日足チャートで、61・8％（3分の2）戻しの水準を求めてみましょう。

2003年の春先まで、86～88円の狭いレンジで方向感の乏しい展開が続いていたスイスフラン／円は、同5月にレジスタンスラインとして機能していた88円の節目を明確に突破すると鋭角的に上昇します。5月30日には大陽線を伴って高値92・11円に至りました。

このときの相場を目の当たりにしていれば、上昇に弾みが付くかと思われたかもしれません。しかし、その翌日は大幅に下落して寄付くと、ボディも上ヒゲも長い陰線を引いて下降トレンドに転換。そして、チャート上の安値さえ下回ります。そして、7月16日に長い下ヒゲ陰線で安値84・31円を付けると、ようやく下げ止まる気配を見せます。

このときの下げ幅は高値92・11円と安値84・31円の差である「7・8円」。したがって、61・8％戻しなら「89・13円」、3分の2戻しなら「89・51円」が高値メドとして求めることができます。結果は、3分の2戻しの水準とはたった0・1円差の89・52円が戻りの限界となり、高値奪回まであと一歩のところで急落し、下落相場は継続です。

下落時の最後の上値メドは、下落幅の61.8%か3分の2を安値に加える

高値奪回が目前だったが、「3分の2戻し」が戻りの限界だった

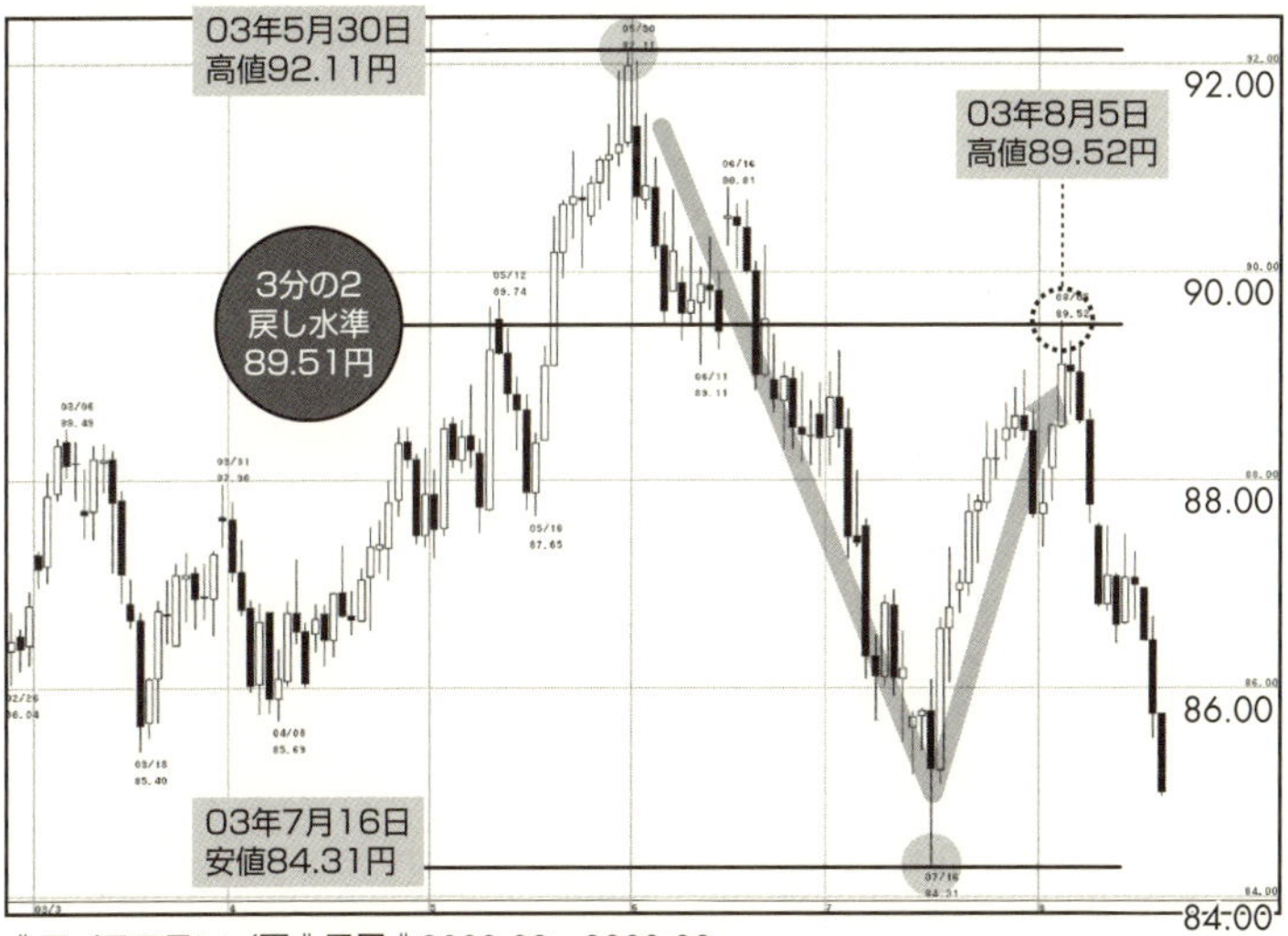

‖スイスフラン／円‖日足‖2003.02〜2003.08

チャート提供：ドリームバイザー・ファイナンシャル

One Point アドバイス

具体的には、①92.11円（03年5月30日高値）－84.31円（同7月16日安値）＝7.8円（下落幅）➡②7.80円×3分の2＝5.20円（戻し幅）➡③上値メドは、84.31円（同7月16日安値）＋7.80円＝89.51円となります。

13

「直近高値の上抜け」をトレードシグナルに使う

ここで紹介する「ブレイクアウト」という手法は本来、テクニカル分析の教科書にはあまり紹介されていませんが、サポートラインやレジスタンスラインを抜けたときの対処法の応用と考えることができますので、「掟破り」ではありますが、あえてご紹介します。

「高値抜けのブレイクアウト」とは、**「一定の本数のローソク足の高値を抜けたら買い」**という手法です。いわゆる「高値抜けに付く」というものです。一見、無謀に見えますが、**上昇トレンドのときには、なかなか上抜けることができなかったレジスタンスラインを突破すると売り圧力が弱まり、上昇に弾みが付くという相場の特徴を利用**するわけです。

ブレイクアウトのポイントは、「あらかじめ対象とするローソク足の本数を決めておく」ことで、その数は「20本」や「40本」などが一般的。もう1つは、ローソク足の本数をカウントする起点を決める必要があることです。

NZドル／円では、「直近20本のローソク足の高値抜けで買い」というルールで2009年2月1日からトレードをスタート。直近20本のローソク足の高値は2009年2月26日の50・49円ですから、この水準を明確に上抜けた3月1日の終値で買いとなります。

ブレイクアウトを使うとき、対象となるローソク足は20本や40本が一般的

レジスタンスライン突破で上昇に弾みが付く点に着目した手法

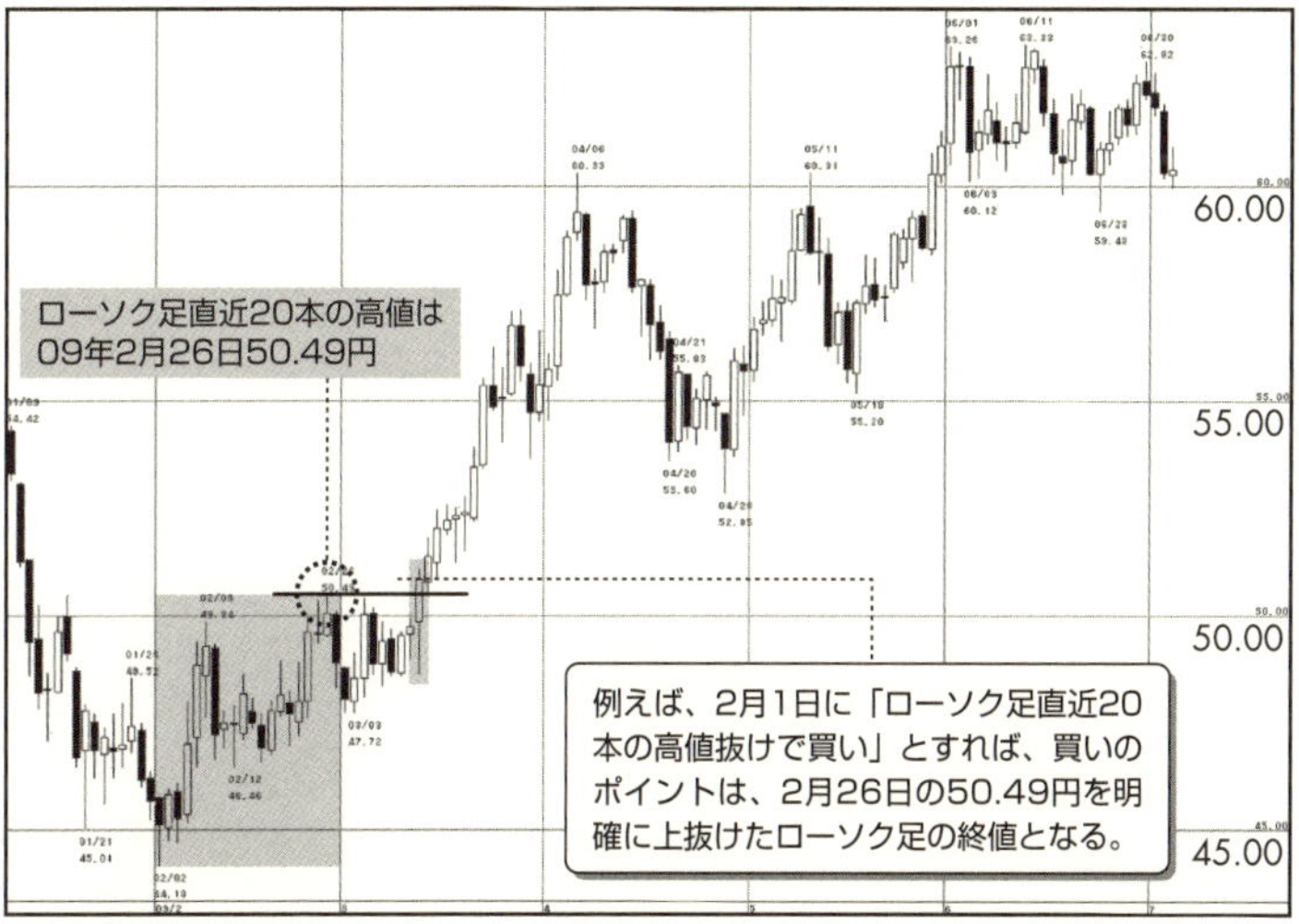
ローソク足直近20本の高値は
09年2月26日50.49円
例えば、2月1日に「ローソク足直近20
本の高値抜けで買い」とすれば、買いの
ポイントは、2月26日の50.49円を明
確に上抜けたローソク足の終値となる。
60.00
55.00
50.00
45.00

‖NZドル／円‖日足‖2009.01～2009.07

チャート提供：ドリームバイザー・ファイナンシャル

One Point アドバイス

ブレイクアウトと外国為替相場の相性は良いようです。また、分足などの期間の短いローソク足チャートでは仕掛け的な急騰や急落があるため、ブレイクアウトを使うときには、ローソク足の本数を多めに取ると、ダマシが減って効果的な場合があります。

14

「直近安値の下抜け」をトレードシグナルに使う

今度は、「安値抜けに付くブレイクアウト」について紹介しましょう。

「安値抜けのブレイクアウト」とは、「**一定の本数のローソク足の安値を割ったら売り**」という考え方です。下降トレンドのときには一時的に下落が止まり、持ち合う展開が見られ、この一連の流れの安値抜けに付くわけです。こちらは、サポートラインとして機能していた安値を下回れば、下落に拍車がかかる点に着目しています。

左に用意したのは前項と同様、NZドル／円の日足チャートです。このときは、「直近40本のローソク足の安値を下回ったら売り」というルールを2008年7月1日にスタートしました。

直近の安値は8月13日の73・90円。このときはかなり長い下ヒゲを伸ばした陽線です。この水準を明確に下抜けた9月4日の終値72・05円で売りとなります。

エントリー後は順調に下落しますが、その後、数日間は反発局面となり、やや不安な展開。とはいえ、73・90円がレジスタンスラインとして機能し、これを上抜けることができないと確認すると、その後は大陰線を伴う急落相場になりました。

急騰・急落によるダマシを避けるために分足では多めの本数が効果的なことも

サポートラインがレジスタンスラインに転じ、弱い反発後に急落

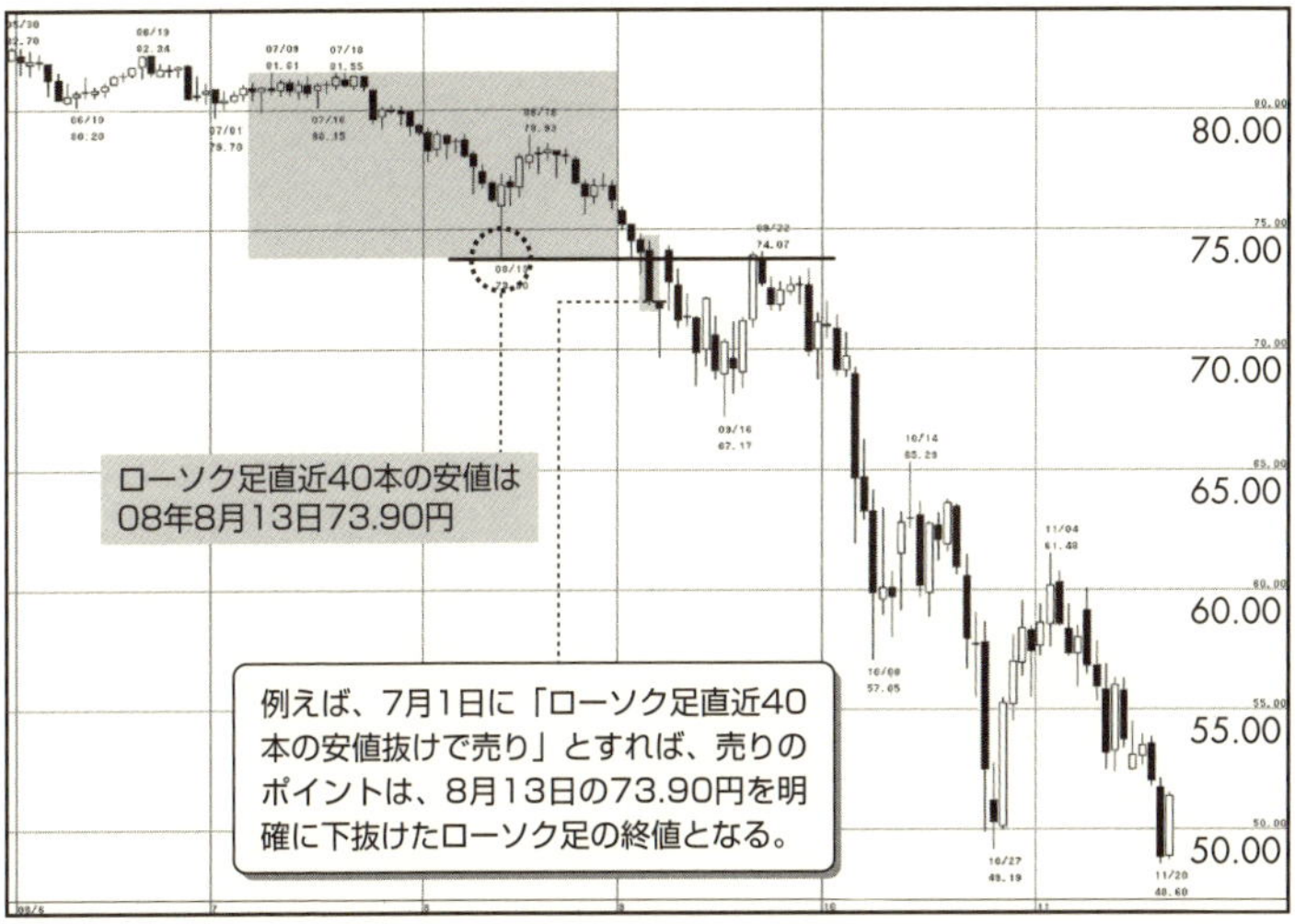
80.00
75.00
70.00
65.00
60.00
55.00
50.00
ローソク足直近40本の安値は
08年8月13日73.90円
例えば、7月1日に「ローソク足直近40本の安値抜けで売り」とすれば、売りのポイントは、8月13日の73.90円を明確に下抜けたローソク足の終値となる。

‖ NZドル／円 ‖ 日足 ‖ 2008.05～2008.11

チャート提供：ドリームバイザー・ファイナンシャル

One Point アドバイス

「直近20本のローソク足の高値を抜いたら買い」としたときの決済には、たとえば、「直近20本のローソク足の安値を下抜けたら決済」「利益が×%になったら決済」という方法が考えられます。

第5章

外国為替相場に「相性抜群」の移動平均線を使いこなす

1

トレンドを見るのに適している移動平均線

第5章では、外国為替相場に相性抜群の「移動平均線」を紹介します。

移動平均線とは、簡単にいうと、**ローソク足の終値を合計して、その本数で割った数値を1本の線で結んだもので、相場の方向性＝トレンドを見るのに非常に適しています。**

たとえば、左のポンド／円の日足チャートでいえば、グレーの部分には25本のローソク足があります。このローソク足の終値を合計し、それを単純に平均して求めたのが、点線の丸で囲んだ部分です。これを連続して計算すれば、チャート上に波打つような曲線が描かれます。この場合、「**25本の日足**」**の終値の平均値を結んでいますから、**「**25日移動平均線**」といいます。ローソク足が75本なら「75日移動平均線」、週足チャートで同じ本数なら「75週移動平均線」となります。

対象となるローソク足の本数が少なければ、移動平均線はローソク足に沿うように描かれますが、曲線は頻繁に上下に動きます。ローソク足の本数が多ければ、時に移動平均線がローソク足から大きく離れますが、曲線はより滑らかになります。**2～3本の性格の異なる移動平均線を描くことによって、様々なトレンドを読むことができる**わけです。

相場の方向性を見る指標を「トレンド系テクニカル指標」という

移動平均線を引くことで、相場の方向性が分かりやすくなった

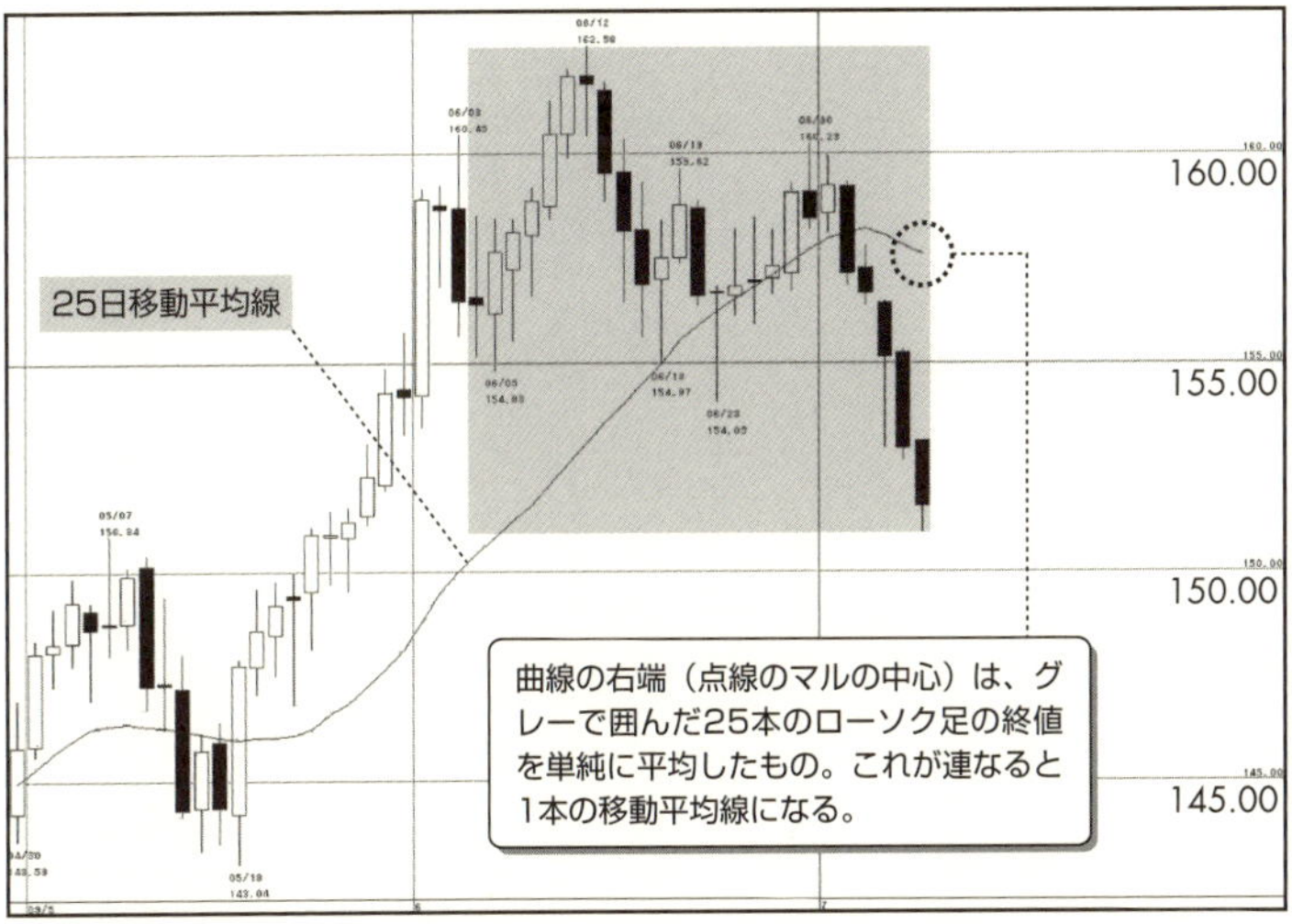
25日移動平均線
曲線の右端（点線のマルの中心）は、グレーで囲んだ25本のローソク足の終値を単純に平均したもの。これが連なると1本の移動平均線になる。
160.00
155.00
150.00
145.00

‖ポンド／円‖日足‖2009.04〜2009.07

チャート提供：ドリームバイザー・ファイナンシャル

One Point アドバイス

移動平均は英語で「Moving Average」。ローソク足75本分の移動平均線なら、この頭文字を取って「MA75」と表記することがあります。言葉も大切ですが、性格の異なる移動平均線の特徴と、その組み合わせの相性を検証することがより重要です。

2 移動平均線の周期が違えば、その「特性」も異なる

前項では**対象となるローソク足の数の多少で、描かれる移動平均線の特性が異なる**ことを記しました。そこで、実際に複数の移動平均線をチャート上に表示してみましょう。

カナダドル／円の日足チャートをご覧ください。ローソク足に最も近いのが25日移動平均線、その上にあるのが75日移動平均線、そして一番上が２００日移動平均線です。

対象となるローソク足の本数が少ない、つまり、周期が短いものを「**短期移動平均線**」といいます。また、ローソク足の本数が非常に多い、つまり、周期が非常に長いものを「**長期移動平均線**」、そして、その中間に位置するものを「**中期移動平均線**」といいます。

短期移動平均線はローソク足に寄り添うように描かれるため、**目先の動きを見る**のに適しています。反面、**相場の動きには敏感**になるため、**突発的な動きに反応**してしまいます。

一方、中期・長期の移動平均線は周期が長くなる分、**相場の動きに対して反応は鈍く**なりますが、**相場がどちらの方向を向いているか、つまり、トレンドを見る**のには適しています。このように、それぞれの移動平均線には一長一短があるため、「どれか1つ」という訳にはいきません。そのため、３本の移動平均線を常に表示しておくことをお勧めします。

短期移動平均線は目先のトレンドを見るのに適しているが、ダマシが多くなる

短期・中期・長期の3本の移動平均線を常に表示しておきたい

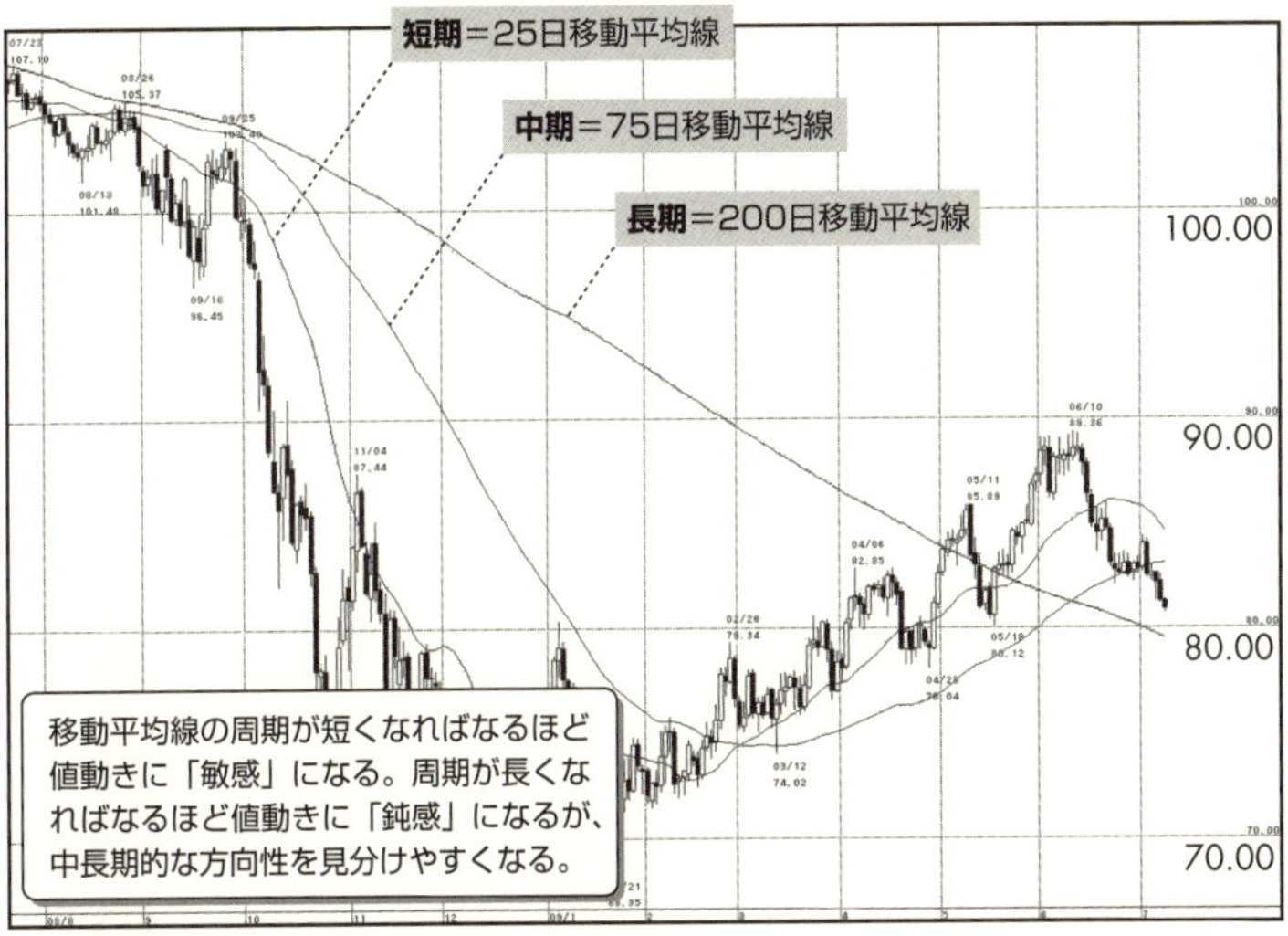
短期＝25日移動平均線
中期＝75日移動平均線
長期＝200日移動平均線
100.00
90.00
80.00
70.00
移動平均線の周期が短くなればなるほど値動きに「敏感」になる。周期が長くなればなるほど値動きに「鈍感」になるが、中長期的な方向性を見分けやすくなる。

‖ カナダドル／円 ‖ 日足 ‖ 2008.07〜2009.07

チャート提供：ドリームバイザー・ファイナンシャル

One Point アドバイス

「相場の動きに対して反応が鈍い」ということは、「価格の動きにかなり遅れる」ことを意味します。上の例でも、価格はすでに70円台から90円台をうかがう上昇相場に転じているのにもかかわらず、200日移動平均線はいまだに下を向いています。

3

移動平均線が「下値支持・上値抵抗」の役割を果たす

移動平均線には、トレンドを見る役割だけでなく、**価格の上値を押さえたり、下値を支えたりする役割を果たす**ことがあります。つまり、移動平均線がサポートラインやレジスタンスラインとして機能するわけです。そして、これまで相場を支えていた移動平均線をローソク足が明確に下抜ければ、下降トレンドに陥ったり、相場の行く手を阻んでいた移動平均線を明確に上抜ければ、上昇トレンドに転換したりすることは、トレンドラインやチャネルラインでご紹介したことと基本的には同じです。

もう1つ大切なのは、**「周期の長い移動平均線ほど、その力は強く、周期の短い移動平均線であれば、その力は弱い」**ことです。この点については次項で紹介するとして、実際のチャートを見て確認しておきましょう。170円台に位置していたユーロ／円は、75日移動平均線を下抜けると、明確な下降トレンドに転じ、110円手前までの急落を見ました。その後、一時的に反発するものの、移動平均線に近づくと非常に長い上ヒゲを伸ばして跳ね返されています。しかし、6カ月ぶりに75日移動平均線を上抜けると、急速に上伸。反落局面では、移動平均線に近づくと長い下ヒゲを伸ばして下値をサポートしています。

周期の長い移動平均線ほど、「下値支持・上値抵抗の力」が強い

移動平均線に近づくと、ローソク足は長いヒゲを伸ばしている

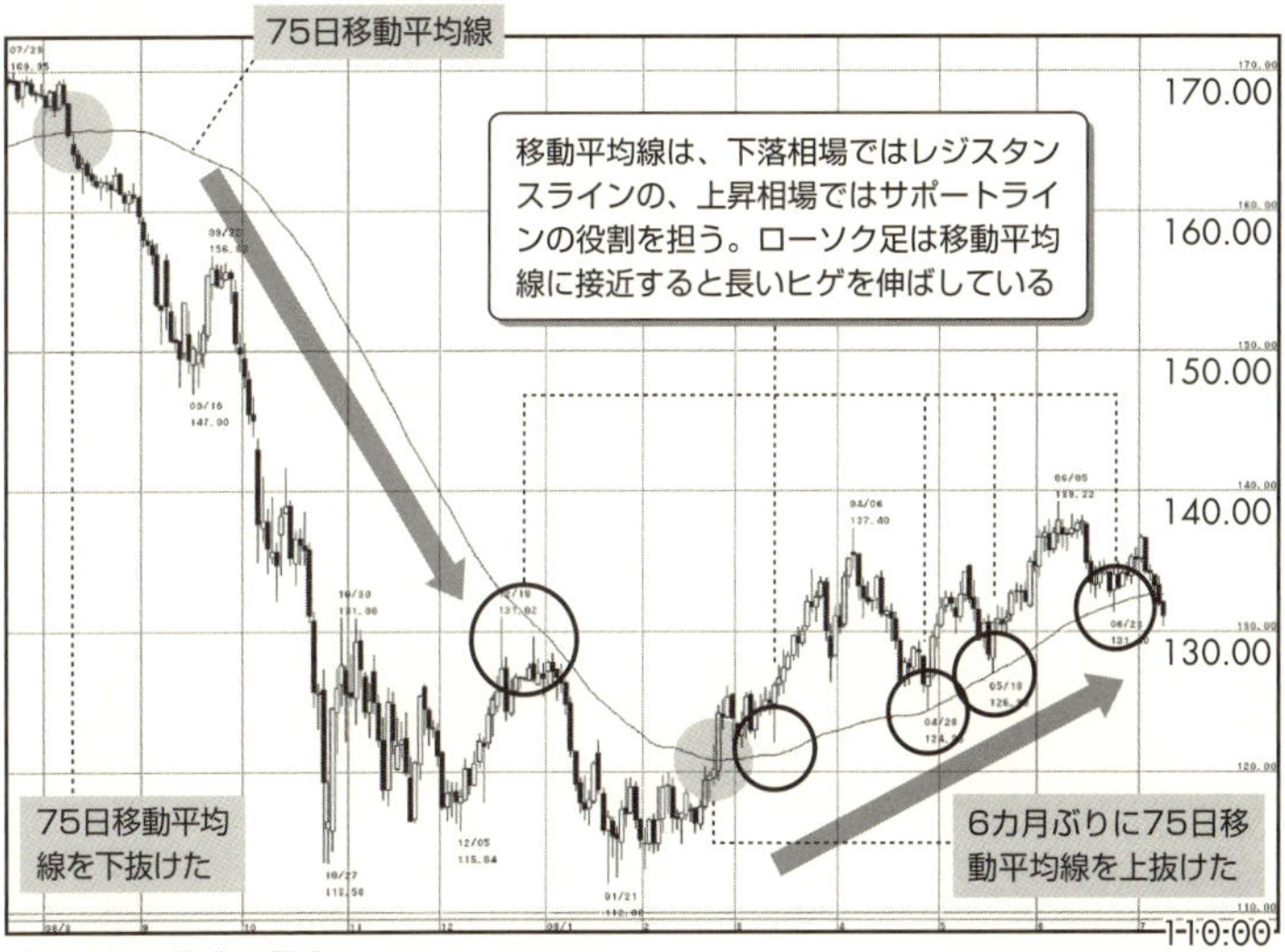
75日移動平均線
移動平均線は、下落相場ではレジスタンスラインの、上昇相場ではサポートラインの役割を担う。ローソク足は移動平均線に接近すると長いヒゲを伸ばしている
75日移動平均線を下抜けた
6カ月ぶりに75日移動平均線を上抜けた
170.00
160.00
150.00
140.00
130.00
110.00

‖ユーロ／円‖日足‖2008.07～2009.07

チャート提供：ドリームバイザー・ファイナンシャル

One Point アドバイス

ローソク足が中期・長期の移動平均線を上抜けたり下抜けたりすると、しばらくは抜けた方向に相場が動くことが多いようです。したがって、たった1本のローソク足をトレードシグナルとして活用することができます。

4

相場の支配力が最も強い200日移動平均線

前項では、「周期の長い移動平均線ほど、その力は強く、周期の短い移動平均線であれば、その力は弱い」と記しました。**なかでも、その力が最も強いのが200日移動平均線**といわれています。これは、200日間の終値の平均が、ほぼ1年間に市場参加者が取得した平均価格に近いことが理由のようです。そのため、これを割り込めば一斉に売りが出たり、上抜ければ買うことに対して積極的になる傾向が強くなったりと、相場の長期的なトレンドを見るときには、この200日移動平均線を重視するわけです。

ユーロ／円の日足チャートでも、それを如実に物語っています。2005年10月に200日移動平均線を上抜けると、同線は2年以上の長きにわたって相場をサポートしました。ローソク足と移動平均線との距離が大きくなると反落して同線に近づくか接触しますが、明確に割り込むことはありません。チャートに表示されている以前は、200日移動平均線を挟んで一進一退を繰り返していましたが、それを明確に上抜けると上昇トレンドがよりはっきりしてきました。一方、チャート右端のように、ローソク足が同線を明確に下抜けるときは、買い方は警戒レベルを高め、売り方は追撃の準備をするのが定石といえます。

200日移動平均線を上抜けたり下抜けたりすると、その方向にトレンドが出やすい

鋭角的に大幅下落しても、200日移動平均線が相場を支えた

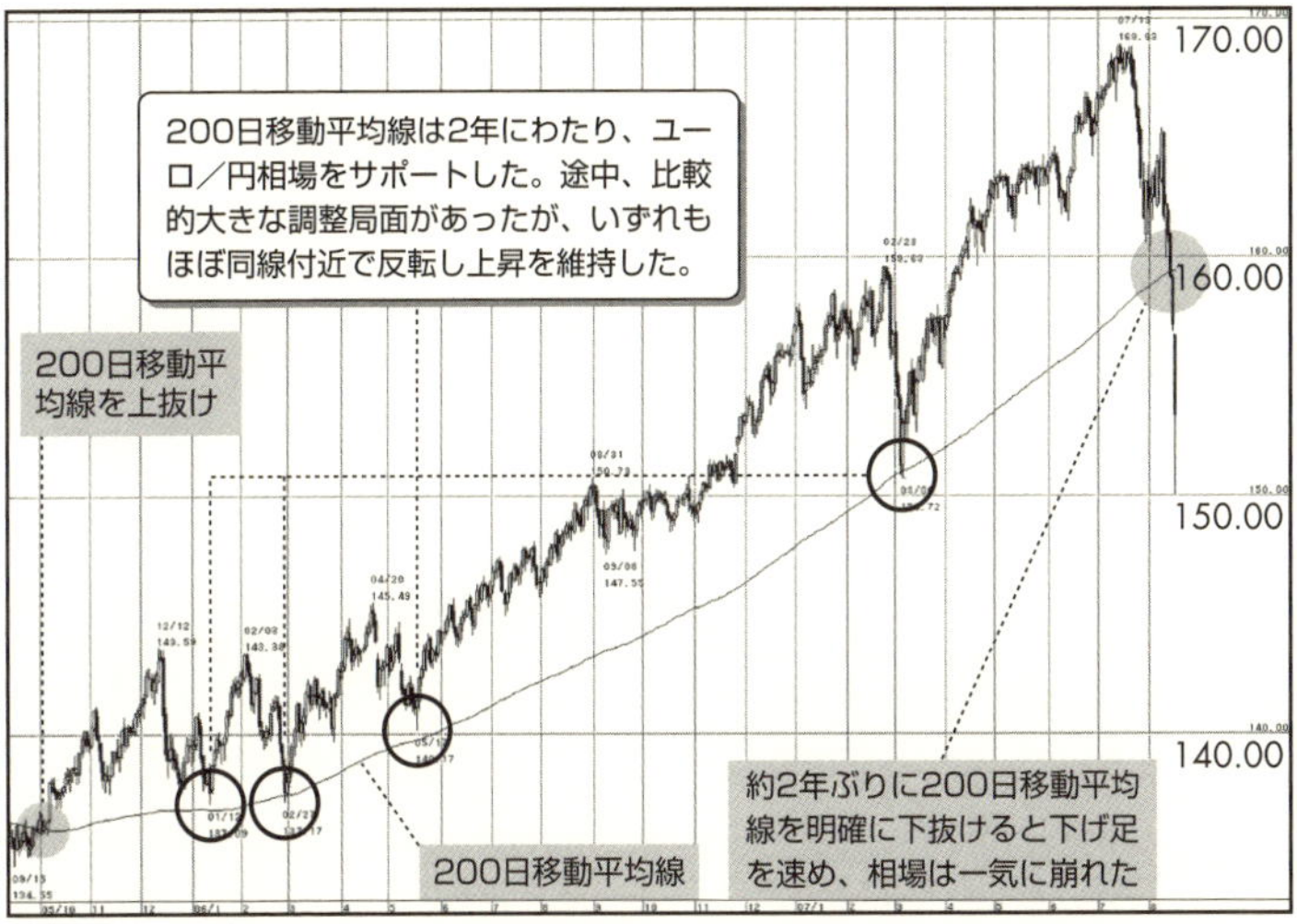
200日移動平均線は2年にわたり、ユーロ／円相場をサポートした。途中、比較的大きな調整局面があったが、いずれもほぼ同線付近で反転し上昇を維持した。
200日移動平均線を上抜け
200日移動平均線
約2年ぶりに200日移動平均線を明確に下抜けると下げ足を速め、相場は一気に崩れた
170.00
160.00
150.00
140.00

‖ユーロ／円‖日足‖2005.09〜2007.08

チャート提供：ドリームバイザー・ファイナンシャル

One Point アドバイス

移動平均線を上抜けたり下抜けたりした後には、一旦、移動平均線に吸い寄せられるように反発したり、反落したりすることがよくあります。また、急騰や急落の後、ローソク足と移動平均線との距離が大きくなると同じような現象が見られます。

5 1本の移動平均線をトレードシグナルとして使う

移動平均線の仕組みが分かってきたところで、より具体的な使い方をご紹介しましょう。移動平均線はトレンドを見るだけでなく、実際にシグナルとして使うことができます。そこでまず、「1本の移動平均線をトレードシグナル」として使う方法を検証しましょう。

1本の移動平均線を基準にトレードするときには、「ローソク足が移動平均線を上抜ければ買い、同線を下抜ければ売り」というルールになります。チャートは第3項と同じ、ユーロ／円の日足に75日移動平均線を表示しています。

チャート左上の170円を下回ったところで、ローソク足が75日移動平均線を明確に下抜けて「売りシグナル」が点灯します。その後、チャートの中央右寄りの120円台半ばでローソク足が同線を上抜けると「買いシグナル」が点灯。ここで決済買いと同時に新規買いになり、約40円幅の利益を獲得。そして、今度はチャート右端の130円を少し上回ったところで再び「売りシグナル」が点灯し、ここでも約8円の値幅を獲得しています。

たった1本の移動平均線でも、トレンドが強く出たときには、圧倒的な利益をもたらしてくれることがあります。とはいえ、精度としてはやや劣るのも事実です。

移動平均線は相場を視覚的に捉えるだけでなく、シグナルとしても使える

たった1本の移動平均線でも、高い成績を上げることができる

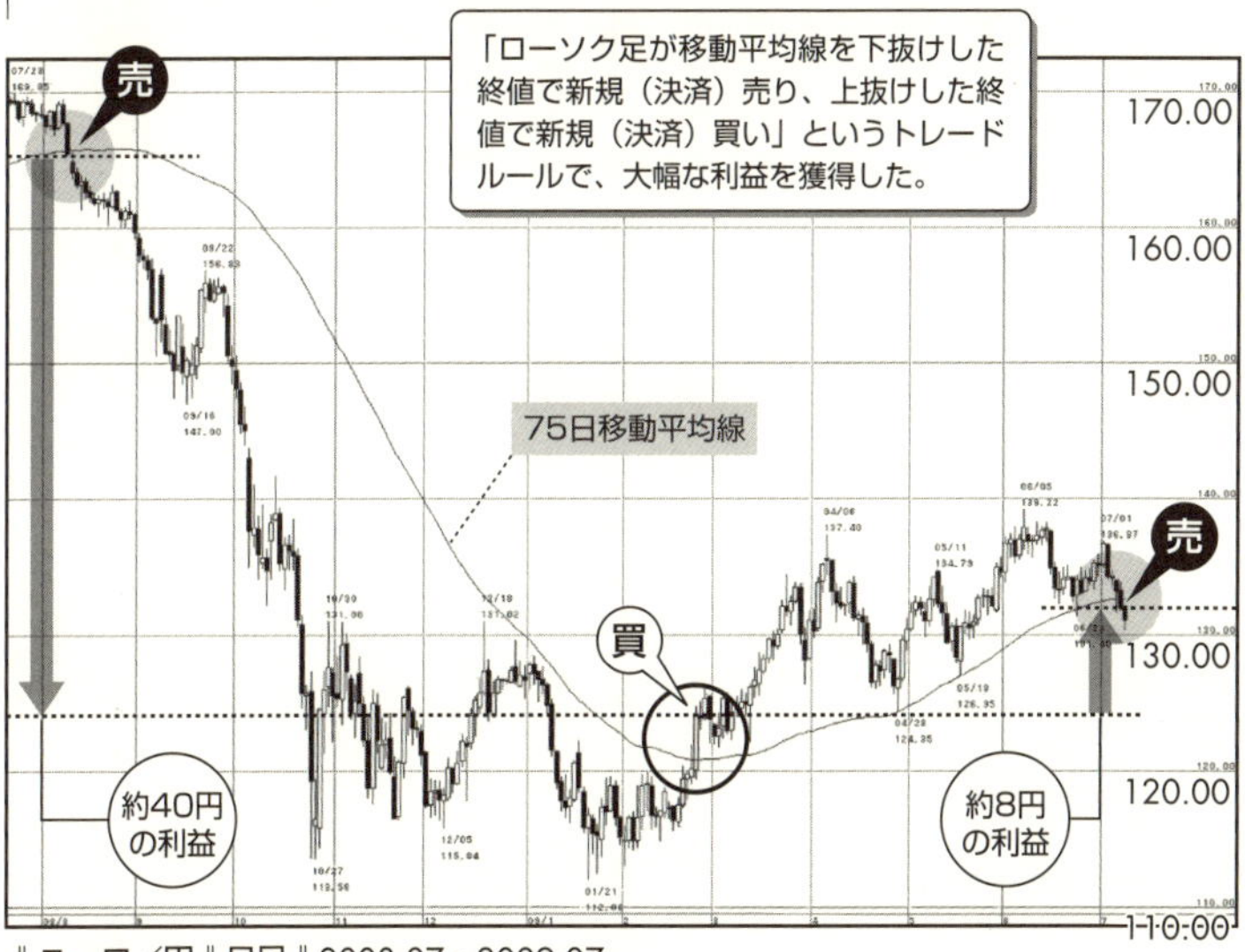
「ローソク足が移動平均線を下抜けした終値で新規（決済）売り、上抜けした終値で新規（決済）買い」というトレードルールで、大幅な利益を獲得した。
売
買
売
75日移動平均線
約40円の利益
約8円の利益
170.00
160.00
150.00
130.00
120.00
110.00

‖ユーロ／円‖日足‖2008.07〜2009.07

チャート提供：ドリームバイザー・ファイナンシャル

One Point アドバイス

1本の移動平均線のときは、第4項のユーロ／円のように長期的にトレンドが強く出たときには、圧倒的な儲けをもたらしてくれますが、長い間、移動平均線を挟んで一進一退を繰り返すようなレンジ相場では損失が膨らむことがあります。

6

「2本の移動平均線のクロスでトレンド転換」が基本

今度は、長短（中短）2本の移動平均線でトレードシグナルを見出してみましょう。FXの入門書でもよく紹介されている「ゴールデンクロス」と「デッドクロス」がそれです。**ゴールデンクロスとは、短期移動平均線が中期・長期の移動平均線を下から上に突き抜けることで、相場が上昇トレンドに転換**したことを意味します。**デッドクロスとは、短期移動平均線が中期・長期の移動平均線を上から下に突き抜けることで、相場が下降トレンドに転換**したことを意味します。それぞれ**クロスしたところがトレードシグナル**です。

教科書的にいえば、水平から上向きの中・長期移動平均線を短期移動平均線が下から上に突き抜けるゴールデンクロスが最も信頼性が高く、中期・長期の移動平均線が下向きのときは、それほど信頼性は高くありません。

しかし、中期・長期の移動平均線が上向きでゴールデンクロスが示現したときには、価格はすでに高い水準まで上昇しているため、目先の反落に遭遇する恐れがあります。また、中期・長期の移動平均線が下向きでも、相場がその後も上昇すれば、同線が上向きに転じることもあるわけです。こうした点を踏まえて、次項から具体的に検証していきましょう。

周期の異なる移動平均線のクロスをトレードシグナルとして使うのが効果的

基本的には中期・長期移動平均線の向きが鍵を握る

■ **ゴールデンクロス**の主なパターン

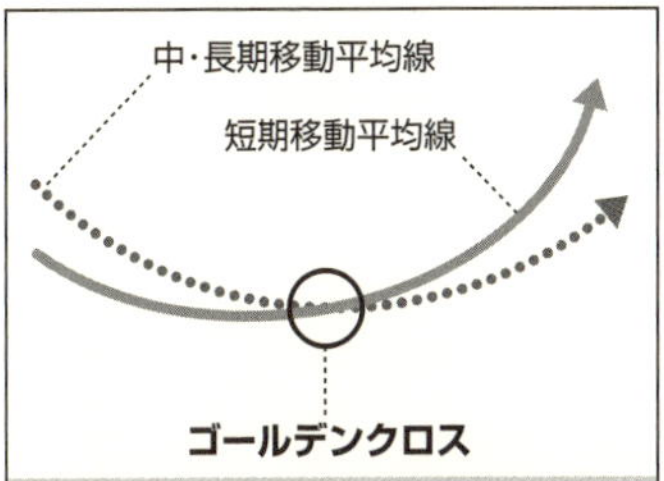

「水平から上向きの中・長期移動平均線を短期移動平均線が下から上に突き抜ける」のが**上昇トレンド転換への信頼性は高い。**

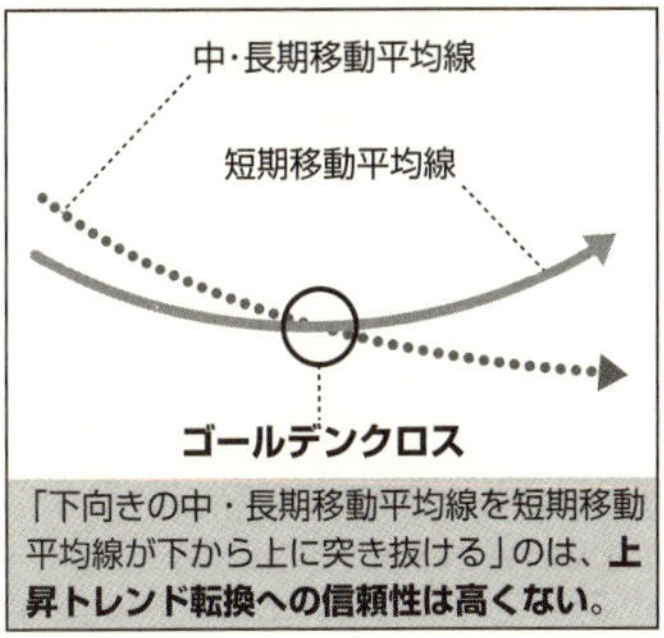

「下向きの中・長期移動平均線を短期移動平均線が下から上に突き抜ける」のは、**上昇トレンド転換への信頼性は高くない。**

■ **デッドクロス**の主なパターン

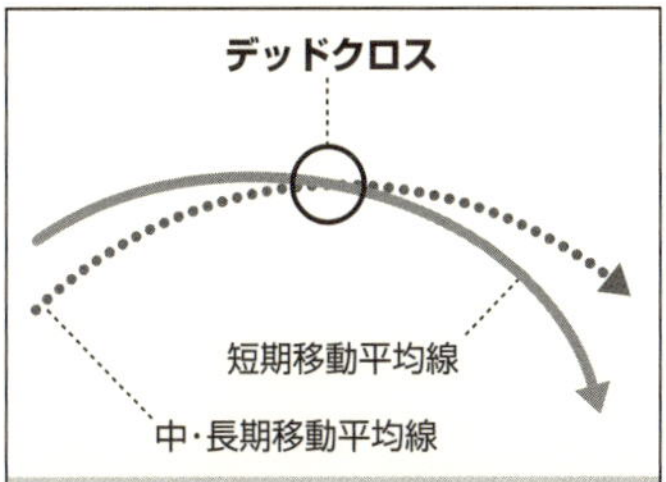

「水平から下向きの中・長期移動平均線を短期移動平均線が上から下に突き抜ける」のが**下降トレンド転換への信頼性は高い。**

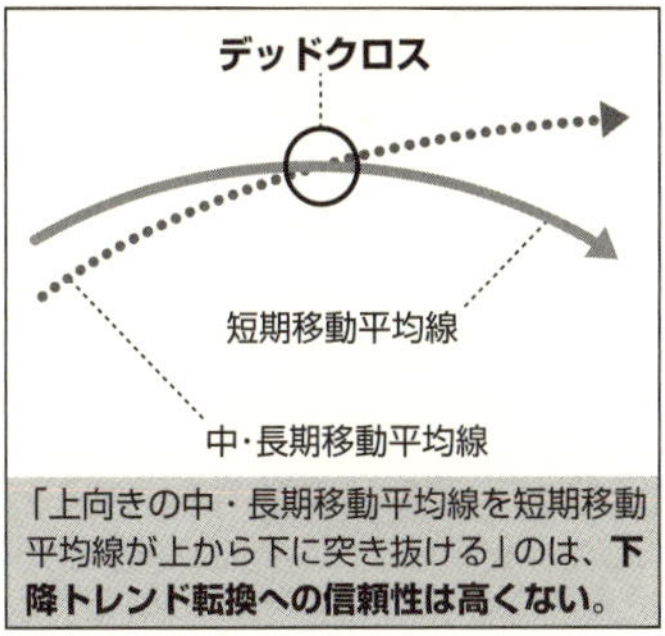

「上向きの中・長期移動平均線を短期移動平均線が上から下に突き抜ける」のは、**下降トレンド転換への信頼性は高くない。**

例えば、「中・長期移動平均線が上向き」のゴールデンクロスが示現したときには、価格は安値からかなりの水準まで上昇しているため、目先、反落の可能性がある。一方、「中・長期移動平均線が下向き」でも、その後の展開次第では上向きに転じることもある。周期の長い移動平均線は価格の動きに対して反応が鈍いため、こうしたことが起こる。

7

「ゴールデンクロス」をトレードシグナルとして使う

まずは、ポンド／円の日足チャートを使って、25日移動平均線と75日移動平均線がゴールデンクロスをしたときの相場を見てみましょう。ポンド／円は１２０円近辺を底値に上昇に転じ、１４０円手前に差し掛かるところでゴールデンクロスを示現しました。

このときのポイントは２つ。まず、ゴールデンクロスをする直前に75日移動平均線が急な角度で降りてきている点です。中期移動平均線の角度が急ということは、相場が比較的短期間に大きな値幅で下落したことを物語っています。つまり、相場は深手を負っているため、買い方の心理としては、上昇に対する信頼は決して高いとはいえません。その証拠に、上昇すると鋭角的に下落を繰り返しています。もう１つは、ゴールデンクロスの直前に25日移動平均線の向きが急に上向きになっていることです。これは、相場が直近で急伸していることを物語っています。

したがって、ゴールデンクロスをする前から25日移動平均線が相場を下支えしていますが、同線からあまり離れると鋭角的に下落する恐れがあると判断できます。このようなときには、一呼吸おいてエントリーすることで一定の下落リスクを回避することができます。

移動平均線がクロスする前の相場を検証すれば、その直後の動きを予測できる

ゴールデンクロス後に、上昇トレンドがより明確になった

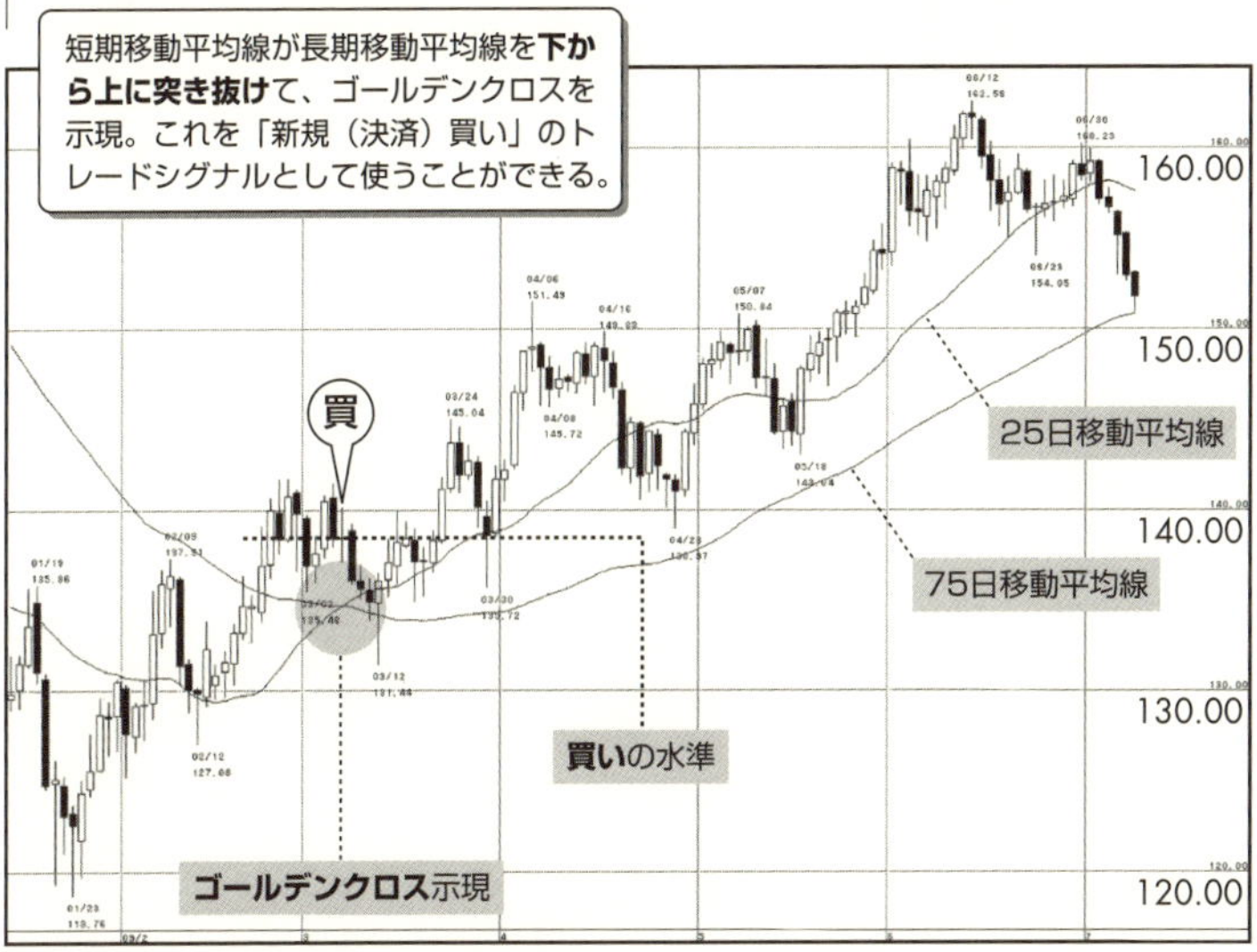
短期移動平均線が長期移動平均線を**下から上に突き抜け**て、ゴールデンクロスを示現。これを「新規（決済）買い」のトレードシグナルとして使うことができる。
買
25日移動平均線
75日移動平均線
買いの水準
ゴールデンクロス示現
160.00
150.00
140.00
130.00
120.00

‖ポンド／円‖日足‖2009.01～2009.07

チャート提供：ドリームバイザー・ファイナンシャル

One Point アドバイス

テクニカル指標をトレードシグナルとして使うときには、長い目で見れば、機械的にトレードした方が安定的儲けられるケースが多いものです。そのためには、テクニカル指標と通貨ペアやローソク足の種類などとの相性を検証する必要があります。

8 「デッドクロス」をトレードシグナルとして使う

今度は、スイスフラン／円を使って、25日移動平均線と75日移動平均線がデッドクロスしたときの展開を見てみましょう。

このときは、75日移動平均線がやや上を向いている状態でデッドクロスを示現して、100円を少し割り込んだところで売りシグナルが点灯しています。

デッドクロスをする前は、105円の高値圏で大きな円の弧を描くような形で非常に緩やかに上昇から下落に転じています。また、25日移動平均線もローソク足にやや遅れて同じような軌跡を描いており、前項とは対照的な移動平均線の動きです。

この場合、高値圏から緩やかに下落を始め、ローソク足が25日移動平均線と75日移動平均線をほとんど抵抗することなく下抜けていますから、両線の価格をサポートする力は、かなり弱いと判断できます。

しかも、デッドクロスの水準は100円という心理的な節目であるにもかかわらず、反発の兆しすらありません。つまり、100円を維持するのがやっとという状態ですから、このときのデッドクロスは信頼性が高いといえましょう。

デッドクロスの前後で反発力が弱いときには、そのシグナルの信頼性は高い

デッドクロス後は下降トレンドが明確になり、下げ足を速めた

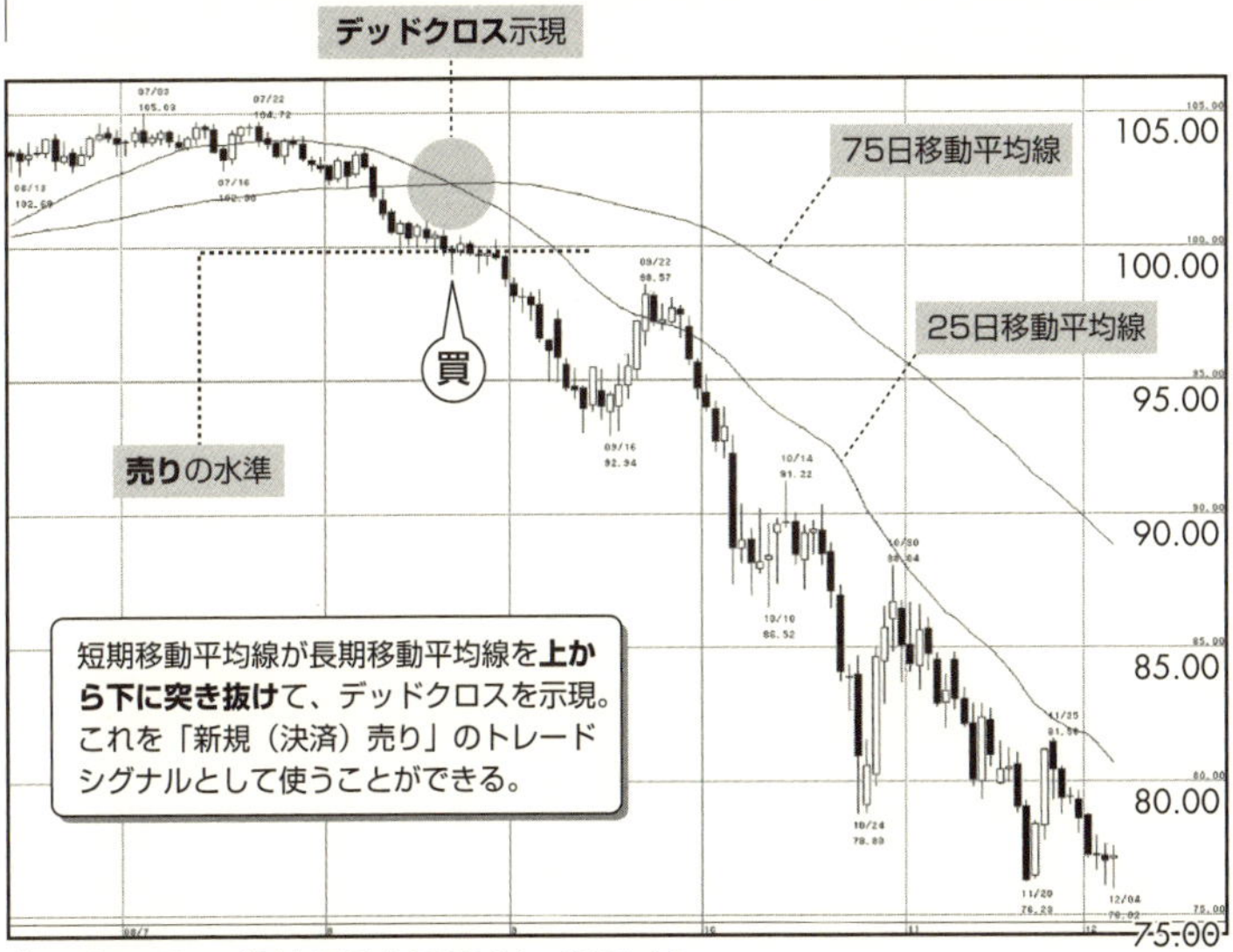
デッドクロス示現
75日移動平均線
25日移動平均線
買
売りの水準
短期移動平均線が長期移動平均線を上から下に突き抜けて、デッドクロスを示現。これを「新規（決済）売り」のトレードシグナルとして使うことができる。
105.00
100.00
95.00
90.00
85.00
80.00
75.00

‖スイスフラン／円‖日足‖2008.06～2008.12

チャート提供：ドリームバイザー・ファイナンシャル

One Point アドバイス

スイスフラン／円のような高値圏で円の弧を描いて下落するパターンを皿の天地を反対にした形に見立てて「ソーサートップ」といいます。外国為替相場では度々見られますから、この対処法（第8章で詳述）と併用するとトレードの精度が上がります。

9

移動平均線の組み合わせは「常に一定」ではない①

ここまで、25日移動平均線と75日移動平均線の組み合わせを軸に、その見方などを紹介してきました。しかし、この組み合わせは常に一定ではなく、25日移動平均線と200日移動平均線を組み合わせることもあります。つまり、通貨ペアやローソク足の期間などの相性によって、投資家が最適な組み合わせを使うことができるわけです。たとえば、25日、75日、200日の移動平均線を組み合わせると、それぞれまったく異なる水準と時期にゴールデンクロスやデッドクロスが示現します。NZドル／円のチャートをご覧ください。

ゴールデンクロスを買いシグナルとしたとき、25日×75日の移動平均線のゴールデンクロスは70円台後半で示現し、最も早く点灯しています。25日×200日の移動平均線では76円手前、75日×200日の移動平均線では78円台後半とクロスの時期が遅くなり、その水準も高くなっています。ただし、ゴールデンクロスのタイミングが早いということは、デッドクロスのそれも早くなります。そのため、仮に強烈なトレンドが出たときには、取りこぼしが多くなります。外国為替相場には、トレンドが強く出たとき、それが長く継続する特徴がありますから、あまり早いタイミングのクロスも、時に考え物です。

移動平均線の組み合わせは一長一短。通貨ペアとの相性の見極めが重要

組み合わせを変えることで、買いシグナルに10%の差が出た

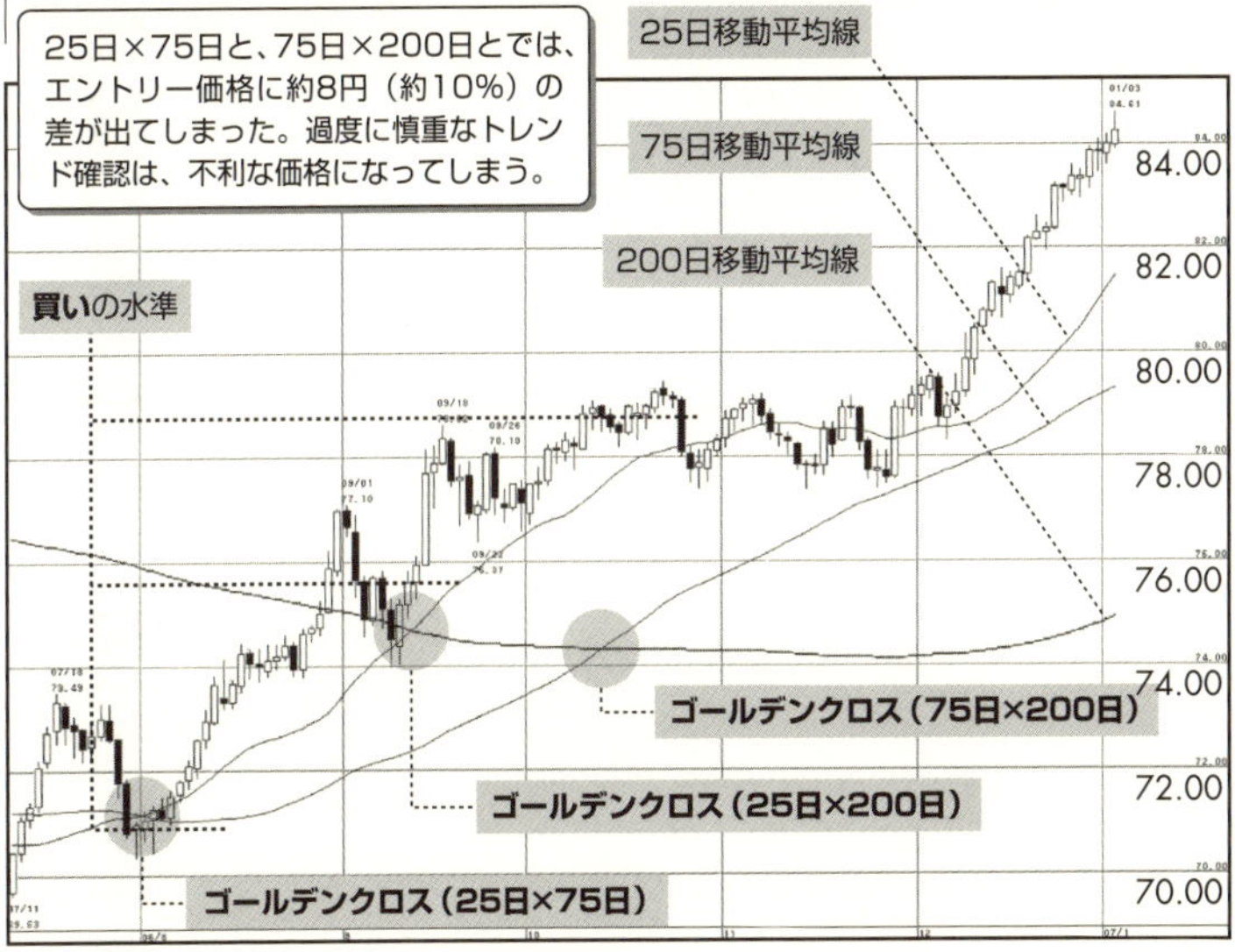
25日×75日と、75日×200日とでは、エントリー価格に約8円（約10%）の差が出てしまった。過度に慎重なトレンド確認は、不利な価格になってしまう。
25日移動平均線
75日移動平均線
200日移動平均線
買いの水準
ゴールデンクロス（75日×200日）
ゴールデンクロス（25日×200日）
ゴールデンクロス（25日×75日）
84.00
82.00
80.00
78.00
76.00
74.00
72.00
70.00

‖NZドル／円‖日足‖2006.07～2007.01

チャート提供：ドリームバイザー・ファイナンシャル

One Point アドバイス

移動平均線の周期も「25」「75」「200」という数字にこだわる必要はありません。短いものでは「5」「10」「21」、中期的なものでは「50」「55」、長期の周期では「89」「100」など、その種類は様々です。これらから最適な組み合わせを使うわけです。

10

移動平均線の組み合わせは「常に一定」ではない②

デッドクロスのときのタイミングと水準の違いも検証しておきましょう。

ユーロ／円は170円手前から下落してくると、160円をやや上回ったところで25日×75日の移動平均線がデッドクロス。この時点では、25日の移動平均線の反応は早く、すでに下を向き、75日、200日の両移動平均線はほぼ横ばいで推移しています。

そして、目立った反発は見られないものの、何とか160円で踏みとどまっていました。

しかし、この水準を割り込むと75日移動平均線がやや下向きになり、ほぼ同じ頃に25日×200日の移動平均線が153円台前半でデッドクロス。その直後には一時的に反発しますが、25日移動平均線が上値を押さえ、上昇力が乏しいと見ると下げ足を速めます。いよいよ200日移動平均線も明らかに下向きになると下降トレンドが明確になりました。

このケースでは、早い時期から中期・長期の両移動平均線がほぼ横ばいから下向きなっていますから、早めのデッドクロスでも信頼性が高いといえましょう。タイミングが少し遅れるものの、25日×200日の移動平均線の組み合わせはトレンドが出たときには（これは後にならないと分からないのですが）比較的安心して見ていられます。

トレンドが強く長く出たときには、長期移動平均線の存在感が大きくなる

トレンドが明確なときは短期×長期のクロスの信頼性が高い

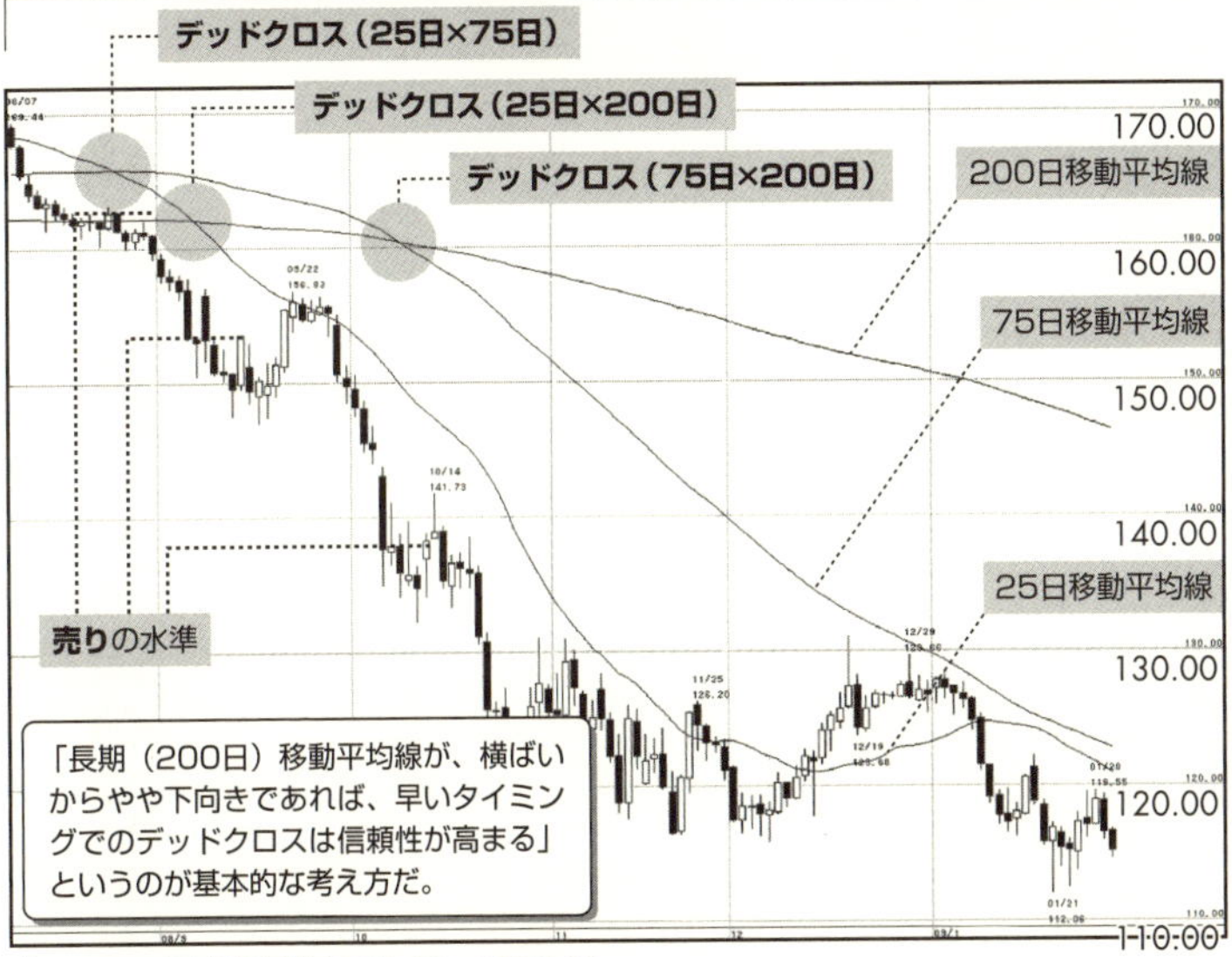
デッドクロス（25日×75日）
デッドクロス（25日×200日）
デッドクロス（75日×200日）
200日移動平均線
75日移動平均線
25日移動平均線
売りの水準
「長期（200日）移動平均線が、横ばいからやや下向きであれば、早いタイミングでのデッドクロスは信頼性が高まる」というのが基本的な考え方だ。
170.00
160.00
150.00
140.00
130.00
120.00
110.00

‖ユーロ／円‖日足‖2008.08〜2009.01

チャート提供：ドリームバイザー・ファイナンシャル

One Point アドバイス

感覚的なものですが、大きなトレンドの中に発生する上げ下げ（振幅）が小さい傾向にある通貨ペアは、短期×長期の移動平均線クロスの信頼性が高く、狭い値幅の中で大きく振れる通貨ペアは、超短期×短めの中期の組み合わせの相性が良いようです。

11

「レンジ相場」で移動平均線の弱点が露呈する

トレンドが出やすい外国為替相場といえども、ボックス圏（レンジ相場）が一定期間、続くことがあります。移動平均線は終値の平均値が基準ですから、同じような価格帯を行ったり来たりするときには、誤ったシグナルを発してしまうことがあります。

つまり、ゴールデンクロスやデッドクロスが機能不全に陥いるわけです。しかも、このレンジ相場は後になって分かるものが大半ですから、最初のクロスでレンジ相場になることを読み切るのはまず不可能です。この点が、投資家の信頼を損ねる原因でもあります。

カナダドル／円の日足チャートでも、その様子が分かります。２００８年5月中旬に１０5円近辺で25日×75日の移動平均線がゴールデンクロスをしたものの上値は限定的。しかも、ユルユルと上昇すると１０2〜１０3円台まで急落という展開を繰り返しています。そのため、約3カ月後の8月には１０4円を少し超えたところでデッドクロスをすると損失確定。第7項のワンポイントアドバイスで「機械的にトレード〜」と書きましたが、それをしないのであれば、支配力の強い２００日移動平均線との位置関係を考慮し、前半の上昇は一時的な反発と判断。同線に跳ね返された後のデッドクロスで売りとなりましょう。

レンジ相場では、超短期と短めの中期という組み合わせが功を奏することも

短期×中期の組み合わせでは頻繁にクロスが生じてしまった

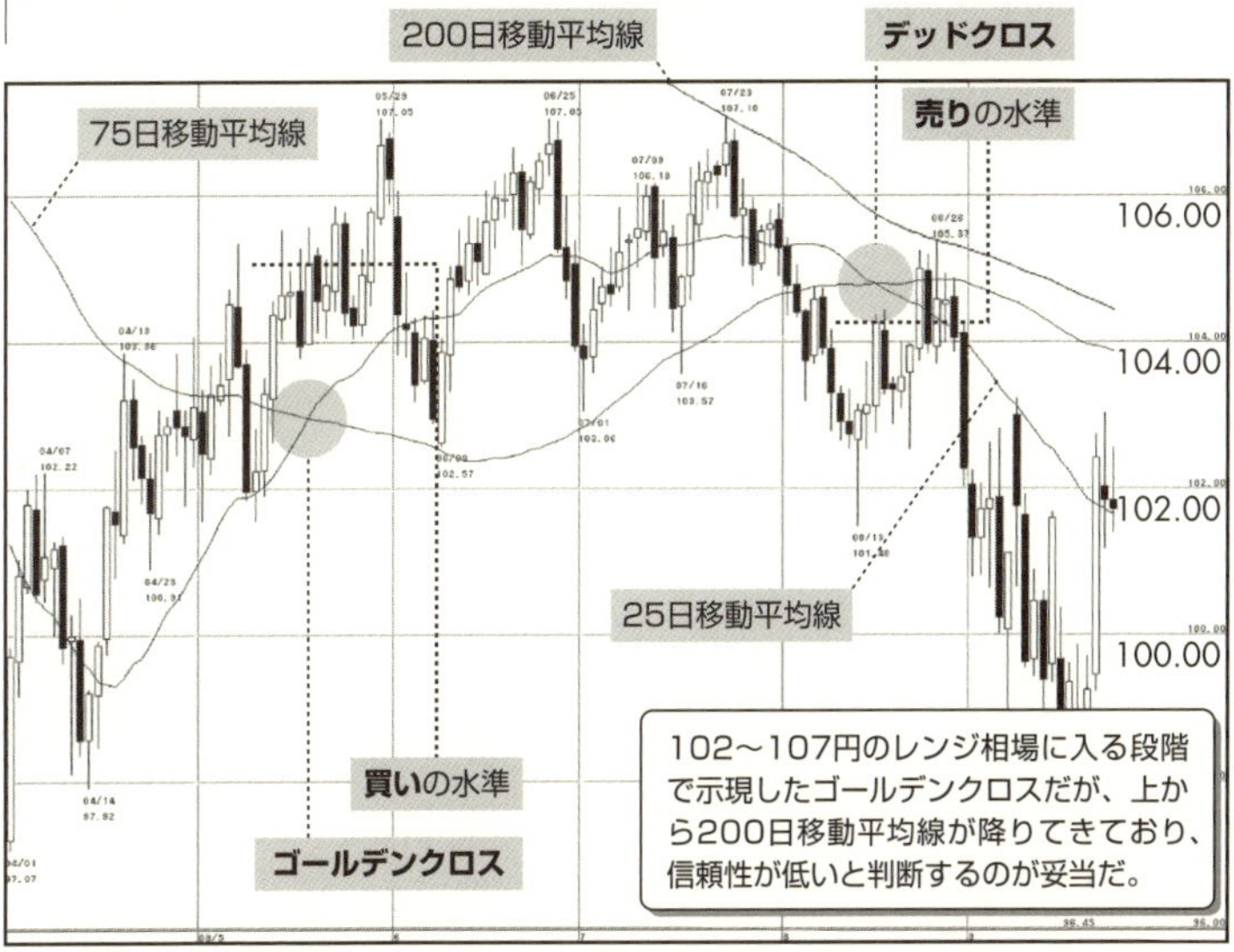
200日移動平均線
デッドクロス
75日移動平均線
売りの水準
106.00
104.00
102.00
100.00
25日移動平均線
買いの水準
ゴールデンクロス
102～107円のレンジ相場に入る段階で示現したゴールデンクロスだが、上から200日移動平均線が降りてきており、信頼性が低いと判断するのが妥当だ。

‖カナダドル／円‖日足‖2008.04～2008.09

チャート提供：ドリームバイザー・ファイナンシャル

One Point アドバイス

もう1つの対応としては、頻繁にクロスすることを避けるために25日と200日というように短期と長期の移動平均線を組み合わせて、それを緩和することができます。いずれにしても、その時々で判断するよりも、一定のルールを決めることが大切です。

12

誤ったシグナルが頻繁に出ないようにするには

　ゴールデンクロスやデッドクロスをトレードシグナルとして使う場合、相場がボックス圏に陥ると、その最大の弱点を露呈してしまいます。いかなる相場でも完全なシグナルを発するテクニカル指標はないわけですから、長所を生かす戦略を採る必要があります。

　つまり、トレンドが強く出る外国為替相場の特徴を考えれば、明確な上昇トレンドや下降トレンドのときにできるだけ稼ぎ、不得手なレンジ相場に陥ったときには、それを素直に受け入れて、損失には目をつぶる戦略を採らざるを得ません。しかし、頻繁にクロスすることを避けるには、周期は別にしても長期移動平均線を採用することが必要でしょう。

　カナダドル／円は、25日×75日と25日×２００日の移動平均線が立て続けにデッドクロス。この段階から下降トレンドが明確になります。ところが、チャート中央からの相場は、非常に狭いレンジで動くようになり、25日×75日の移動平均線が中途半端なところでゴールデンクロスをしてしまいます。その後、デッドクロスで売りシグナルが点灯して急落相場には間に合いましたが、やはり不満が残ります。一方、25日×２００日の組み合わせは早い時期に売りシグナルが出ると、中途半端なクロスもなく、有効に機能しています。

移動平均線はレンジ相場には弱いため トレンドが出たときに稼ぐ戦略が重要

ここでも鍵を握ったのは、200日移動平均線だった

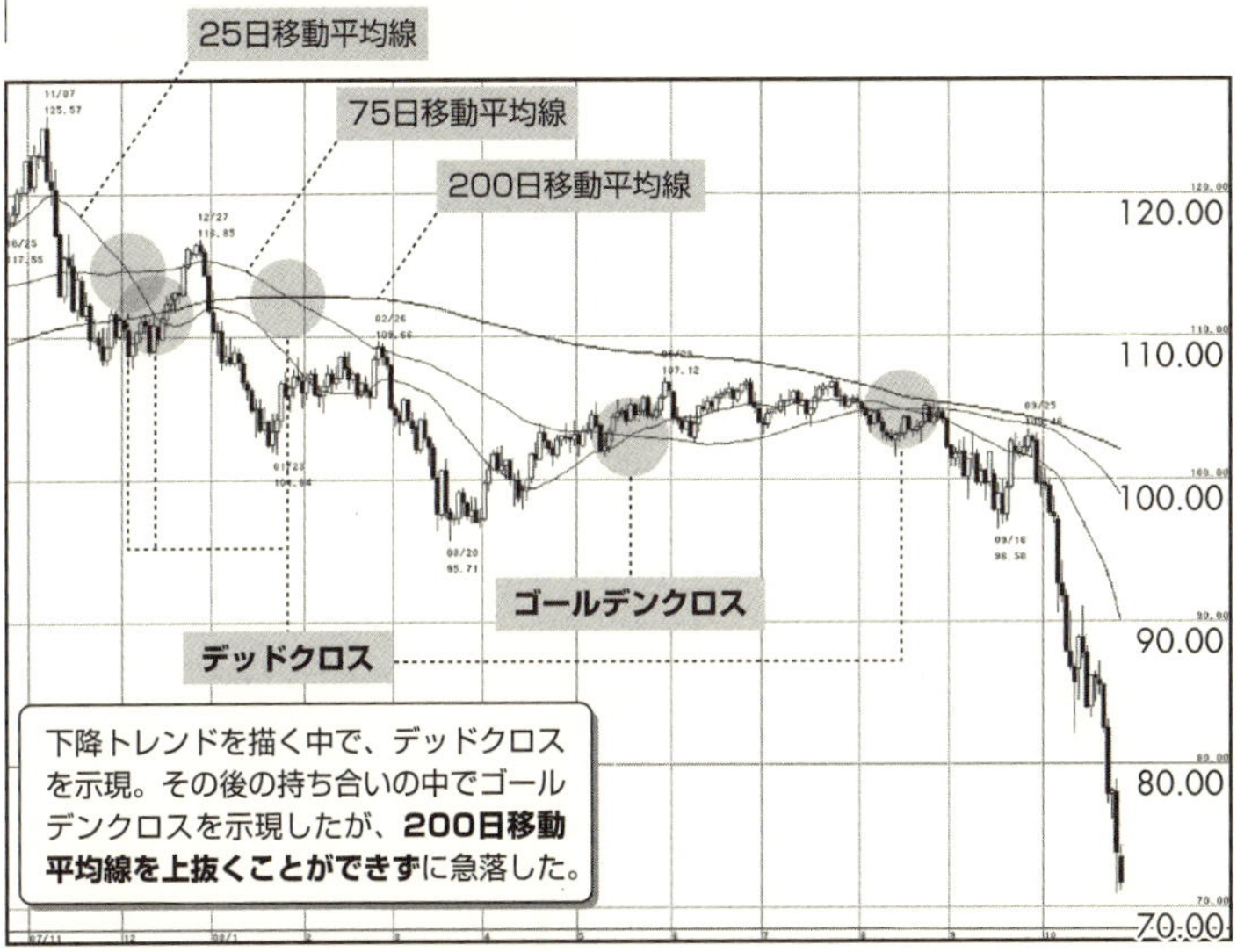
25日移動平均線
75日移動平均線
200日移動平均線
120.00
110.00
100.00
90.00
80.00
70.00
ゴールデンクロス
デッドクロス
下降トレンドを描く中で、デッドクロスを示現。その後の持ち合いの中でゴールデンクロスを示現したが、**200日移動平均線を上抜くことができず**に急落した。

‖カナダドル／円‖日足‖2007.10〜2008.10

チャート提供：ドリームバイザー・ファイナンシャル

One Point アドバイス

長期移動平均線は相場の動きに対する反応が非常に遅いため、もう一方の移動平均線は反応が早いものを組み合わせるべきです。しかし、あまり敏感に反応しては逆効果になることがあるため、組み合わせの相性を過去の相場で検証する必要があります。

13 移動平均線の組み合わせを変えてみる

さて、移動平均線の組み合わせについて、もう少し掘り下げてみましょう。これまでは、25日、75日、200日というオーソドックスな移動平均線を使ってきましたが、第9項のワンポイントアドバイスで記したように、その組み合わせは自由です。

移動平均線が頻繁にクロスしても、そのシグナルが儲かるものであれば問題はないのですが、多くの場合、誤った（本来とは逆の）シグナルを発してしまいます。

ドル／円の日足チャートは、118円台から122円まで上昇したものの、これを明確に突破することができずに、ほぼ垂直に近い形で116円割れまで急落。その後は徐々に平静を取り戻し、上昇トレンドがハッキリしてきたところです。

ここでは25日×75日の移動平均線を表示しました。119円手前の水準でゴールデンクロスをしていますが、その後の急落が響いて、程なくデッドクロス。しかし、相場の立ち直りが意外に早かったことから、再びゴールデンクロスをしています。シグナル通りにドテンをしていれば、最初のゴールデンクロスとデッドクロスで損失を余儀なくされていま す。そこで、移動平均線の組み合わせを変えると、シグナルはどう変わるでしょうか。

移動平均線の最大の弱点は「急な動きに大きく遅れてしまう」こと

安値圏で売りシグナルが点灯してしまい機能不全に陥っている

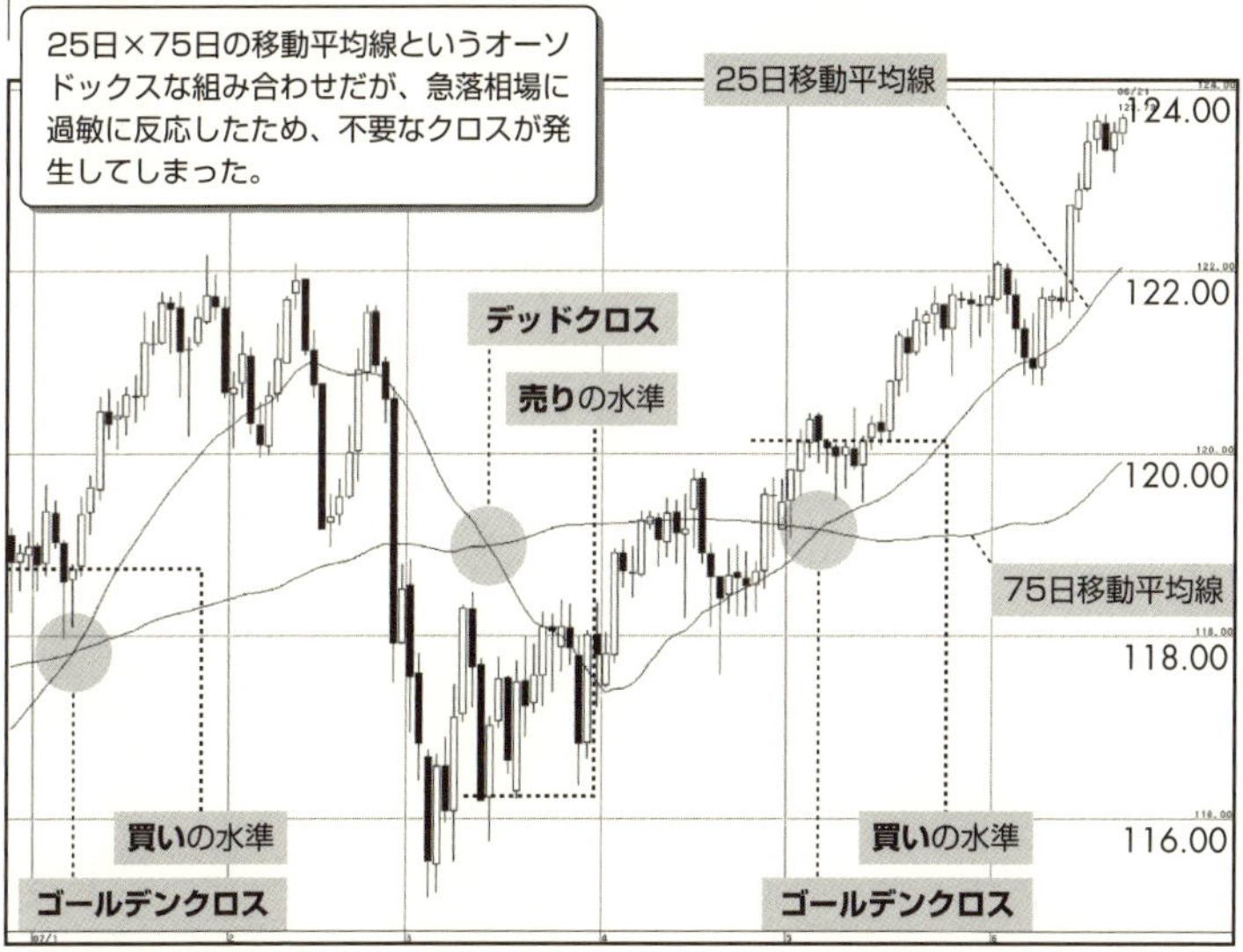
25日×75日の移動平均線というオーソドックスな組み合わせだが、急落相場に過敏に反応したため、不要なクロスが発生してしまった。
25日移動平均線
75日移動平均線
デッドクロス
売りの水準
買いの水準
ゴールデンクロス
買いの水準
ゴールデンクロス
124.00
122.00
120.00
118.00
116.00

‖ドル／円‖日足‖2006.12〜2007.06

チャート提供：ドリームバイザー・ファイナンシャル

One Point アドバイス

ドテンとは、買いポジションを決済売りすると同時に売りポジションを建てたり、売りポジションを決済買いすると同時に買いポジションを建てることです。テクニカル指標が発するシグナルに沿って機械的にトレードするときには効果的です。

14 移動平均線の組み合わせを変えて弱点を極力抑える

そこで、先ほどと同じドル／円の日足チャート上に、10日移動平均線と50日移動平均線を表示してみました。

先ほどと異なる点は、1回目のゴールデンクロスがなくなっていることです。デッドクロスからゴールデンクロスにかけて損失が出ていることに変わりはありませんが、損失が2回から1回に減り、しかも、損失の幅も小さくなっています。

ここでは短期・中期移動平均線の周期をより短くすることで、誤ったシグナルが出てしまうのを緩和しています。このときは、トレンドが明確になったときにも有効に機能しており、相性も良さそうです。このように、相場の動きによって移動平均線の組み合わせを自由に変えることで弱点を極力抑えることができるわけです。

ところで、対円の通貨ペアは同じような動きをしているように見えますが、それはあくまでチャートを漠然と見たときの話です。実際に、ゴールデンクロスとデッドクロスに着目して機械的にトレードしてみると、大幅なプラスになるものもあれば、まったく結果が出ないものもあります。やはり、相場付きとの相性を探ることが大切といえましょう。

各移動平均線の周期を短くして、相場に対する反応をより敏感にした

組み合わせを変えると、クロスの回数が減り、損失も減少した

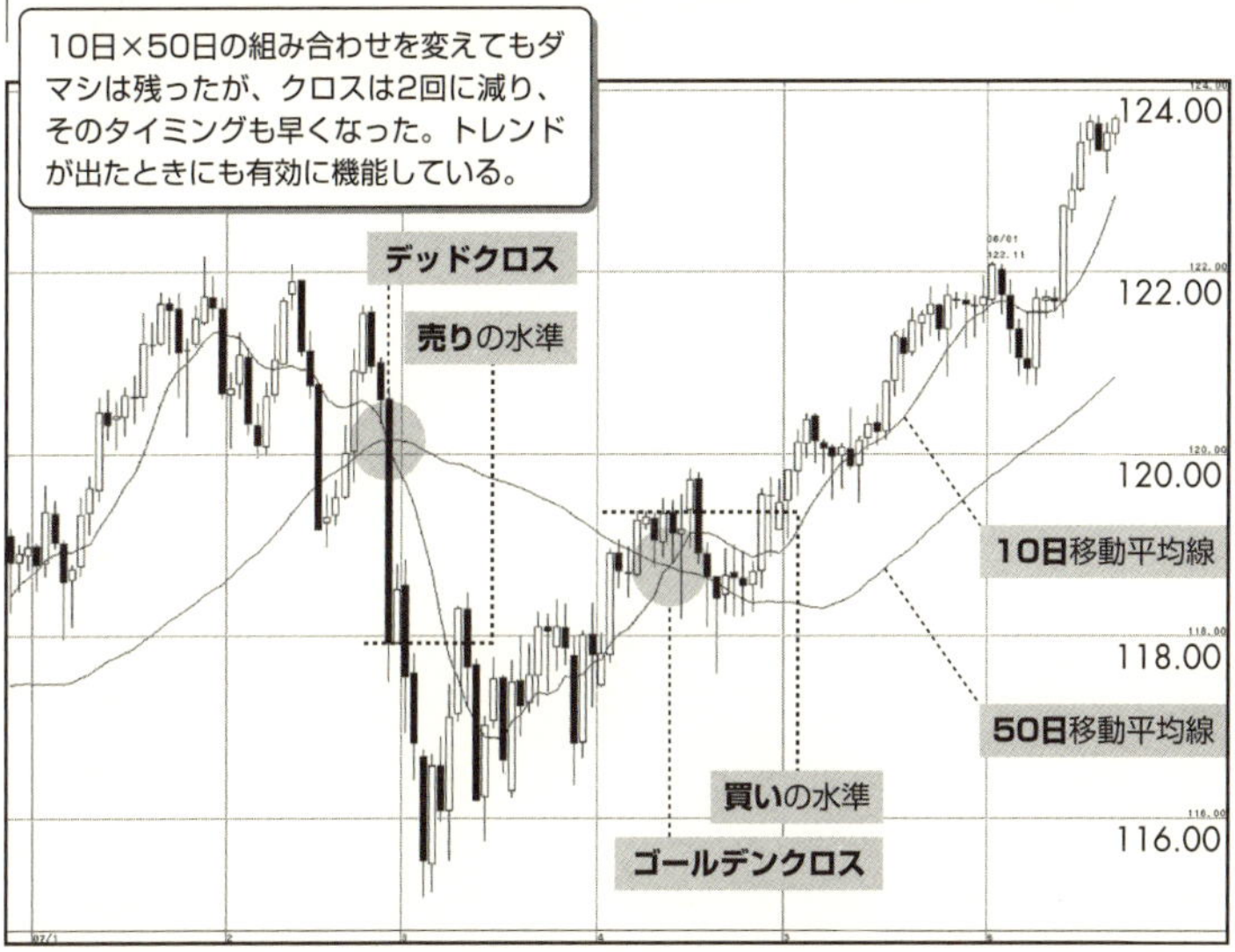
10日×50日の組み合わせを変えてもダマシは残ったが、クロスは2回に減り、そのタイミングも早くなった。トレンドが出たときにも有効に機能している。
デッドクロス
売りの水準
買いの水準
ゴールデンクロス
10日移動平均線
50日移動平均線
124.00
122.00
120.00
118.00
116.00

‖ドル／円‖日足‖2006.12～2007.06

チャート提供：ドリームバイザー・ファイナンシャル

One Point アドバイス

狭いレンジながら、その中を荒っぽく動くような相場展開では、長期移動平均線に重点を置くよりも、相場に敏感に反応する移動平均線を組み合わせると、比較的ダマシが少なくなるようです。ただし、トレードはやや忙しくなります。

15

価格と移動平均の離れ具合に着目してトレードする

今度は、価格と移動平均線の離れ具合に着目しましょう。価格と移動平均線が離れていることを「**乖離**《かいり》」、それがどのくらいなのかを示すのが「**移動平均乖離率**」で「%」で表示します。価格が移動平均線の上にあるときは「上方乖離」、下にあるときが「下方乖離」です。そして、**価格が移動平均線から離れすぎると、価格が近づいたり、価格は持ち合って移動平均線が追いつくのを待ったりすることに着目**するわけです。

豪ドル／円の日足に25日移動平均線と、同線との乖離率を示したのが左のチャートです。上昇トレンドにあるときには、移動平均線がサポートラインとして機能しますから、ほぼ上方乖離の状態でグラフの位置も0％を境に上寄りに位置するのが特徴です。乖離率のグラフを見ると、概ね2％の乖離になると反落して移動平均線に近づいていきます。

外国為替相場にはトレンドが出やすいという特徴があっても、一本調子で上がったり下がったりするわけではありません。要するに、乖離率の縮小・拡大に着目して繰り返しトレードをしようというものです。ただし、トレンドが明確なときには、エントリーが上手くいっても、ストップロスを厳密にしないと損失を被る可能性があります。

予想外の急騰・急落による大幅乖離に着目すると効果的な移動平均乖離率

移動平均線と離れすぎると急落を繰り返し乖離が縮小している

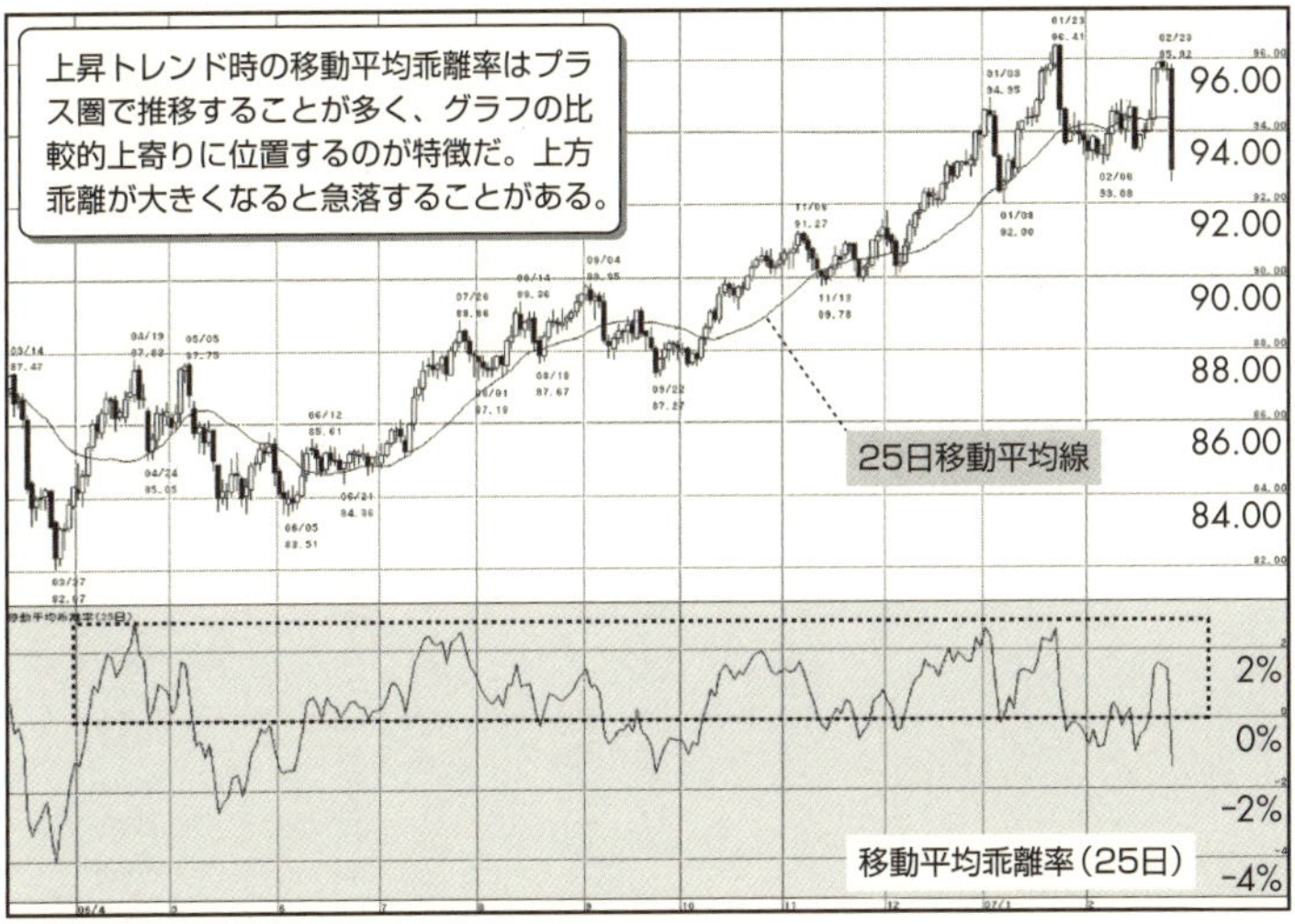
上昇トレンド時の移動平均乖離率はプラス圏で推移することが多く、グラフの比較的上寄りに位置するのが特徴だ。上方乖離が大きくなると急落することがある。
25日移動平均線
移動平均乖離率（25日）
96.00
94.00
92.00
90.00
88.00
86.00
84.00
2%
0%
-2%
-4%

‖豪ドル／円‖日足‖2006.03～2007.02

チャート提供：ドリームバイザー・ファイナンシャル

One Point アドバイス

きれいなトレンドを描いているときに乖離率を使っても上手くいかないケースが多いのは、移動平均線が追いつくのを待つように価格が一定水準で持ち合うからです。外国為替相場の特性を考えれば、大幅な急落時のリバウンド狙いに徹するべきでしょう。

16 「急落時に乖離率が大きくなる」ことを利用する

第7章で紹介しますが、**外国為替相場には、緩やかに上昇し、鋭角的に下落するという特徴**があります。これを逆手にとって、急落時の大幅乖離からの自律反発局面を狙って儲けることができます。

先ほどと同様、豪ドル／円の日足チャートに25日移動平均線と、その乖離率を示しています。順調に上昇トレンドを描いていた豪ドル／円は、１０７円を超えたところで突然の急落。しかも、下げ止まる気配はありません。乖離率は、ほぼ一貫して上寄りだったのがマイナス10％にまで落ち込んでいます。急落相場を目の当たりにしていれば、「どこまで下がるんだろう」という恐怖心があるため、なかなか手が出せない展開ですが、数値で管理できる指標を使うことで稀に見る大幅乖離をチャンスとして捉えることができます。

上昇時にも急騰はありますが、多くの場合、急落時ほどの乖離率にはなりません。言い換えれば、急落時は、急騰時に比べて乖離が大きくなることが多いといえます。これは、冒頭に記した外国為替相場の特徴から来るものです。ただし、これほどのマイナス乖離は稀ですから、移動平均乖離率を利用するときには時間足や分足を使うことをお勧めします。

分足は日足に比べて、移動平均乖離率が一定範囲に収まる傾向にある

急落時は急騰時に比べて乖離が大きくなる傾向がある

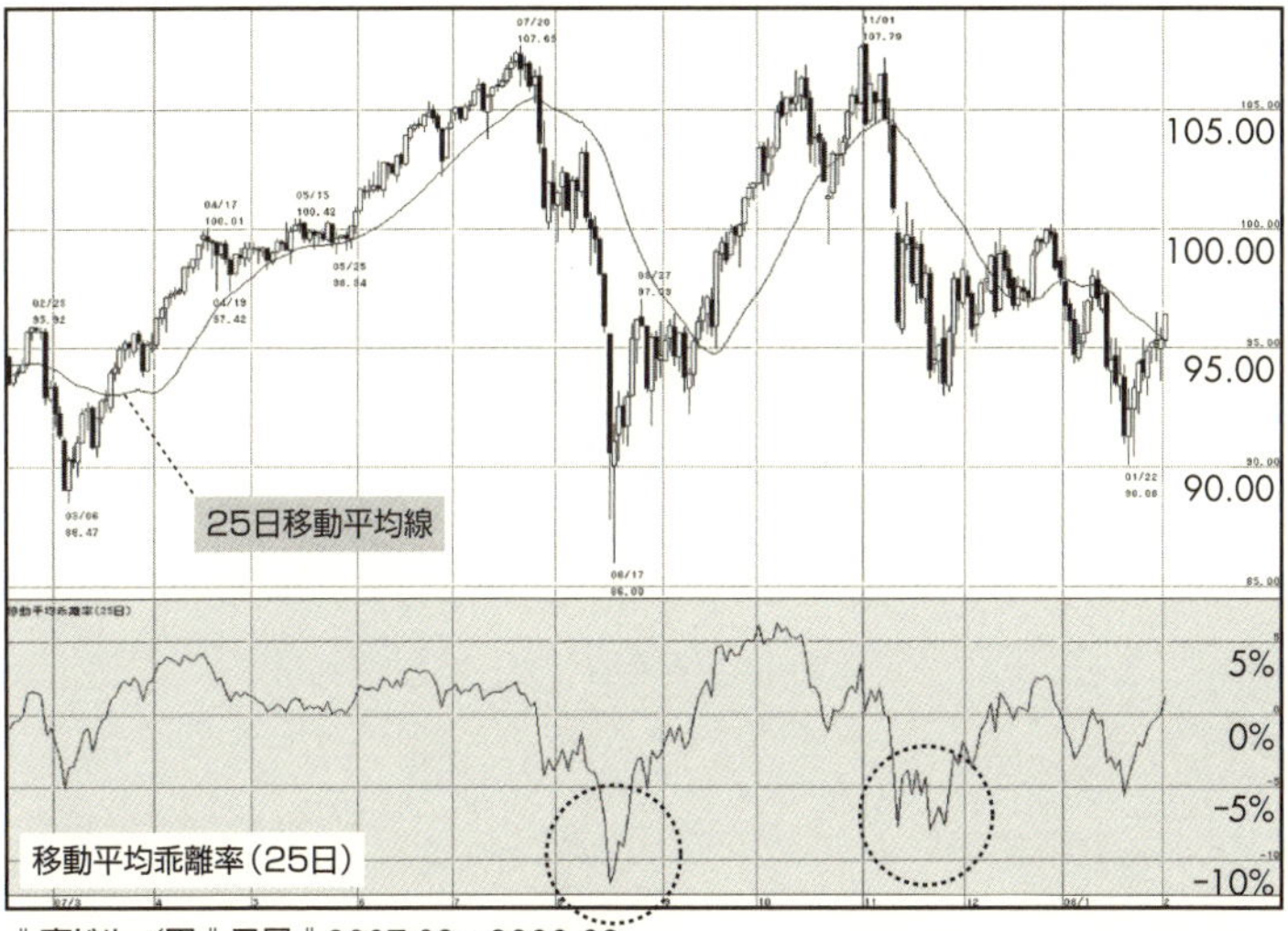

‖豪ドル／円‖日足‖2007.02〜2008.02

チャート提供：ドリームバイザー・ファイナンシャル

One Point アドバイス

分足は、ローソク足が出来上がるまでの時間が短いため、平時であれば、移動平均乖離率が一定の範囲にほぼ収まります。これを利用して繰り返しトレードすることができますが、一般的に小さな値幅で利益確定することが前提条件になります。

第6章

「相場の勢い」を見る
テクニカル指標を使いこなす

1

「逆張り」のシグナルを発するオシレーター系指標

第5章では、明確なトレンドが出やすいという外国為替相場の特徴を存分に活かすことができるトレンド系テクニカル指標の代表格「移動平均線」を、できる限り詳細に検証してきました。

この第6章では、オシレーター系テクニカル指標を紹介しましょう。トレンド系テクニカル指標が「相場の方向性」を見るものであるのに対して、オシレーター系指標は「相場の強弱（勢い）」を見るものです。

オシレーターには「振動する」「値が上下する」などの意味があり、「相場が上がったり下がったりするときの勢い」に着目し、「買われすぎ」や「売られすぎ」を判断するときに使います。つまり、「価格は上昇しているものの反転下落が近い」「価格は下落しているものの反転上昇が近い」ことを教えてくれるわけです。言い換えれば、「逆張り」のトレードシグナルを発することが、この指標の特徴といえましょう。逆張りとは、相場が下がっているときに買ったり、上昇しているときに売ったりすることです。

そこで本章では、ＭＡＣＤ（通称マックディー）と2種類のストキャスティクス、そしてＲＳＩについて検証していきます。

ＭＡＣＤは「ＭＡ」の頭文字に象徴されるように、移動平均線の考え方を応用した指標で、厳密に言えば、トレンド系指標に分類されます。しかし、「逆張り」のシグナルを発するオシレーター系指標の性格も持ち合わせることから、本書ではここに掲載しました。

ストキャスティクスには、「ファストストキャスティクス」と「スローストキャスティクス」があり、ファストストキャスティクスに比べて動きを遅くしたスローストキャスティクスが使い勝手が良いようです。ちなみに、「ストキャスティクス」というときには、「ファストストキャスティクス」を指します。そして、２種類のストキャスティクスとＲＳＩが最も代表的なオシレーター系指標といえましょう。

外国為替相場に相対するとき、オシレーター系指標をメインの判断材料として使うことには賛否両論がありますが、これも通貨ペアやローソク足の種類、相場付きなどによって異なる結果が出ますから、端から否定する必要はないでしょう。特に時間足や分足チャートを使ってスイングトレードやデイトレードをするときには、移動平均線より高いパフォーマンスを実現することがあります。

序章で述べたように、投資家の皆さんにとって分かりやすく使いやすいテクニカル指標を深く知る、つまり長所や弱点を理解すれば、強力な「武器」として使うことができますから、それぞれのテクニカル指標の特徴をしっかり把握・理解するように努めてください。

2 相場のトレンドと勢いの両方が分かるMACD

日本語では「移動平均収束発散法」といわれる「**MACD**」は、トレンドを示し、なおかつ逆張りのシグナルを発する特徴が広く投資家に受け入れられています。また、ドル／円のチャート下にあるグラフのように、その分かりやすさも人気がある理由でもあります。

このテクニカル指標は2本の線、つまり、「**MACD**」と「**SIG（シグナルライン）**」で構成されています。MACDとは「12日間と26日間の指数平滑移動平均線の差」のことで、SIGとは「9日間のMACDの指数平滑移動平均」のことです。移動平均線と同様に12日、26日、9日の日数を変えることができますが、この数値を基本と心得てください。

基本的な見方としては、チャートに点線の丸で示したように、「**MACDがSIGを下から上に突き抜けるときが買いシグナル**」「**上から下に突き抜けるときが売りシグナル**」となります。

ドル／円のチャートでは、トレンドが明確になっているときには正しいシグナルを発していますが、横ばいのときには、お世辞にも正確に機能しているとはいえません。こうした点が移動平均線と同じような特徴を持つテクニカル指標というわけです。

「12日と26日のMACD」と「9日間のSIG」のクロスが基本シグナル

トレンドが明確なときに正しいトレードシグナルを発した

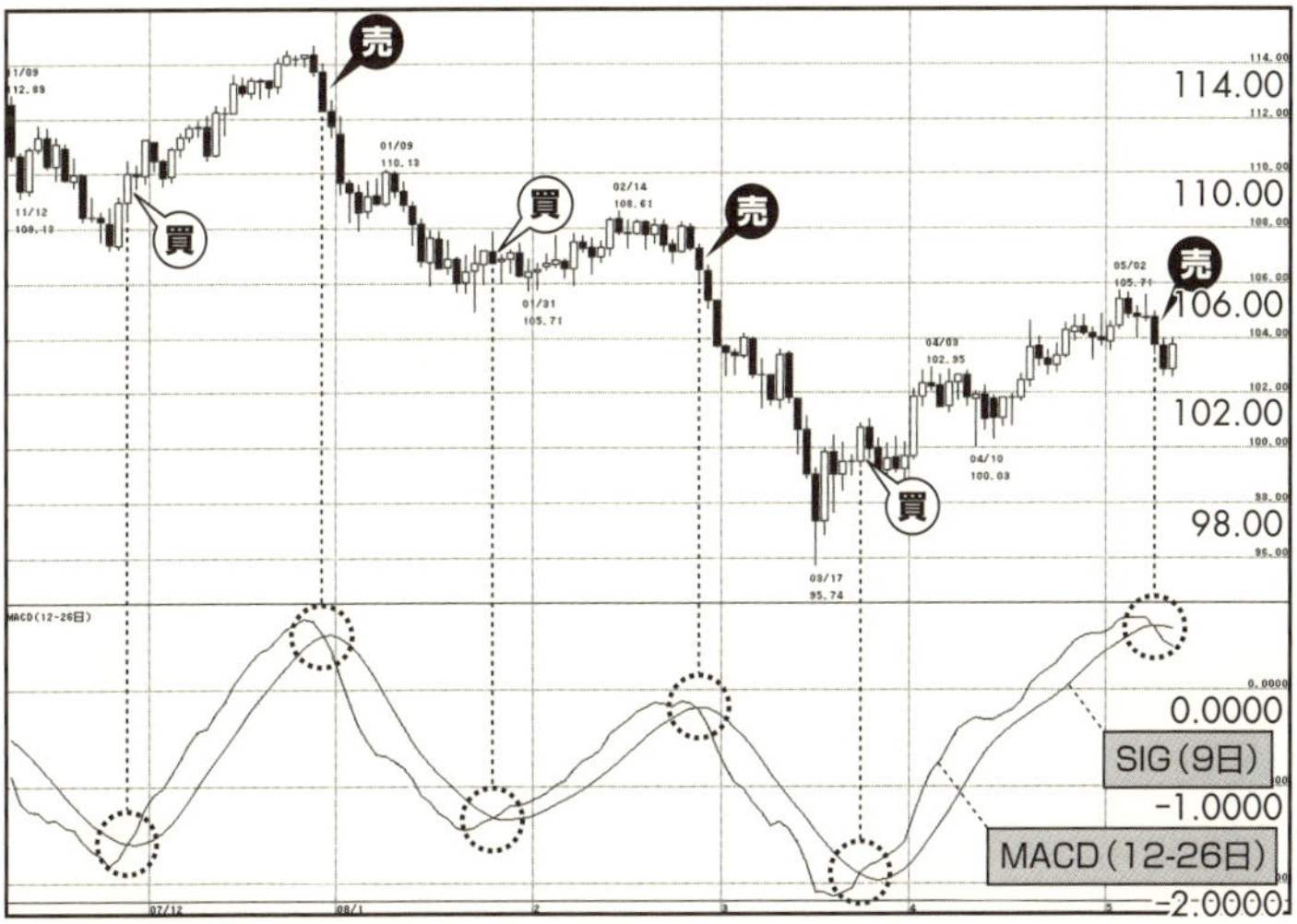

‖ドル／円‖日足+MACD(12-26)・SIG(9)‖2007.11〜2008.05

チャート提供：ドリームバイザー・ファイナンシャル

One Point アドバイス

移動平均(MA)は単純に終値を平均したものですが、指数平滑移動平均は直近の価格に重点を置いて平均したもので「EMA」と記します。上のチャートではEMAを表示していませんが、移動平均線のように表示されます。

3 2本の線が中途半端なところでクロスしてしまう

前項では、トレンドが明確な局面でMACDがうまく機能したケースを紹介しましたが、長い目で見ると**MACDとSIGの2本の線が頻繁にクロスしてしまう**場面に出くわすことがあります。これがMACDの最初の弱点です。豪ドル／円のチャートをご覧ください。

点線の丸の部分は、シグナル点灯のタイミングが理想的で、その後もトレンドに乗っています。ところが、グレーの部分は、2本の線が中途半端なところでクロスして、誤ったシグナルを発しています。チャートが細かくモノクロ表示で分かりにくいかもしれませんが、この部分をよく見ると、急騰したり急落したりしたときに、MACDが敏感に反応していることが分かります。

このチャートの期間でシグナル通りにトレードした結果を調べると、ほぼ6円の値幅、1万通貨単位なら6万円の利益を獲得しています。しかし、それはあくまで結果論で、実戦で誤ったシグナルが頻繁に点灯して損失を被れば、テクニカル指標に対して不信感を抱いてしまうでしょう。とはいえ、改善の余地もありますから、今の段階では、MACDがどういうときに機能しないかをしっかり覚えておいてください。

角度のある上昇・下落局面には強く、シグナル点灯のタイミングも理想的

相場が小康状態に陥ると、誤ったシグナルを発してしまう

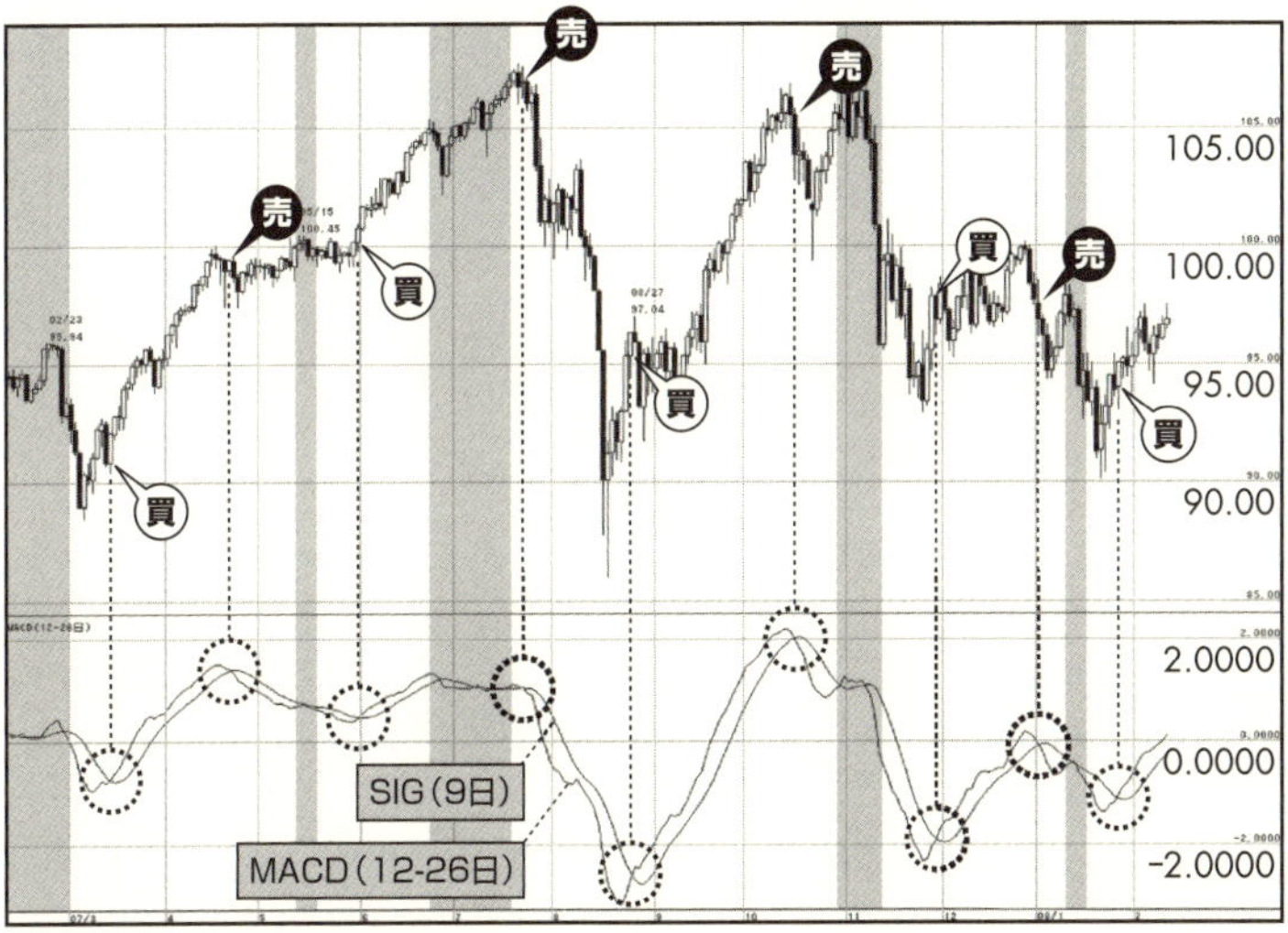

‖豪ドル／円‖日足+MACD（12-26）・SIG（9）‖2007.02～2008.02

チャート提供：ドリームバイザー・ファイナンシャル

One Point アドバイス

紙幅の関係で詳述できませんが、移動平均線でも記したように、MACDの「12−26日」やSIGの「9日間」といった数値を変えることで効果を上げることができます。とはいえ、あまり細かな変更は意味がありませんから、その点は注意してください。

4 緩やかな角度の相場に脆い面があるMACD

前項で紹介したMACDの弱点には、実は見方によっては千載一遇のチャンスを得るシグナルを発しているのですが、それは次項で詳述するとして、もう1つの特徴を紹介しておきましょう。

左の豪ドル／円のチャートを見ると、左端の上昇局面と100円超からの下落局面、さらに100円近辺まで戻す局面では、いずれもほぼ高値圏と安値圏でMACDとSIGがクロスして正しいシグナルを発しています。実はこの局面、見方によっては値幅の大きなボックス圏相場と捉えることができます。このような展開では、上昇・下落の角度が大きくなりがちですから、MACDの強みが充分に発揮されます。

ところが、チャート中央の小幅反落を境に上昇の角度が緩やかになって相場に勢いが感じられなくなると、MACDとSIGが頻繁にクロスしたり重なったりしています。これが、MACDの2つ目の弱点です。ただし、この後半の相場とMACDを見比べると、高値を更新しているにもかかわらず、MACDとSIGがクロスしながら徐々に低下していきます。この点について次項で詳述しましょう。

MACDは、比較的値幅の大きなボックス圏相場で強さを発揮する

相場に勢いがなくなると、MACDとSIGが下を向き始めた

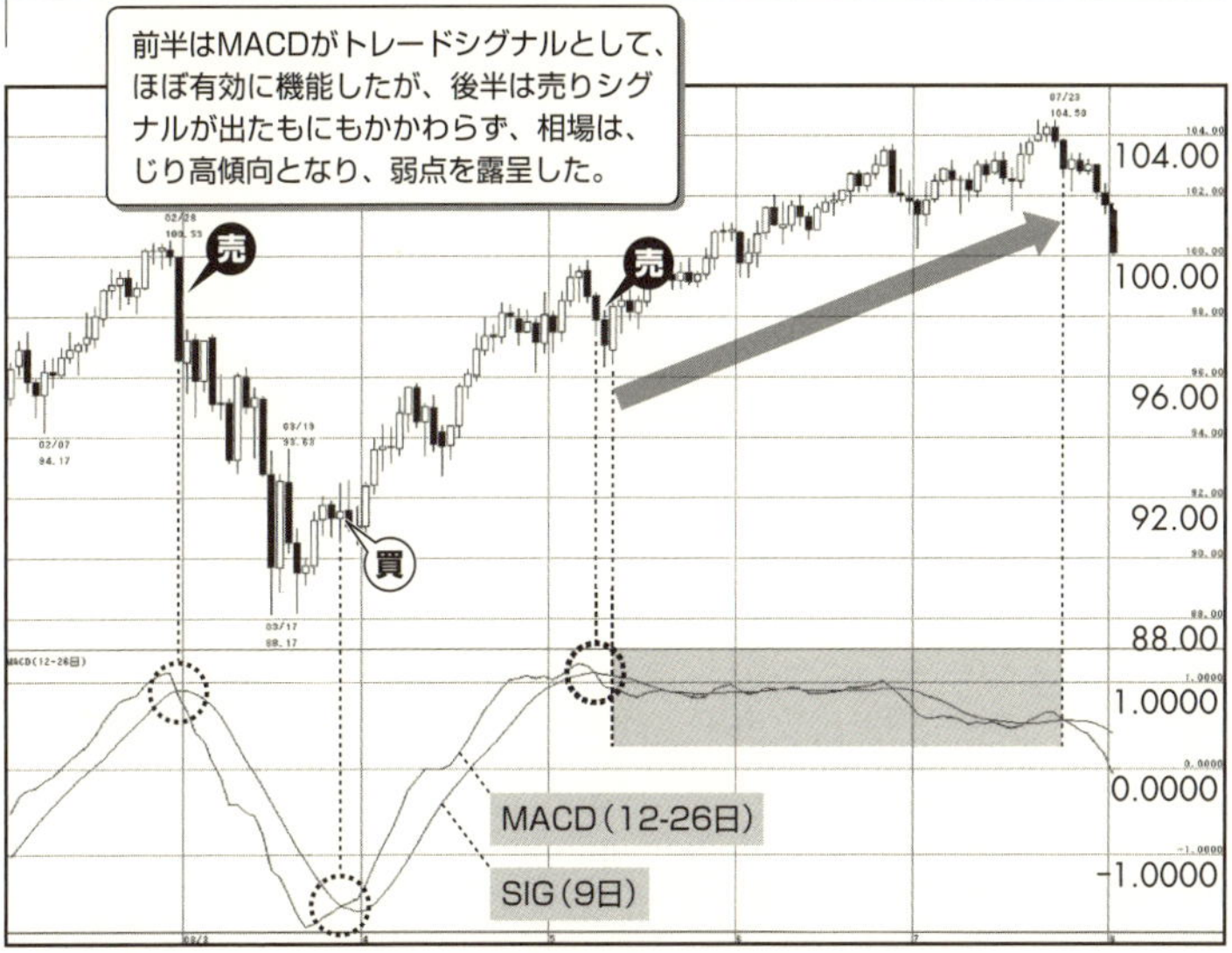

前半はMACDがトレードシグナルとして、ほぼ有効に機能したが、後半は売りシグナルが出たもにもかかわらず、相場は、じり高傾向となり、弱点を露呈した。
売
買
売
104.00
100.00
96.00
92.00
88.00
1.0000
0.0000
-1.0000
MACD（12-26日）
SIG（9日）

‖豪ドル／円‖日足+MACD（12-26）・SIG（9）‖2008.02～2008.08

チャート提供：ドリームバイザー・ファイナンシャル

One Point アドバイス

上のチャートでは2本の線がほぼ重なった状態が2カ月もの間続きましたが、シグナル通りにトレードした結果は、5円程度の値幅で儲けることができています。とはいえ、10円以上も上昇しているのですから、もう少し儲けたいものですね。

5

逆張りのシグナルで儲けを満喫できるMACD

先に弱点を紹介したため、ややテンションが下がってしまったかもしれませんが、ある意味、MACDの最大の長所もいえる「逆張りのシグナル」について紹介しましょう。

左のチャートは、前項の豪ドル／円のチャートの後半以降の相場です。先ほどのチャートの最後で、少しだけ下落する動きが見られましたが、ご覧のように、その後は20円近い下落相場が待ち構えていました。これだけ明確なトレンドなら正しいシグナルを発することができますが、ポイントはそれではありません。

前項でも記したように、下落相場に突入する1カ月ほど前から、相場は高値を更新しているにもかかわらず、MACDとSIGは共に下を向き始めています。この逆行現象を「ダイバージェンス」といって、MACDの最も効果的な使い方の1つといえましょう。

事実、この点に着目していれば、仮に4円強の上昇で損失を被っても、後の相場ではおつりが来るほど儲けることができたのです。ところで、あくまで感覚的なものですが、MACDでダイバージェンスが起きたときの成功の確率は高く感じます。事実、さまざまな通貨ペアで、このダイバージェンスを探してトレードしている投資家もいるくらいです。

高値や安値を更新中に、MACDが逆向きになったら千載一遇のチャンス

期間の長いダイバージェンスの後、相場は鋭角的に下落した

売
105.00
100.00
95.00
90.00
85.00
1.0000
0.0000
-1.0000
-2.0000
豪ドル／円は上値を切り上げていく中、MACDは持ち合いから緩やかに下に向き始め、**ダイバージェンス**が発生。逆張りのシグナルとして有効に機能した。
MACD（12-26日）
SIG（9日）

‖豪ドル／円‖日足+MACD（12-26）・SIG（9）‖2008.03～2008.09

チャート提供：ドリームバイザー・ファイナンシャル

One Point アドバイス

ダイバージェンスは、時間足や分足にも見られます。上の事例では、ダイバージェンスの期間が2カ月以上に及び、長い期間保有するリスクが高くなっています。これを効果的に使うには、時間足や分足で対応すると期間リスクは低くなります。

6

MACDのゴールデンクロスとデッドクロスに着目

これまで、MACDとSIGがクロスするときや、価格とMACDの向きに着目してトレードシグナルを見出してきました。このほか、MACDは移動平均線の応用であることに着目すれば、ゴールデンクロスとデッドクロスをシグナルとして使うことができます。

具体的には、グラフの右側に示される「0・0000」、いわゆる「0ライン」をMACDが上抜けたらゴールデンクロス、下抜けたらデッドクロスというわけです。「0ライン」に着目すると、MACDとSIGが頻繁にクロスして投資判断に悩むことが、かなり少なくなります。

左に用意したのは、ポンド/円の日足チャートです。MACDとSIGのクロスに着目すると、チャート中央で早くも「売り」シグナルが点灯、誤ったシグナルを発しています。

一方、ゴールデンクロスとデッドクロスに着目すると、相場が崩れだしてから「売り」シグナルを発していることがお分かりいただけるでしょう。しかも、基準は「0ライン」だけですから、中途半端なクロスや頻繁なクロスが気になりません。ただし、一時的に「0ライン」を下抜けた直後に上抜けたりして、誤ったシグナルを発することもあります。

MACDとSIGの頻繁なクロスを嫌うなら、0ラインを基準にトレードする

中途半端なクロスや頻繁なクロスが気にならなくなった

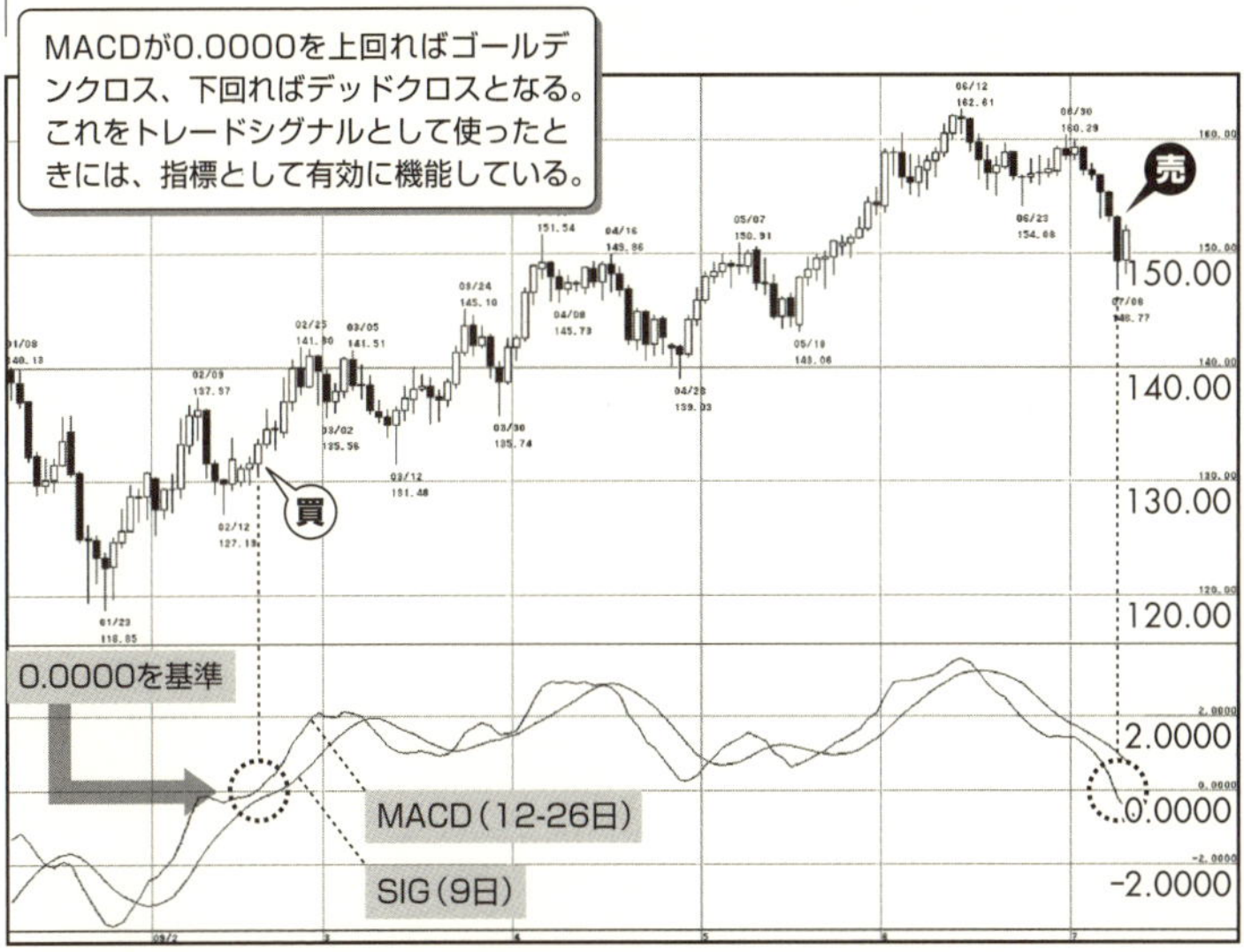
MACDが0.0000を上回ればゴールデンクロス、下回ればデッドクロスとなる。これをトレードシグナルとして使ったときには、指標として有効に機能している。
買
売
150.00
140.00
130.00
120.00
0.0000を基準
MACD（12-26日）
SIG（9日）
2.0000
0.0000
-2.0000

‖ポンド／円‖日足+MACD（12-26）・SIG（9）‖2009.01～2009.07

チャート提供：ドリームバイザー・ファイナンシャル

One Point アドバイス

12日と26日の移動平均線のクロスと、「0ライン」を基準にしたMACD（12ー26日）のクロスとでは、シグナル点灯のタイミングが異なります。これは、移動平均の計算方法が異なるからです。EMAを表示すると分かりやすいでしょう。

7

長い期間のトレンド相場に弱いストキャスティクス

ここからは、正真正銘のオシレーター系指標の「**ストキャスティクス**」を紹介しましょう。なお本書では、ファストストキャスティクスをストキャスティクスと記しています。

ストキャスティクスには「%K」と「%D」という2本の線があり、「%D」は「%K」の平均線です。この2本の線が「0〜100」の間を行ったり来たりします。

基本的には、**「%K」と「%D」の水準が「70〜80」を上回ったら買われすぎ**、**「30〜20」を下回ったら売られすぎ**と考え、それをトレードシグナルとして使います。このほか、**売られすぎのゾーンに入った後に「%K」が「%D」を下から上に抜けたら「買い」**、**買われすぎのゾーンに入った後「%K」が「%D」を上から下に抜けたら「売り」**とする、2本の線のクロスに着目した使い方があります。

ポンド／円は、高値圏で売りシグナルが点灯し、正確に機能しています。左のチャートでは、これに着目しています。ところが、下降トレンドが明確になると早くも買いシグナルを発してしまい、この指標の弱点を露呈した形です。最初からこれでは印象が悪いかもしれませんが、分足でストキャスティクスを使うと、その良さを引き出すことができることがあります。要は使い方次第なのです。

%Kと%Dが、20～30以下なら売られすぎ、70～80以上で買われすぎ

下降トレンドの序盤で、早くも買いシグナルが点灯してしまった

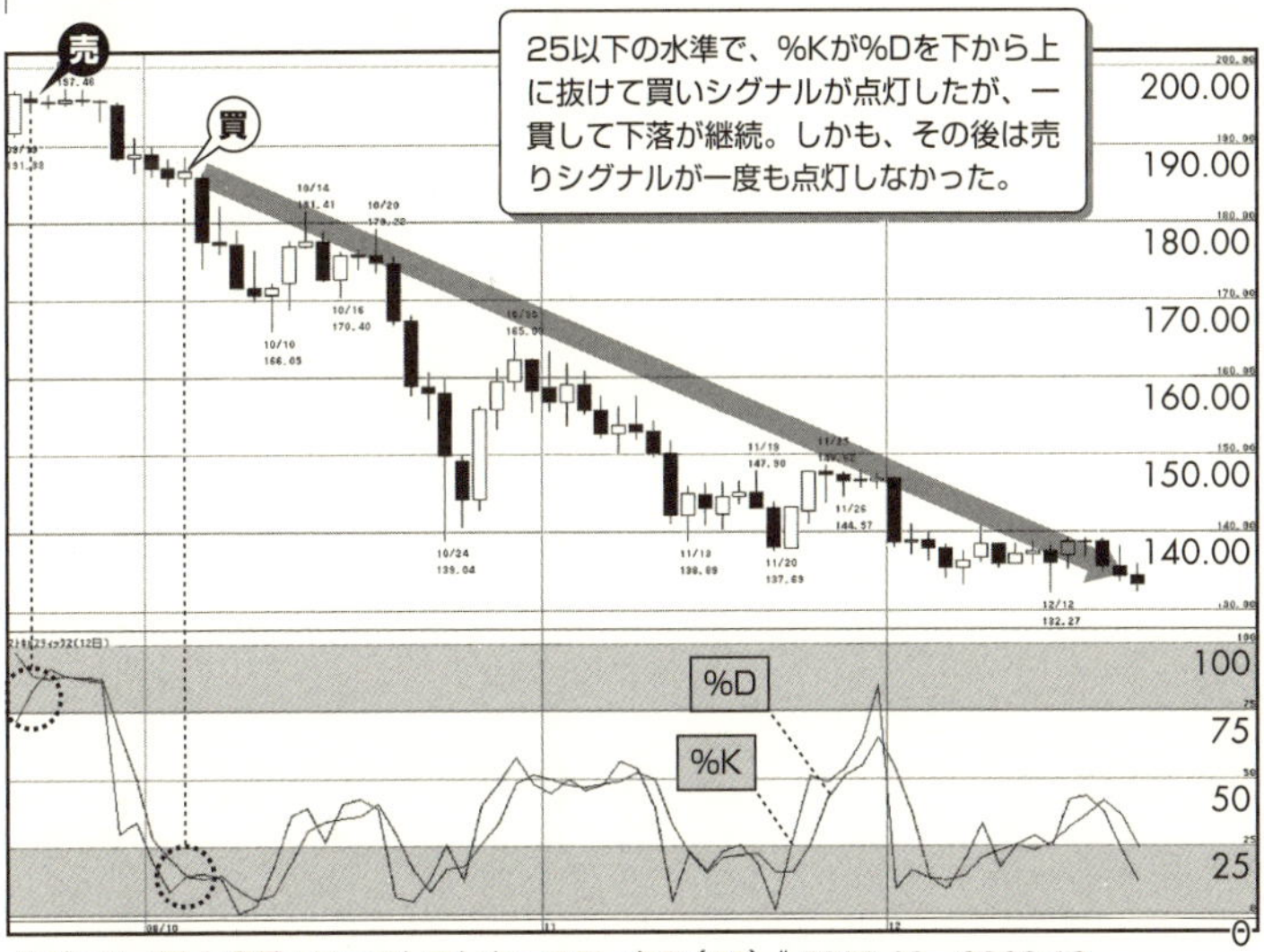
売
買
25以下の水準で、%Kが%Dを下から上に抜けて買いシグナルが点灯したが、一貫して下落が継続。しかも、その後は売りシグナルが一度も点灯しなかった。
200.00
190.00
180.00
170.00
160.00
150.00
140.00
%D
%K
100
75
50
25
0

‖ ポンド／円 ‖ 週足+ファストストキャスティクス（12）‖ 2008.09～2008.12

チャート提供：ドリームバイザー・ファイナンシャル

One Point アドバイス

ストキャスティクスとは、今の終値が、ある日数（上の例では12日間）の間の高値と安値の範囲のどの位置にあるかを示すものです。といっても、ちょっとピンとこないかもしれません。理屈で考えるより、グラフを見れば一目瞭然ですね。

動きが滑らかで使いやすいスローストキャスティクス

今度は、ストキャスティクスに比べて動きを遅くした「**スローストキャスティクス**」を紹介します。スローストキャスティクスは、「%K」の代わりに「**%SD（スロー%D）**」を使います。「%SD」とは「%D」の単純平均で、一般的には3日間が多く使われます。

スローストキャスティクスは、ストキャスティクスに比べて線の動きが滑らかになるだけでなく、2本の線のクロスが減り、見やすくなるのが特徴。つまり、ダマシが減るわけです。これが、スローストキャスティクスが使いやすいという投資家が多い理由でもあります。ちなみにスロー、ファストとも、レンジ相場に強いのが特徴といえましょう。

カナダドル／円の日足チャートで具体的に見てみましょう。チャート左から中央までの103円近辺から100円割れまでのレンジ相場では、ほぼ正確なシグナルを発することができています。また、線の動きも滑らかで、クロスする頻度も少ないといえます。

問題は、下落局面です。90円を割り込んだところで早くも買いシグナルが点灯。ストキャスティクスに比べれば、トレンドが明確になる局面でも、ある程度対応できていますが、それが一定期間続いてしまうと弱点を露呈してしまいます。

一般的に、ダマシが少ないスローストキャスティクスを使う投資家が多い

2本の線のクロスが減り、トレンドにもある程度対応している

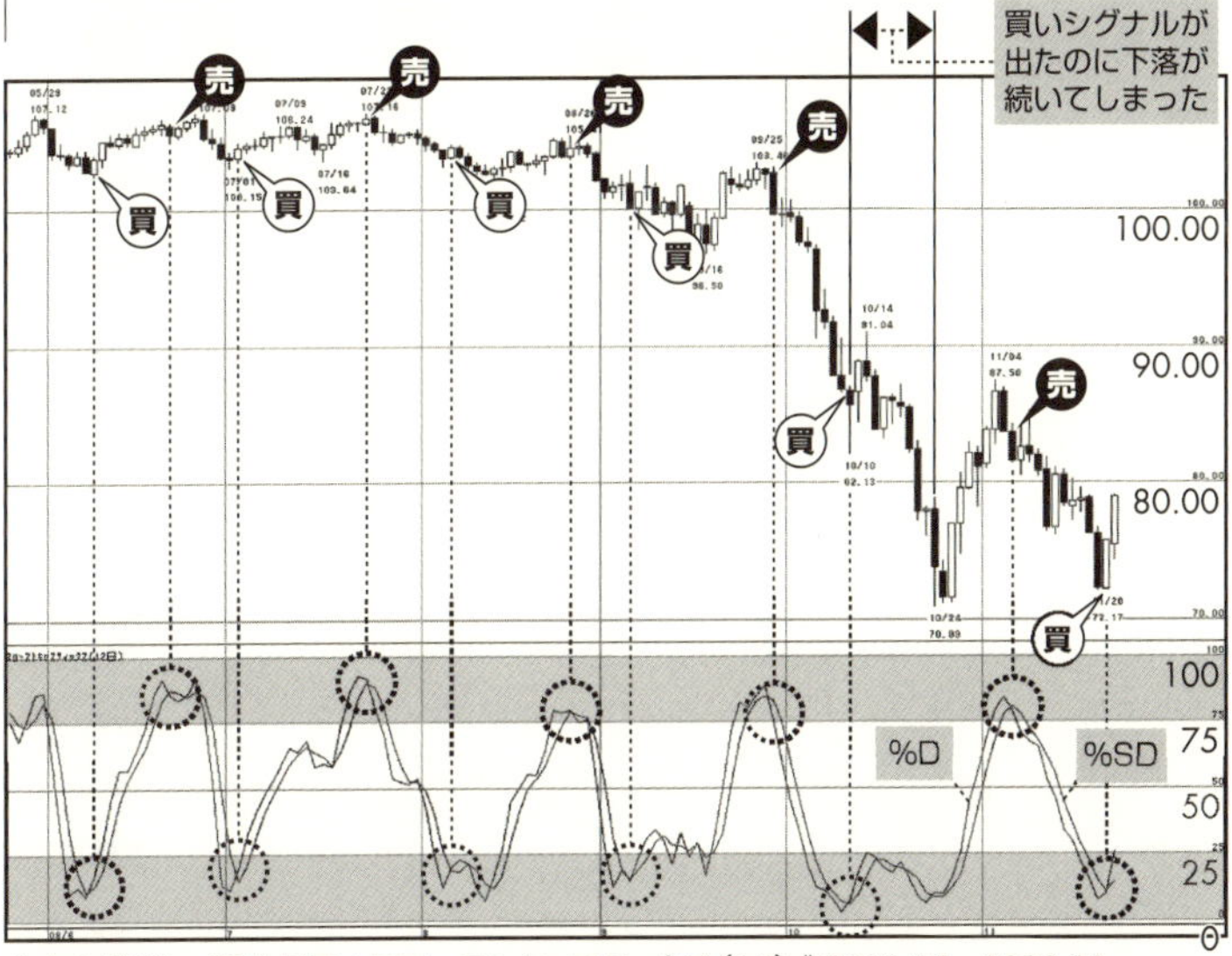

‖カナダドル／円‖日足+スローストキャスティクス（12）‖2008.05～2008.11

チャート提供：ドリームバイザー・ファイナンシャル

One Point アドバイス

MACDと同じように、ストキャスティクス（スロー、ファストとも）にも、高値や安値を更新しているにもかかわらず、グラフの位置が前回の水準を上回ったり下回ったりできないダイバージェンスを観測することができます。

9 レンジ相場で特性が生きるストキャスティクス

トレンドが明確になる相場展開では、スロー、ファストともに、その弱点を露呈してしまいましたが、**レンジ（ボックス圏）相場になると、その特性をいかんなく発揮**します。

左に示したのは、１０３円を下回ったところから１０７円近辺を往復する相場を展開したカナダドル／円の日足チャートにスローストキャスティクスを表示しました。そして、25以下のゾーンで「％Ｋ」が「％ＳＤ」を上抜けたら買い、75以上のゾーンで「％Ｋ」が「％ＳＤ」を下抜けたら売りというトレードルールです。

トレンドが明確なときに比べると、一番右側のシグナルを除けば、指標の精度はかなり高くなっていることがお分かりいただけるでしょう。ただし、レンジ相場だけに大きな値幅を狙うことはできないため、比較的忙しいトレードになることはいうまでもありません。

ここではスローストキャスティクスの期間を12日間にしていますが、移動平均線のときと同じように、「これしか使ってはいけない」という決まりはありません。平均的な数値としては9日間を使うこともありますが、より反応を敏感にさせるために5日を使ったり、14日などより長い期間を取ったりすることもあります。

レンジ相場では、トレンド系指標に比べて好成績を残すオシレーター系指標

一定の幅で動いたときには、シグナルの精度が高くなった

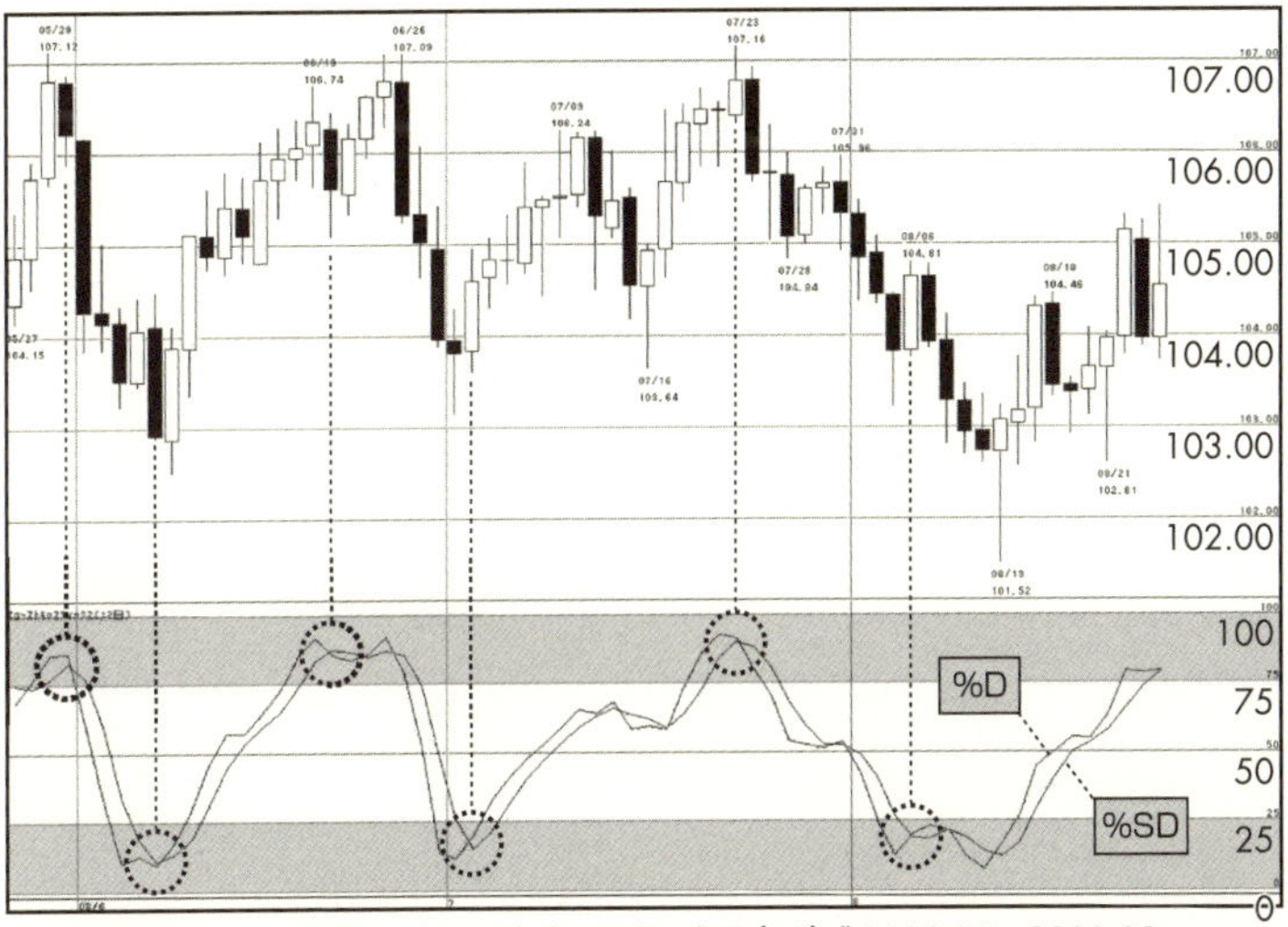

‖カナダドル／円‖日足+スローストキャスティクス（12）‖2008.05～2008.08

チャート提供：ドリームバイザー・ファイナンシャル

One Point アドバイス

移動平均線なら25や75、このストキャスティクスなら12や9という数値をパラメーターといいます。闇雲に数値を変更するのは好ましいことではありませんが、適度に調整して過去の相場で、その相性を確認することはとても大切なことです。

10 それなりの経験を必要とするＲＳＩ

オシレーター系テクニカル指標の最後は「**ＲＳＩ**」です。ＲＳＩとは非常に大雑把に言うと、一定期間において上昇と下落とでは、どちらに勢いがあるかを示したものです。ちょっと、ピンとこないかもしれませんが、具体的にはストキャスティクスと同様、「**70〜80以上**」**を買われすぎ**、「**20〜30以下**」**を売られすぎとする逆張りのシグナル**として使います。週足以上の周期のチャートでは、70以上や30以下になることは非常に珍しいことから、比較的正確なシグナルとして使うベテラン投資家も少なくないようです。一方、５分足などの非常に期間の短い分足では、時に「１００」や「０」に近い水準まで到達することもあり、チャートの周期と通貨ペアの動きの特徴を把握する必要があります。

そこで、基本的なトレードシグナルを確認しましょう。ユーロ／円は１３０円を高値に１１８円近辺まで下落したところでＲＳＩが20を割り込み買いシグナルが点灯。その後、下ヒゲを伸ばし、ほぼ１１２円まで下落して安値圏で推移します。しかし、１２０円の節目を突破すると上昇に弾みが付き、１３３円近辺でＲＳＩが80を超えて売りシグナルが点灯します。新規買いとした後の下落幅が気になりますが、シグナルとしては使えそうです。

RSIは、トレンドの強弱を判断しながら使うことが求められる

RSIはシンプルな分、ツボにはまると良好な結果がもたらされる

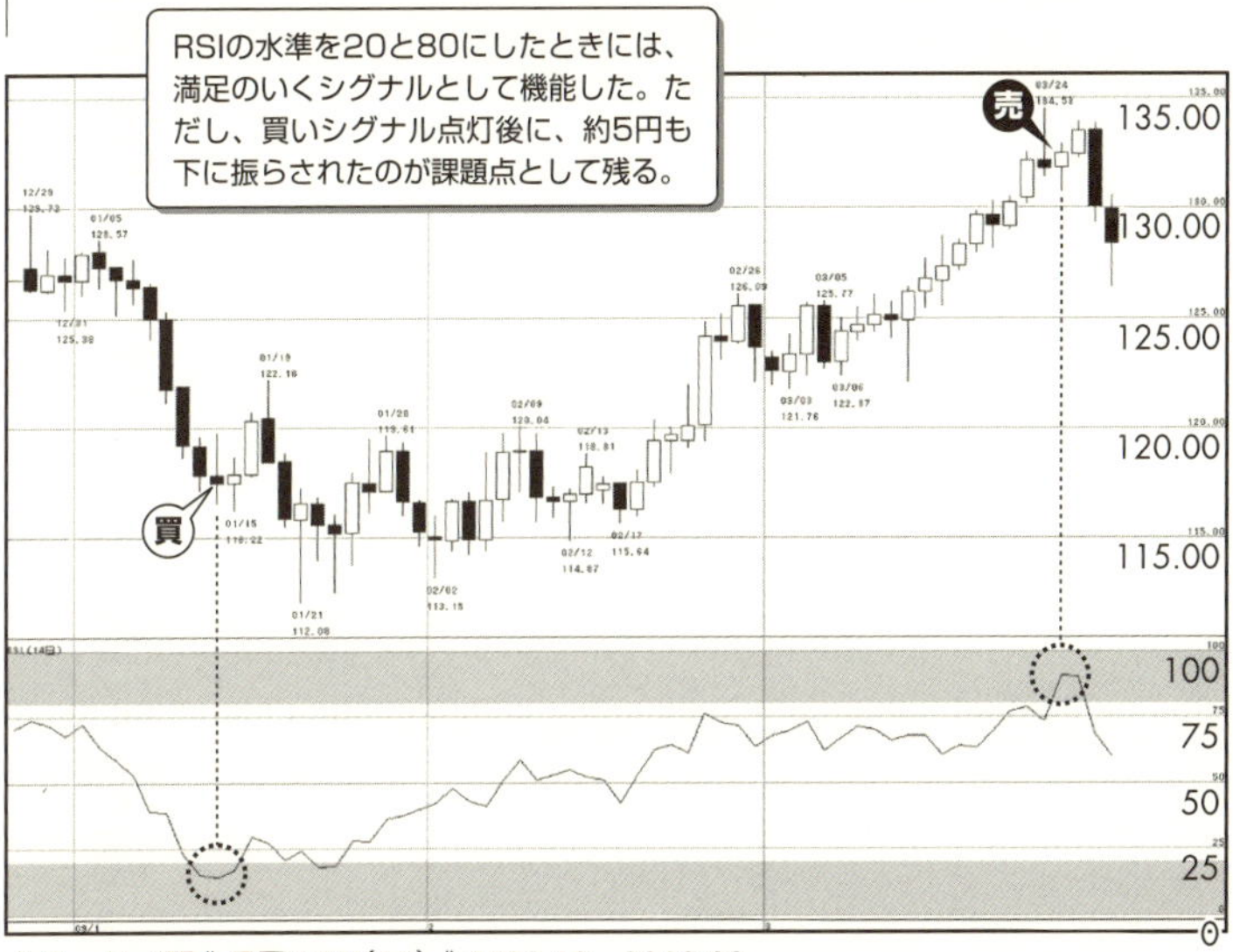
RSIの水準を20と80にしたときには、満足のいくシグナルとして機能した。ただし、買いシグナル点灯後に、約5円も下に振らされたのが課題点として残る。
売
買
135.00
130.00
125.00
120.00
115.00
100
75
50
25
0

‖ユーロ／円‖日足+RSI（14）‖2008.12〜2009.03

チャート提供：ドリームバイザー・ファイナンシャル

One Point アドバイス

RSIには線が1本しかないため、その水準だけで「買われすぎ」「売られすぎ」を判断しなくてはなりません。そのため、トレンドの強さを見極めながら、その時々の水準を判断するという、かなり経験・検証を必要とする指標でもあります。

11 やはり明確なトレンド相場には弱いＲＳＩ

前項では、比較的短い期間に一定の値幅で上下動すれば、仮にトレンドが出ても、ＲＳＩが有効に機能することが分かりました。そこで今度は、長い期間で、しかもそれなりの値幅でトレンドが明確になったときの検証もしておく必要があります。

左の豪ドル／円では、１００円をほんの少し上回ったところでＲＳＩが80を超えて売りシグナルが点灯しています。ところが、相場に勢いが感じられないものの、１０５円手前までじりじりと上昇を続けてしまいます。そして、価格が再び１００円を割り込むと、今度は買いシグナルが点灯。ピークからの下落に反応したＲＳＩが急降下していたのです。

この後は、チャートをご覧になれば一目瞭然。約3カ月の期間で40円以上も下落し、しかも、この間、一度も売りシグナルは点灯していません。まさにオシレーター系指標の弱みを存分に思い知らされた格好です。このように、日足以上の周期のチャートでオシレーター系指標を使うときには、かなり厳しいストップロスルールを設定し、それを厳守する必要があります。ただし、分足で見れば、小さな振幅を繰り返しているわけですから、保有期間を短くすることで、オシレーター系指標の特徴を引き出すことができます。

オシレーター系指標を使うときには、厳密なストップロス設定が求められる

売りシグナルで上昇、買いシグナルで大幅下落という結果に…

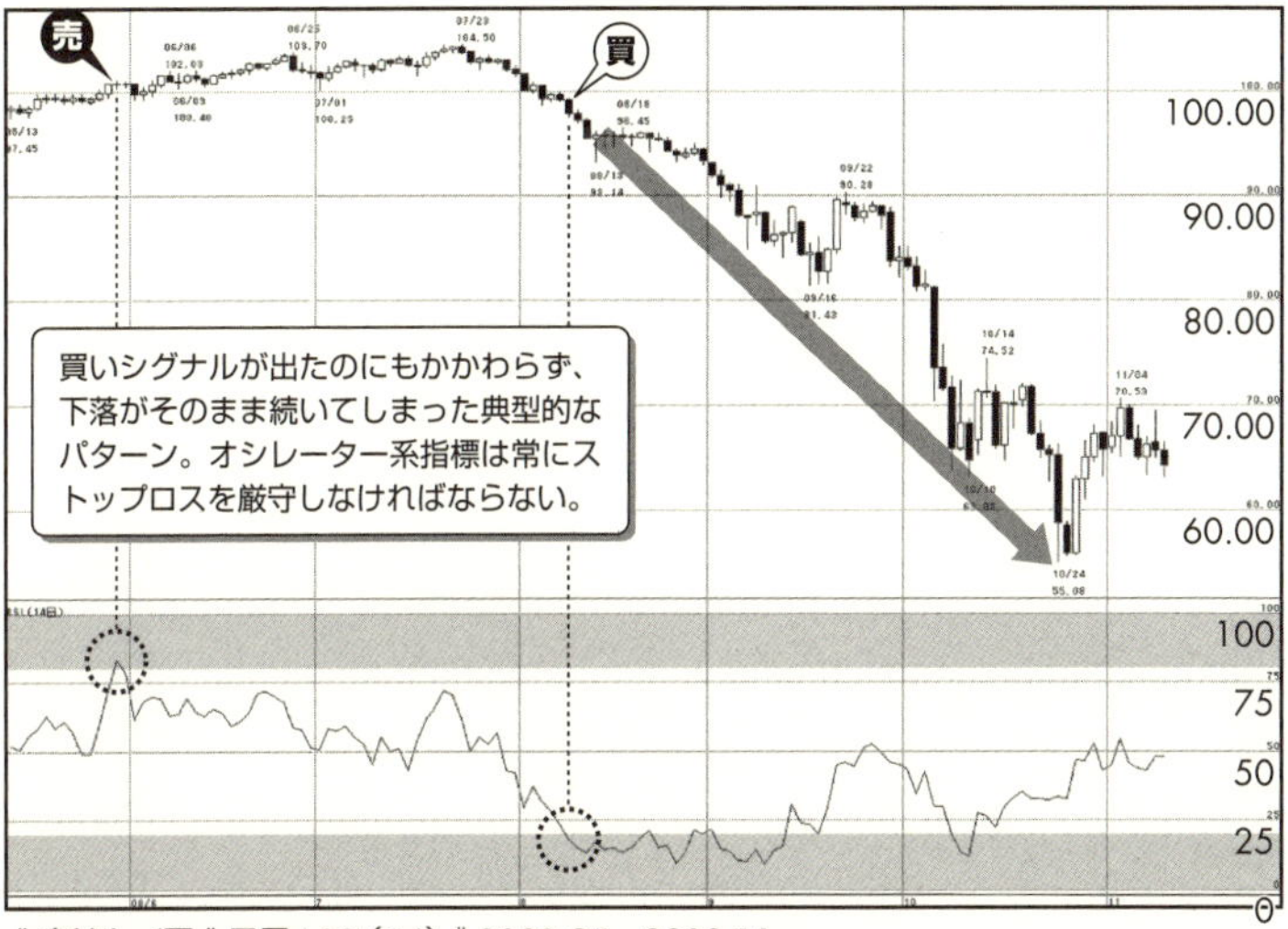
売
買
買いシグナルが出たのにもかかわらず、下落がそのまま続いてしまった典型的なパターン。オシレーター系指標は常にストップロスを厳守しなければならない。
100.00
90.00
80.00
70.00
60.00
100
75
50
25
0

‖豪ドル／円‖日足+RSI(14)‖2008.05〜2008.11

チャート提供：ドリームバイザー・ファイナンシャル

One Point アドバイス

分足などの期間の短いローソク足チャートでRSIを使うときには、その数値が上限や下限近くまで振れてしまうことがあるため買われすぎの水準を90以上、売られすぎの水準を10以下というように、かなり思い切ったレベル設定をする必要があります。

12 ルール次第で、何のシグナルも出ないことがある

ＲＳＩは、その水準の決め方次第で、シグナルがまったく点灯しないことがあります。水準といっても「教科書的な」ものです。誤ったシグナルを出すよりはましですが、それはそれで問題です。ポンド／円の日足チャートで具体的に検証してみましょう。

ポンド／円は１３０円と１４０円の間を行き来するレンジ相場から一旦、１２０円割れまで下落すると反転。そして、１６０円台まで緩やかなトレンドを描いて上昇しています。

前項と同様、ＲＳＩの水準が「20」を下回れば買いシグナル、「80」を上回れば売りシグナルとすると、約6カ月間でシグナルが点灯したのは、１６０円台に乗せたときだけです。仮にＲＳＩの水準を「25」と「75」にしていれば、チャート左の１３６円台から長い下ヒゲを伸ばしたローソク足が買いのポイントとなりますが、エントリー後に15円以上も下に振らされているため、常識的にはストップロスがかかります。そして、再度、「25」を割り込んだ１２０円割れの安値水準で買いシグナルが点灯すると、ようやくトレンドに乗れています。このように、少しの水準違いでシグナルが長い期間、点灯しないことがあります。ＲＳＩを使うときには、これを理解した上で相場に臨むようにしてください。

オシレーター系指標を効果的に使うには、ローソク足の期間を短くしてみる

シグナルの水準を一般的なものにしても、点灯しないことがある

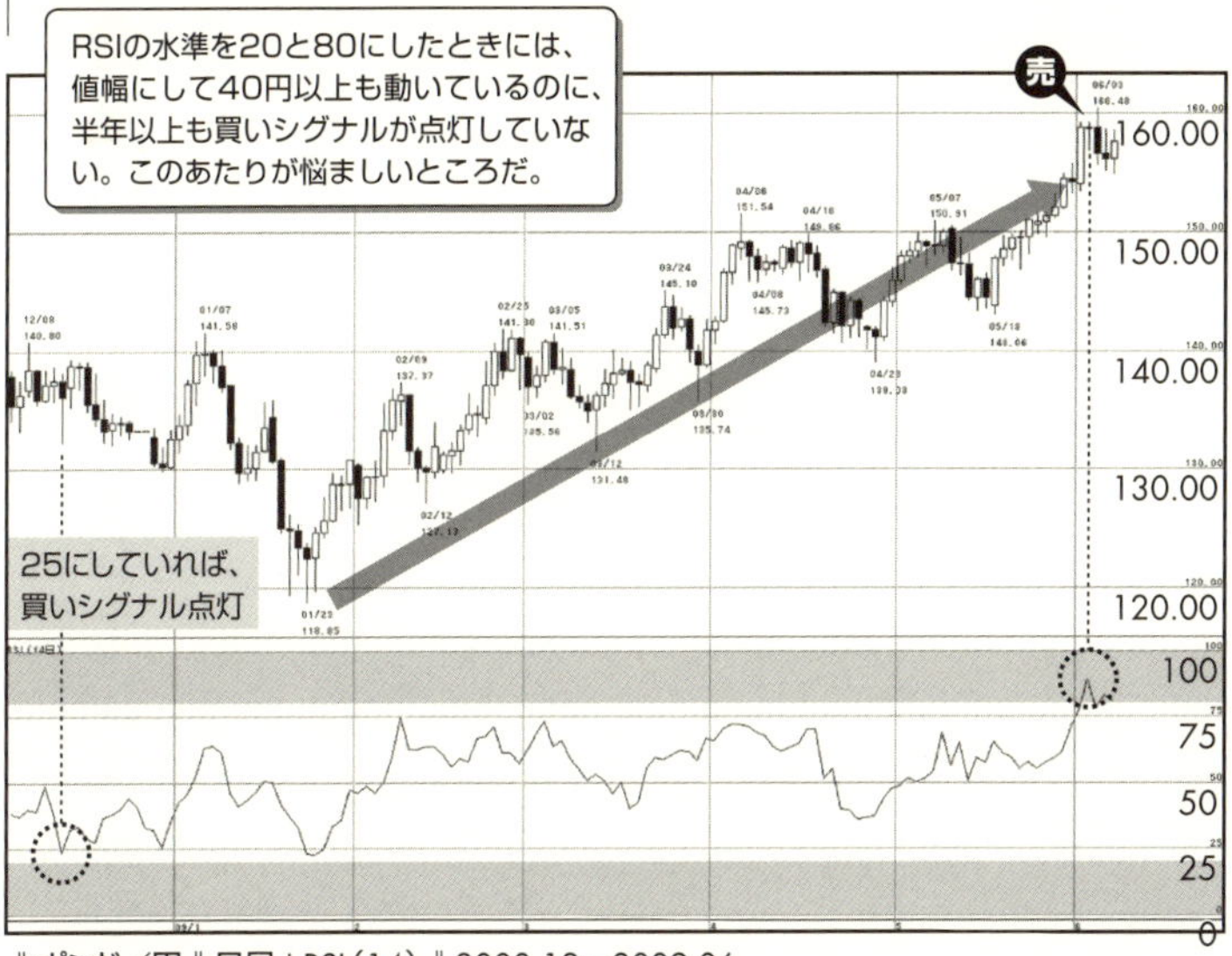
RSIの水準を20と80にしたときには、値幅にして40円以上も動いているのに、半年以上も買いシグナルが点灯していない。このあたりが悩ましいところだ。
売
25にしていれば、買いシグナル点灯
160.00
150.00
140.00
130.00
120.00
100
75
50
25
0

‖ポンド／円‖日足+RSI（14）‖2008.12～2009.06

チャート提供：ドリームバイザー・ファイナンシャル

One Point アドバイス

上の例のように、水準の決め方次第で、オシレーター系指標でもトレンドに乗ることができるケースもあります。常にトレンド相場に弱いわけではないので、ローソク足の種類を変えて指標との相性をいろいろ検証することで勘が鋭くなります。

13 信頼性の高いダイバージェンスをシグナルに使う

前項では、ＲＳＩの水準を教科書的なレベルに決めていても、シグナルが点灯しないことがある反面、トレンドに乗ることができることも確認しました。オシレーター系指標も悪いところばかりではありません。そこで、ＲＳＩの長所ともいえるダイバージェンスについてご紹介しておきましょう。用意したのは、ＮＺドル／円の日足チャートで、80円割れからの出直り相場の局面です。

注目すべき点は、チャート中央の90円を目前にしたところで、小康状態が約1カ月半も続いた後の局面です。相場は順調に高値97円台まで上昇しますが、その途中、95円近辺まで上昇するとＲＳＩが80を超えて、売りシグナルが点灯します。新規売りをしてからも、相場は引き続き上昇していますから、いやな感じです。

しかし、価格は高値を更新しているにもかかわらず、ＲＳＩは小康状態に入るときの水準よりも低いレベルに位置しています。つまり、ダイバージェンスが発生して、下落トレンドへ転換する可能性が高いことを示唆していたわけです。その後は、ご覧の通り、約1カ月で20円以上の急落となり、逆張りのシグナルとしては正しい結果をもたらしました。

日足以上では、ダイバージェンスの発生までに時間がかかるため、粘りが必要

長い期間のダイバージェンスの後、相場は20円以上も急落

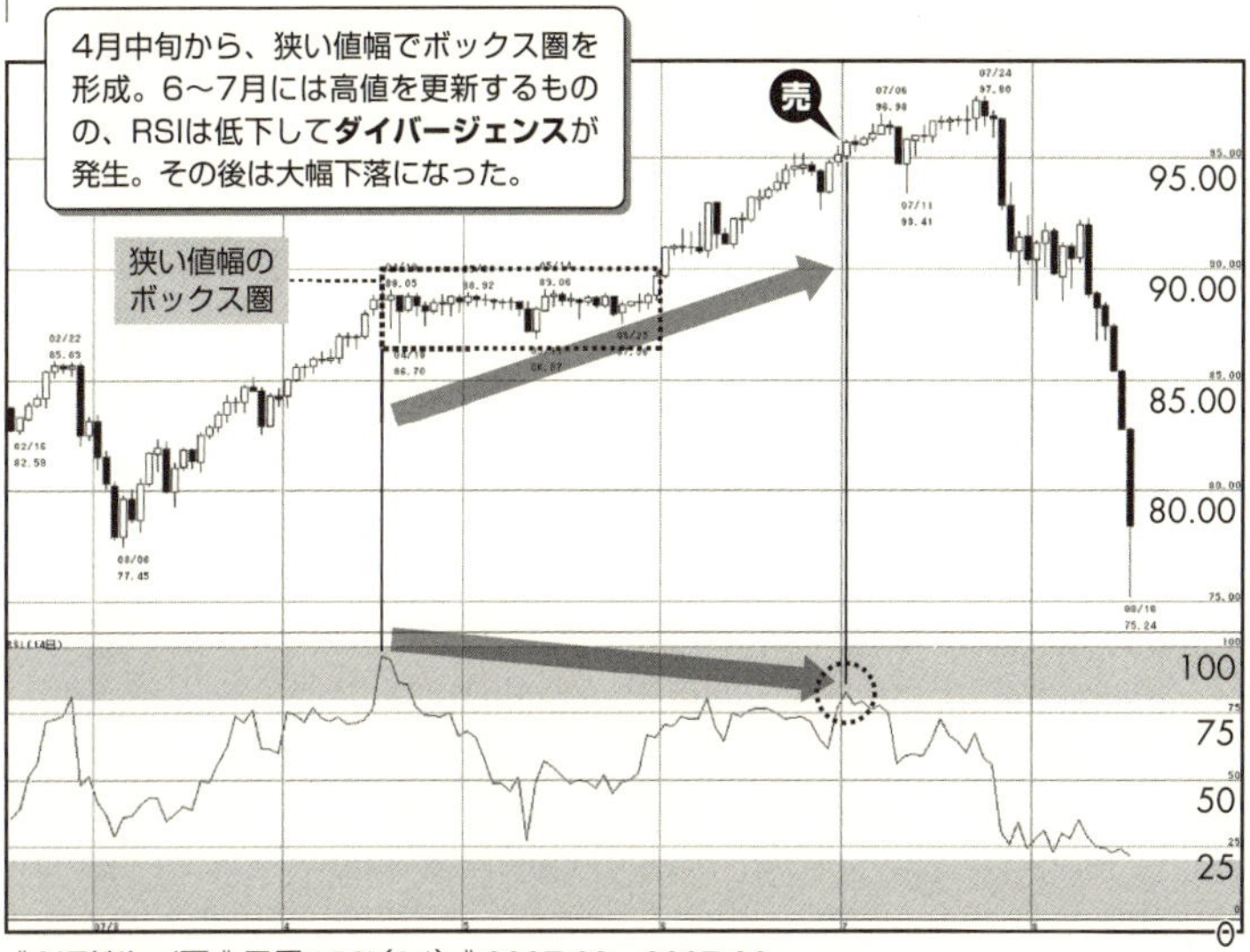
4月中旬から、狭い値幅でボックス圏を形成。6～7月には高値を更新するものの、RSIは低下して**ダイバージェンス**が発生。その後は大幅下落になった。
売
狭い値幅のボックス圏
02/22
85.63
02/16
82.59
03/06
77.45
07/06
96.98
07/24
97.80
07/11
93.41
08/16
75.24
95.00
90.00
85.00
80.00
100
75
50
25
0

‖NZドル／円‖日足+RSI（14）‖2007.02～2007.08

チャート提供：ドリームバイザー・ファイナンシャル

One Point アドバイス

オシレーター系指標のダイバージェンスは信頼性が比較的高い反面、ダイバージェンス発生までに時間がかかることが多いため「粘り」が求められます。とはいえ、上手くいったときの「見返り」は大きいため、病み付きになる投資家も多いようです。

14

性格の異なる指標で、正反対のシグナルが点灯

テクニカル指標には一長一短がありますが、それぞれの弱点を補完するためにテクニカル指標を組み合わせて使う方が多くいます。組み合わせること自体は間違いではありません。しかし、それぞれの弱点を補完するということは、正反対のシグナルを発してしまう場合もあります。左に示したカナダドル／円の日足チャートで、それが起きています。

チャートには、25日、75日、２００日の移動平均線と14日間のＲＳＩを表示。25日×２００日の移動平均線がゴールデンクロスをするか、ＲＳＩが「20」を下回ると買い、２本の移動平均線がデッドクロスをするか、ＲＳＩが「80」を上回ると売りというルールです。88円近辺で25日×２００日の移動平均線のゴールデンクロスが示現して買いシグナルが点灯しますが、それから約1週間後に1円ほど上で、ＲＳＩが80を上回り売りシグナルが点灯しています。似通ったタイミングと価格水準で逆のシグナルを発してしまいました。

このようなとき、最終的な判断は投資家に委ねられることになります。しかし、それが上手くいかないと、「今度はこっちを優先しよう」と軸がぶれてしまい、さらに、後で振り返ると、「どうして、こうしたんだろう」と検証すらできなくなってしまいます。

性格の異なる指標は「諸刃の剣」。使うときのルールを明確にすることが大切

数値で管理できる指標を使っても、最後は「勘」に頼ることになる

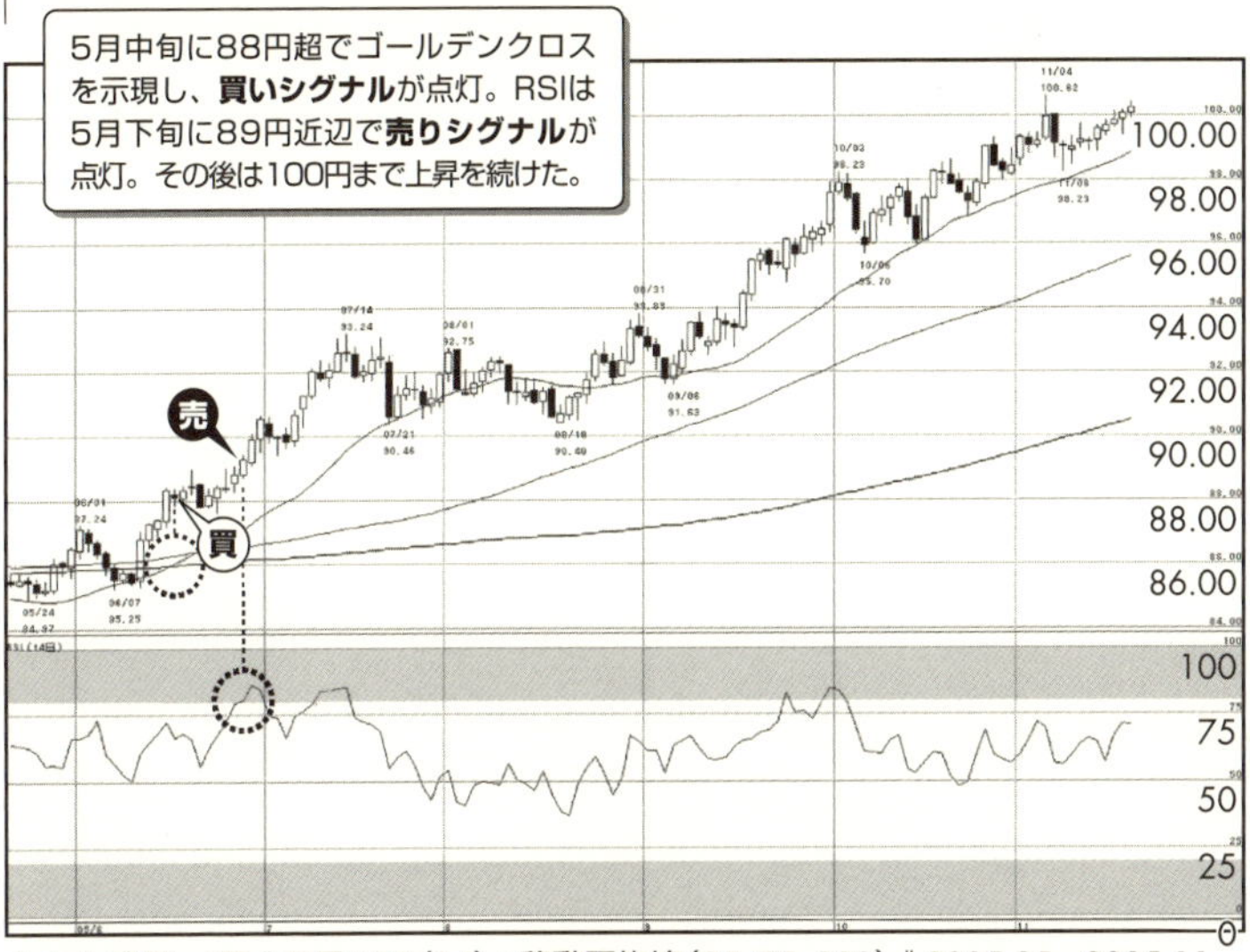
5月中旬に88円超でゴールデンクロスを示現し、**買いシグナル**が点灯。RSIは5月下旬に89円近辺で**売りシグナル**が点灯。その後は100円まで上昇を続けた。
売
買
100.00
98.00
96.00
94.00
92.00
90.00
88.00
86.00
100
75
50
25
0

‖カナダドル／円‖日足+RSI（14）+移動平均線（25・75・200）‖2005.05〜2005.11

チャート提供：ドリームバイザー・ファイナンシャル

One Point アドバイス

数値で管理できる指標を使うときには、シグナル通りにトレードした方が好結果を生むケースが多いようです。またいくつかの指標を組み合わせて使うときには、優先順位を決めるなど一定のルール作りをすると軸がぶれないで済みます。

第7章

「チャートのパターン」を身に付けて「相場の見誤り」をなくす

1 上昇は「ユルユル」、下落は「急」のケースが多い

第7章では、外国為替相場でよく見られるチャートのパターンを紹介します。多くの場合、このパターンを「**フォーメーション**」といいます。

チャートのパターンが重要なのは、上昇や下落が継続するかと思いきや、トレンドが転換したり、「そろそろ反転するかな」と思われる局面が、実は次なる上昇や下落への踊り場にすぎないこともあります。特に中段持ち合いのパターンを知ることで「相場を見誤る」ことがかなり減るはずですから、是非、これを身に付けていただきたいと思います。

まず、外国為替相場の基本的な傾向からご説明しましょう。豪ドル／円の日足チャートをご覧ください。ここ数年、特に対円通貨ペアには、上昇するときは段階を踏んで比較的緩やかな角度で、下落するときはかなり鋭角的に、時にはほぼ垂直に近い角度になる傾向があります。

ここで示した2回の急落のうち、右端はサブプライムローン問題が顕在化したときのものです。この後には、リーマンショックで世界の金融市場に激震が走るわけですが、金融危機に陥らずとも、鋭角的な急落を繰り返していることがお分かりいただけるでしょう。

投資家自身の裁量でトレードするときには、相場の特性を把握することが重要

金融危機ならずとも、下落は鋭角的な角度で、その足も速い

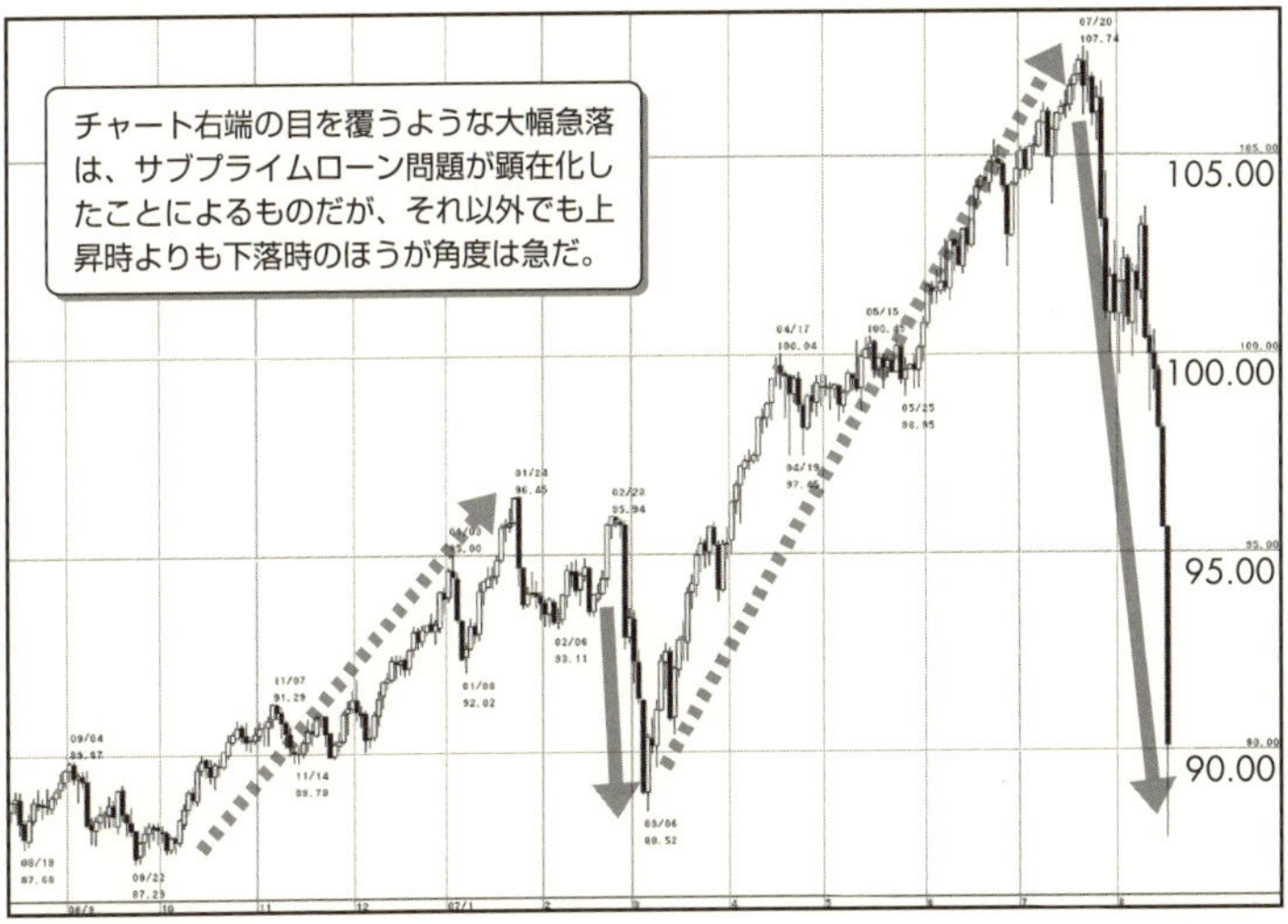
チャート右端の目を覆うような大幅急落は、サブプライムローン問題が顕在化したことによるものだが、それ以外でも上昇時よりも下落時のほうが角度は急だ。
105.00
100.00
95.00
90.00

‖豪ドル／円‖日足‖2006.08〜2007.08

チャート提供：ドリームバイザー・ファイナンシャル

One Point アドバイス

ここ数年の「上昇は比較的緩やかに、下落は急」という相場の傾向が永続的なものではないことも事実です。なお、本章では部分的にローソク足の組み合わせを含めていることから、全般的には「パターン」として掲載しました。

2 上昇後の「ダブルトップ」には要注意

「高値圏」で見られるフォーメーションの最初は「**ダブルトップ**（**二点天井**）」です。

トップとは高値（天井）を意味し、２番目の高値が最初の高値を上抜くことができずに下落します。その間の安値水準にサポートラインを引き、これをネックラインといいます。価格がネックラインを下抜くと、それがレジスタンスラインに転換。そして、「リターンムーブ」という一時的な反発局面があってダブルトップの完成です。ちなみに、リターンムーブはネックラインが限界点となります。ただし、外国為替相場では、ヒゲを長く伸ばす傾向があるため、ネックラインがかなり下方に位置することがあります。

実際のチャートで検証しておきましょう。118円台から軽快に上昇してきたドル／円は124円をやや超えたところで高値を付けると、122円近辺まで下落。ここがネックラインです。再び、上昇に転じるものの前回高値には及ばず、124円手前で失速するとネックラインで抵抗しますが、それを割り込むと下げ足を速めます。途中、121～120円近辺にはいくつものサポートラインがありますが、それも大陰線で簡単に下抜けると、先の支持帯が強力な抵抗帯となり、最後の抵抗もむなしく、114円割れまで下落します。

積極派はネックラインの下抜けでエントリー。ただし、ストップロスは厳格に

このときはリターンムーブが判然としないまま下落している

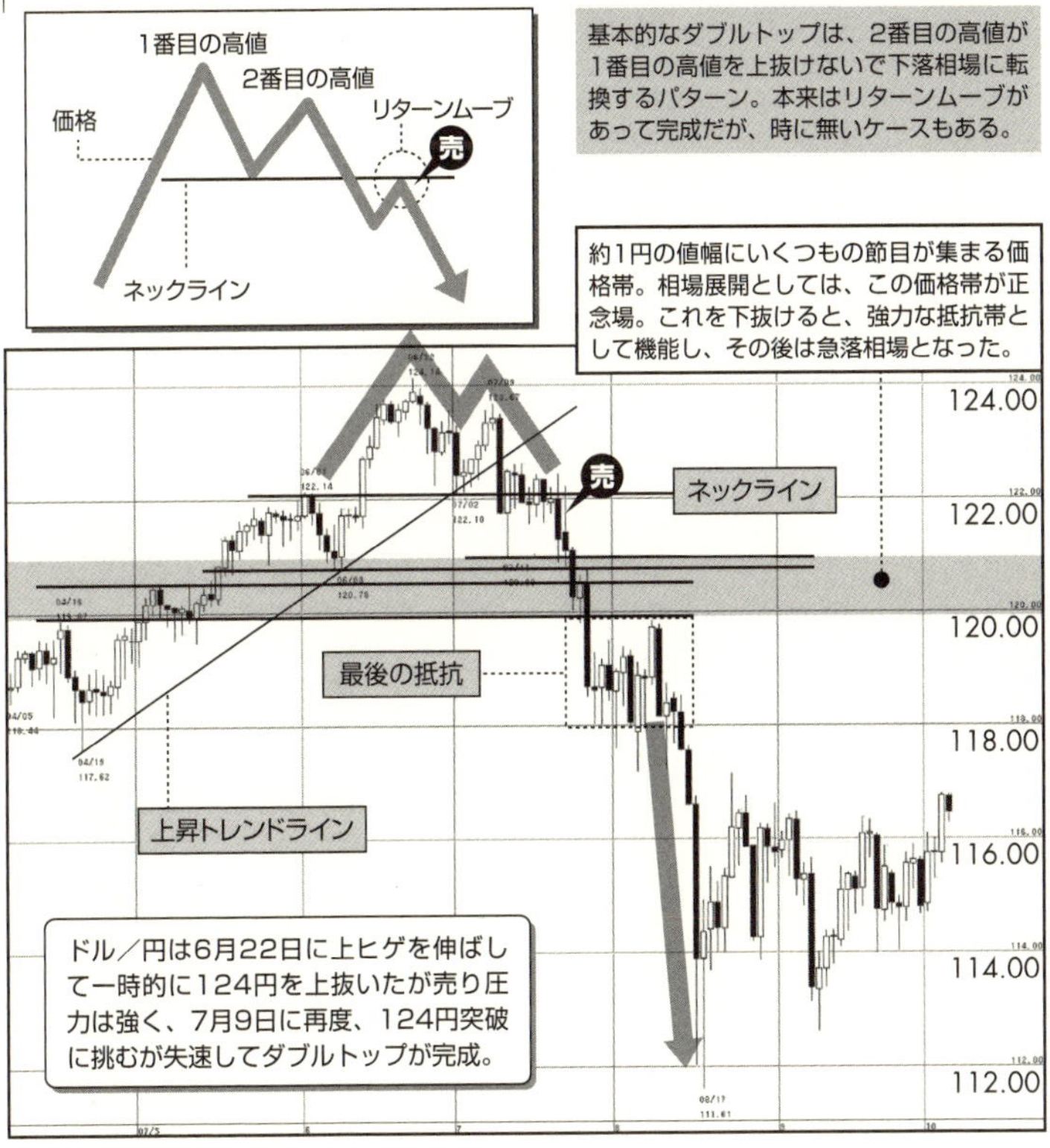
1番目の高値
2番目の高値
価格
リターンムーブ
売
ネックライン
基本的なダブルトップは、2番目の高値が1番目の高値を上抜けないで下落相場に転換するパターン。本来はリターンムーブがあって完成だが、時に無いケースもある。
約1円の値幅にいくつもの節目が集まる価格帯。相場展開としては、この価格帯が正念場。これを下抜けると、強力な抵抗帯として機能し、その後は急落相場となった。
売
ネックライン
最後の抵抗
上昇トレンドライン
ドル／円は6月22日に上ヒゲを伸ばして一時的に124円を上抜いたが売り圧力は強く、7月9日に再度、124円突破に挑むが失速してダブルトップが完成。
124.00
122.00
120.00
118.00
116.00
114.00
112.00

‖ドル／円‖日足‖2007.04〜2007.10

チャート提供：ドリームバイザー・ファイナンシャル

3 「ヘッド&ショルダーズトップ」で上昇相場の終焉

フォーメーションは、価格を軸にした節目をベースにしていることがお分かりいただけたと思います。また、トレンドラインやチャネルラインが要所で影響していますので、一度、線を引いてみてください。次の「**ヘッド&ショルダーズトップ（三尊天井）**」は出現頻度は少ないものの、日足や週足で確定すれば、「上昇相場の終焉」を意味するほどです。

この特徴は、高値（トップ）が3つあるところです。中央（2回目）の高値が最も高く、これを人の顔、左右の高値は中央よりも低く、これを人の肩に見立てて名付けられました。ネックラインは、それぞれの高値の間に位置する2つの安値水準で、リターンムーブの考え方はダブルトップと同じです。ポンド／円の週足チャートで確認しておきましょう。

１８０円台から緩やかに上昇してきたポンド／円は、２００円を超えるとさらに騰勢を強めます。２４０円を高値に２２０円まで反落して1回目の高値を形成。しかし、勢いは衰えず２５０円超まで上昇して2回目の高値を付けます。再度、高値奪回に動きますが、直近高値を上抜くことなく反落すると、ネックラインのかなり下方でリターンムーブが起きてフォーメーションが完成。その後は、高値から半値水準まで売り込まれます。

週足でのヘッド＆ショルダーズトップは信頼性が高く、究極の売りの急所！

フォーメーションが完成すると、下げ足は一層速まっている

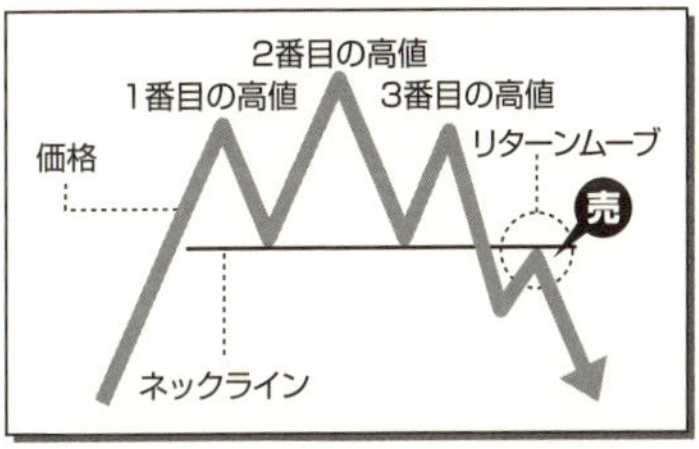
2番目の高値
1番目の高値
3番目の高値
リターンムーブ
価格
売
ネックライン

基本的なヘッド＆ショルダーズトップは、上昇後の高値圏で、3回の高値を付けて下降トレンドに転換する。2回目の高値が最も高いのが特徴。リターンムーブで完成。

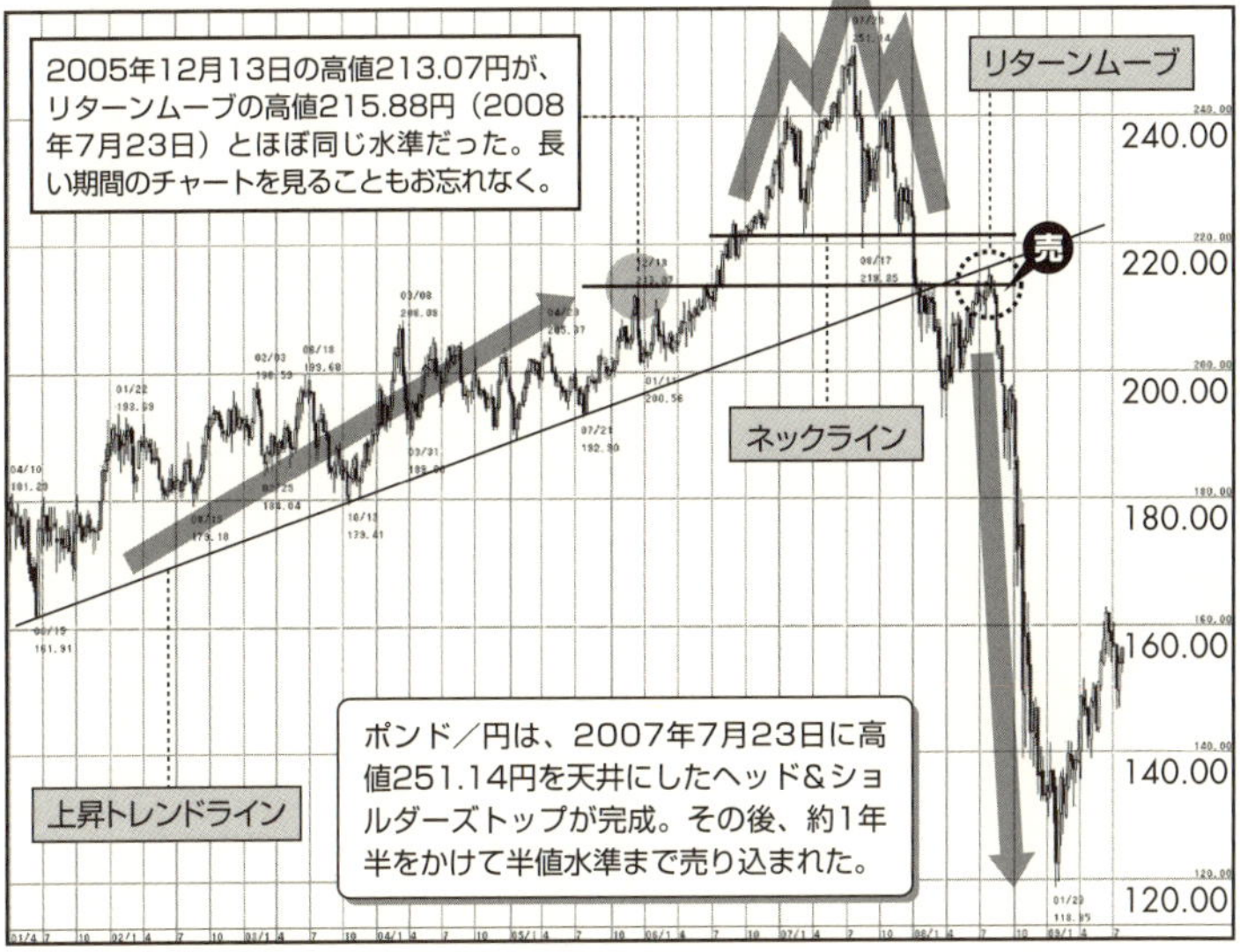
2005年12月13日の高値213.07円が、リターンムーブの高値215.88円（2008年7月23日）とほぼ同じ水準だった。長い期間のチャートを見ることもお忘れなく。
リターンムーブ
売
ネックライン
上昇トレンドライン
ポンド／円は、2007年7月23日に高値251.14円を天井にしたヘッド＆ショルダーズトップが完成。その後、約1年半をかけて半値水準まで売り込まれた。
240.00
220.00
200.00
180.00
160.00
140.00
120.00

‖ポンド／円‖週足‖2001.03～2009.07

チャート提供：ドリームバイザー・ファイナンシャル

4

買い方泣かせの上昇後の「スパイクトップ」

今度は、ヘッド&ショルダーズトップと思いきや3番目の高値がなく、そのままドスンと下落してしまう**「スパイクトップ」**です。本来のスパイクトップは、リターンムーブさえ観測できないことが多いのですが、外国為替相場では、これが比較的多く起きることから、筆者は変形ダブルトップなどと名付けています。このフォーメーションは**比較的頻繁に見られ、外国為替相場の「下げは急」という特徴の代名詞的な存在**でもあります。

特に、2回目の高値を付けた後は、反発らしい反発もなく急落する傾向があり、まさに「買い方泣かせ」。一方、売り方にとっては、これほど「美味しい局面」はなく、まさに「入れ食い」状態です。さて、カナダドル/円でスパイクトップを検証しましょう。

チャート中央やや左の105円割れから出直り、これまでよりも急な角度で120円超まで上昇すると反落。これが1回目の高値です。それでも上昇の勢いは衰えずに再反騰。さらに鋭角的に125円超まで一気に上がると2回目の高値を形成します。しかし、急上昇の反動は大きく、数本の大陰線を伴って15円以上も急落。ようやく自律反発局面が訪れますが、ネックラインが戻りの限界となると、さらなる下落が待ち受けていました。

トレンド継続かと思われた矢先に、突然、崩落するのがスパイクトップ

スパイクトップは「下げは急」の代名詞的な存在

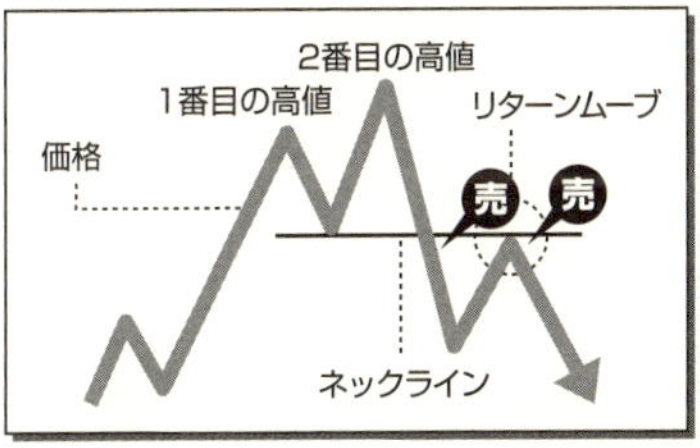
2番目の高値
1番目の高値
リターンムーブ
価格
売
売
ネックライン

スパイクトップは、トレンド継続か、ヘッド&ショルダーズトップかと思われたところに、トレンド崩壊が突然、発生する。外国為替相場には度々見られるパターンだ。

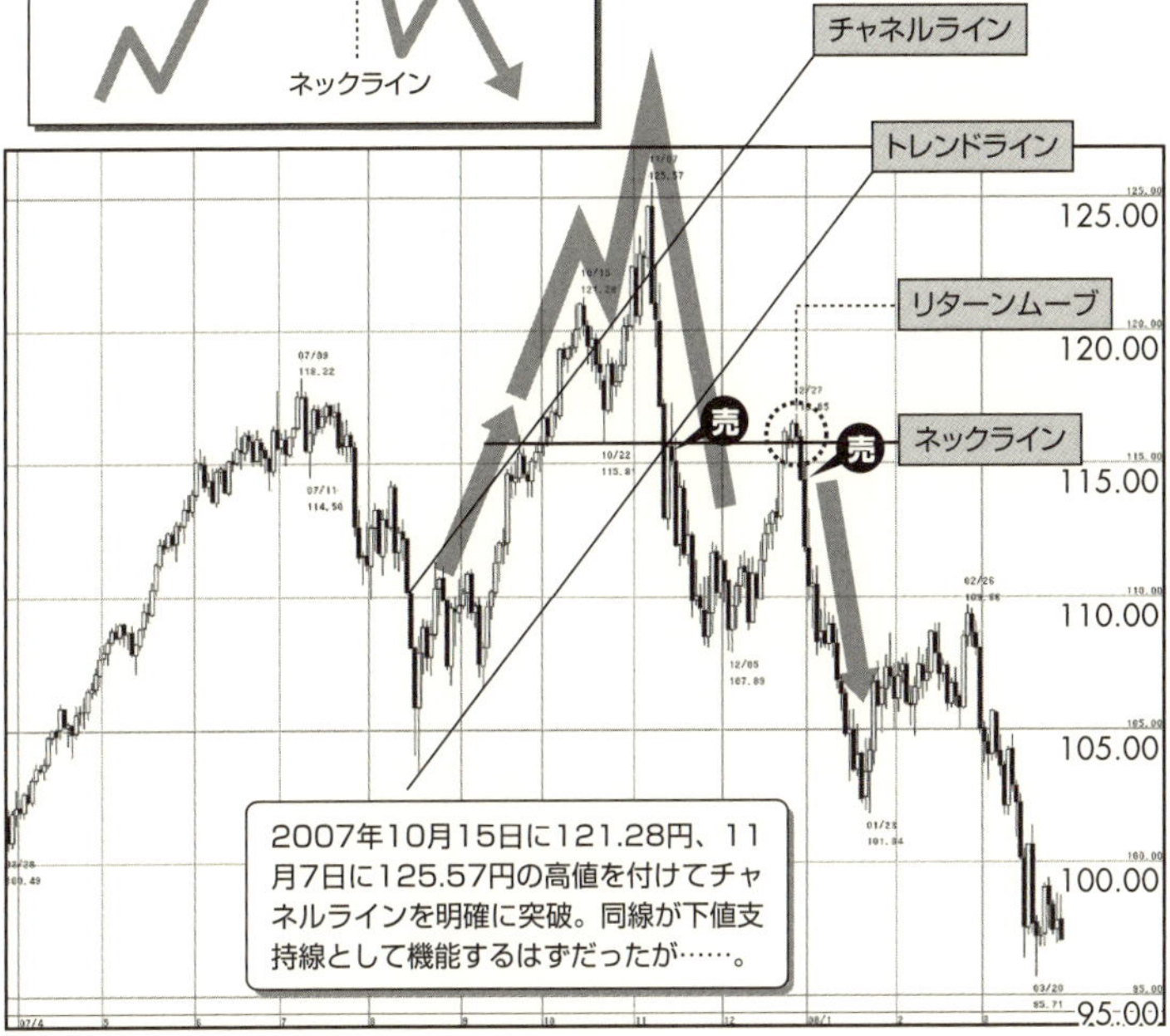
チャネルライン
トレンドライン
リターンムーブ
ネックライン
売
売
125.00
120.00
115.00
110.00
105.00
100.00
95.00
2007年10月15日に121.28円、11月7日に125.57円の高値を付けてチャネルラインを明確に突破。同線が下値支持線として機能するはずだったが……。

‖カナダドル／円‖日足‖2007.03～2008.03

チャート提供：ドリームバイザー・ファイナンシャル

5

分足チャートで頻出する上昇後の「ソーサートップ」

啞然とするほどの急落パターンがスパイクトップなら、「上昇の勢いが衰えてきたような気がするけど……」と煮え切らない状態で円の弧を描くように上昇から下落に転じるのが「**ソーサートップ**」。分足チャートでは、よくお目にかかるフォーメーションです。

緩やかな下落後に一定のサポートラインを割り込むと、これまでの煮え切らない状況が一変して下げ足を速めます。そして、やや長めの自律反発局面を終えると、相場は最終局面に。リターンムーブとは異なり、この局面は中段持ち合いの性格が濃く、プラットフォームと呼ばれています。そこで、60分足チャートでソーサートップを確認しましょう。

ユーロ／円は、134円手前から136円まで急騰すると一服し、再反騰。136円を上抜ける頃から、やや上昇に陰りが見え始め、137円を目前に陰線が目立つようになります。とはいえ、それほど強い売り圧力は感じられません。ところが、先の136円近辺に引かれたサポートラインを割り込むと、大陰線を伴って大幅に下落。相場の起点である134円を割るとようやく自律反発局面に至ります。これがプラットフォームです。約1日の中段持ち合い後に最終局面を迎え、132円近辺まで売られてしまいました。

分足での出現が多いため、迅速な判断と早めの仕掛けが儲けの条件

下値支持線を割り込むと、下げ足を速めて急落した

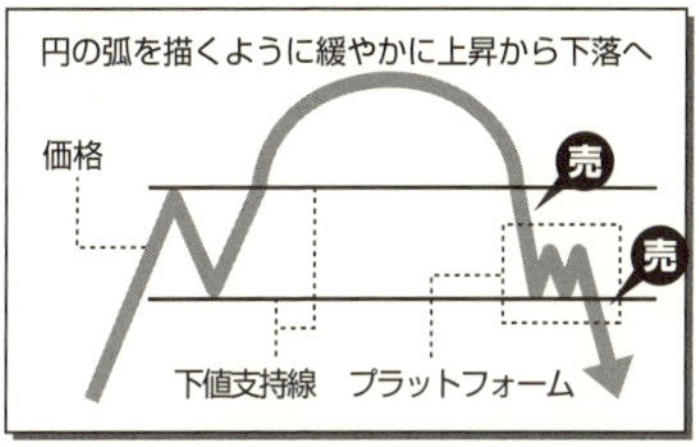
円の弧を描くように緩やかに上昇から下落へ
価格
売
売
下値支持線
プラットフォーム

ソーサートップは上昇力が急激に衰え、円の弧のような軌跡を描く。その後は下げ足を速めるが、下落途中のプラットフォームで小休止。その下限を割ると一段安も。

One Point アドバイス

分足での出現が多いため、迅速に判断しないと、思ったほど儲からない。

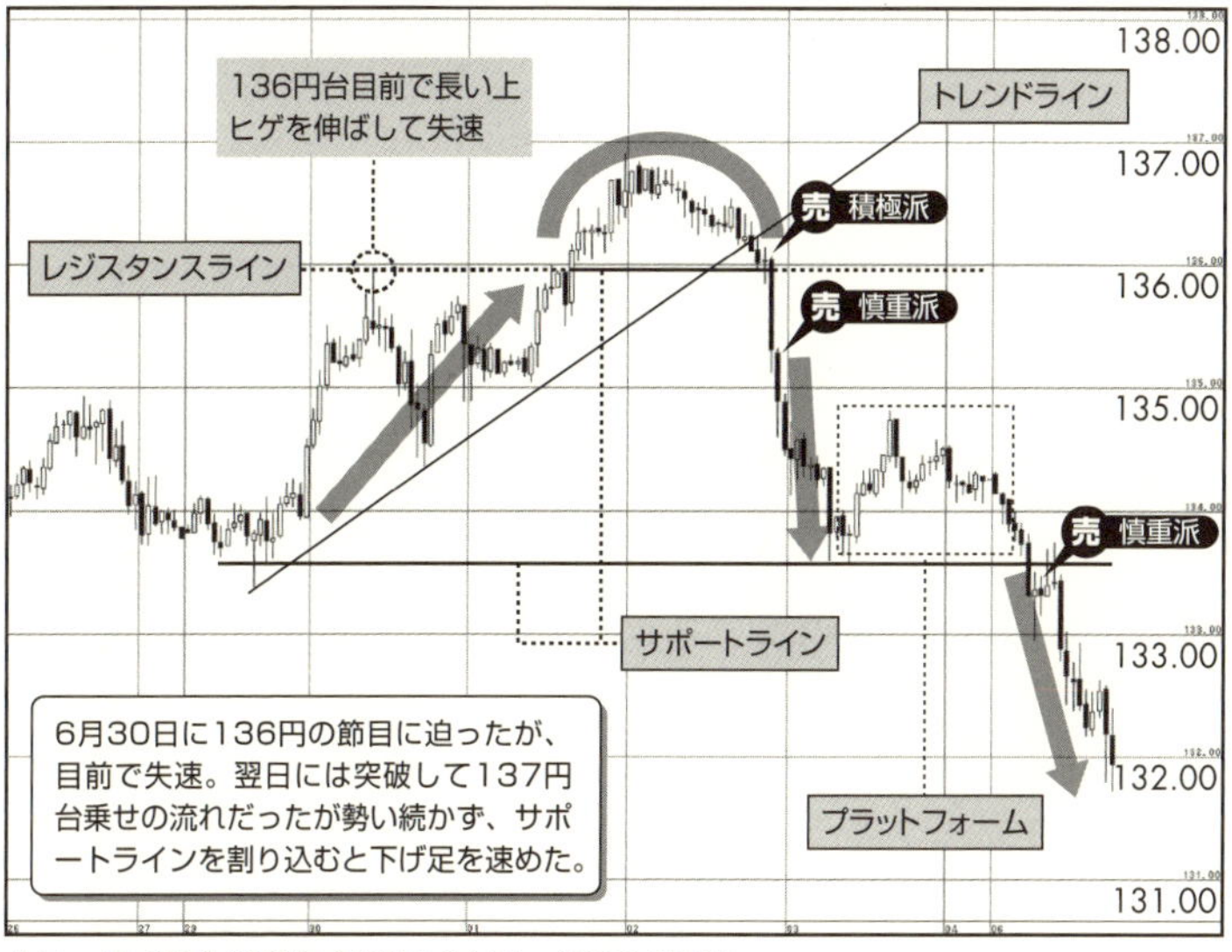
136円台目前で長い上ヒゲを伸ばして失速
トレンドライン
レジスタンスライン
売 積極派
売 慎重派
売 慎重派
サポートライン
プラットフォーム
6月30日に136円の節目に迫ったが、目前で失速。翌日には突破して137円台乗せの流れだったが勢い続かず、サポートラインを割り込むと下げ足を速めた。
138.00
137.00
136.00
135.00
133.00
132.00
131.00

‖ユーロ／円‖60分足‖2009.06.26〜2009.07.06

チャート提供：ドリームバイザー・ファイナンシャル

6 上値は切り下がり下値は切り上がる「下降ペナント型」

今度は、下落途中に見られる中段のフォーメーションをご紹介しましょう。下降トレンドにおける中段のフォーメーションが現れたときには、**一定のサポートラインを割り込むとトレンドが継続すると判断**します。急落後の反発局面ですから、「下げ止まったかな」と考えたくなりますが、大きな痛手を被る恐れがあるため油断は禁物です。

「下降ペナント型」は大陰線を伴って急落するものの、一時的に下げ止まります。そして直近の陰線の高値と安値の間で上値は切り下がり、下値は切り上がって徐々に振幅が小さくなっていきます。このとき、**下値が切り上がる部分がサポートラインとして機能しているため、これを割り込むと再下落する**というわけです。そして、大陰線をポール、中段で三角型に煮詰まっていく部分をペナントに見立てて、この名前が付いています。

ユーロ/円は140円から急落したものの、大陰線を引くと134円中盤で下げ止まりの気配。しかし、ほぼ136円が戻りの限界で、上値は緩やかに切り下がります。下値は、大陰線の安値をやや下回ったところが下限となり、やや切り上げています。持ち合いが約1カ月続いた後、上向きのサポートラインを割り込むと大幅下落が待ち構えていました。

サポートライン割れから下げ足が速くなるため、売りでは即断が求められる

ペナント部分のサポートラインを割り込むと、大陰線を伴って下落

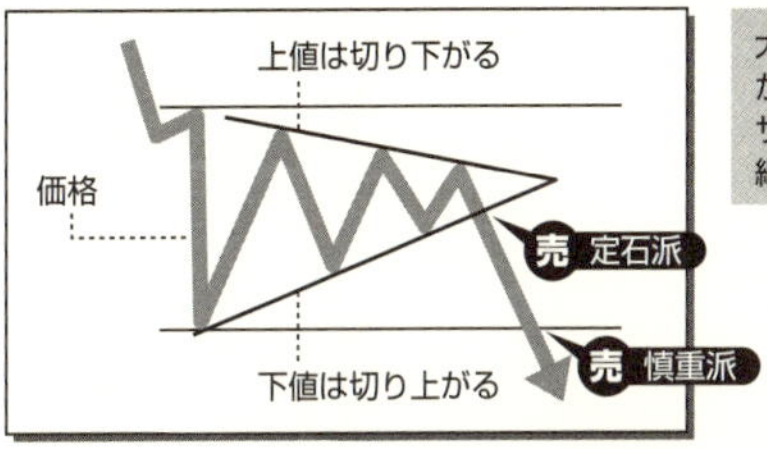
上値は切り下がる
価格
売 定石派
売 慎重派
下値は切り上がる

大陰線をポール、切り下がる上値と切り上がる下値をペナントに見立てたパターン。サポートラインを割り込むと下降トレンド継続となるが、動きが急な場合が多い。

One Point アドバイス

下落時の中段持ち合い（下値切り上げ）を下げ止まったと判断するのは危険。

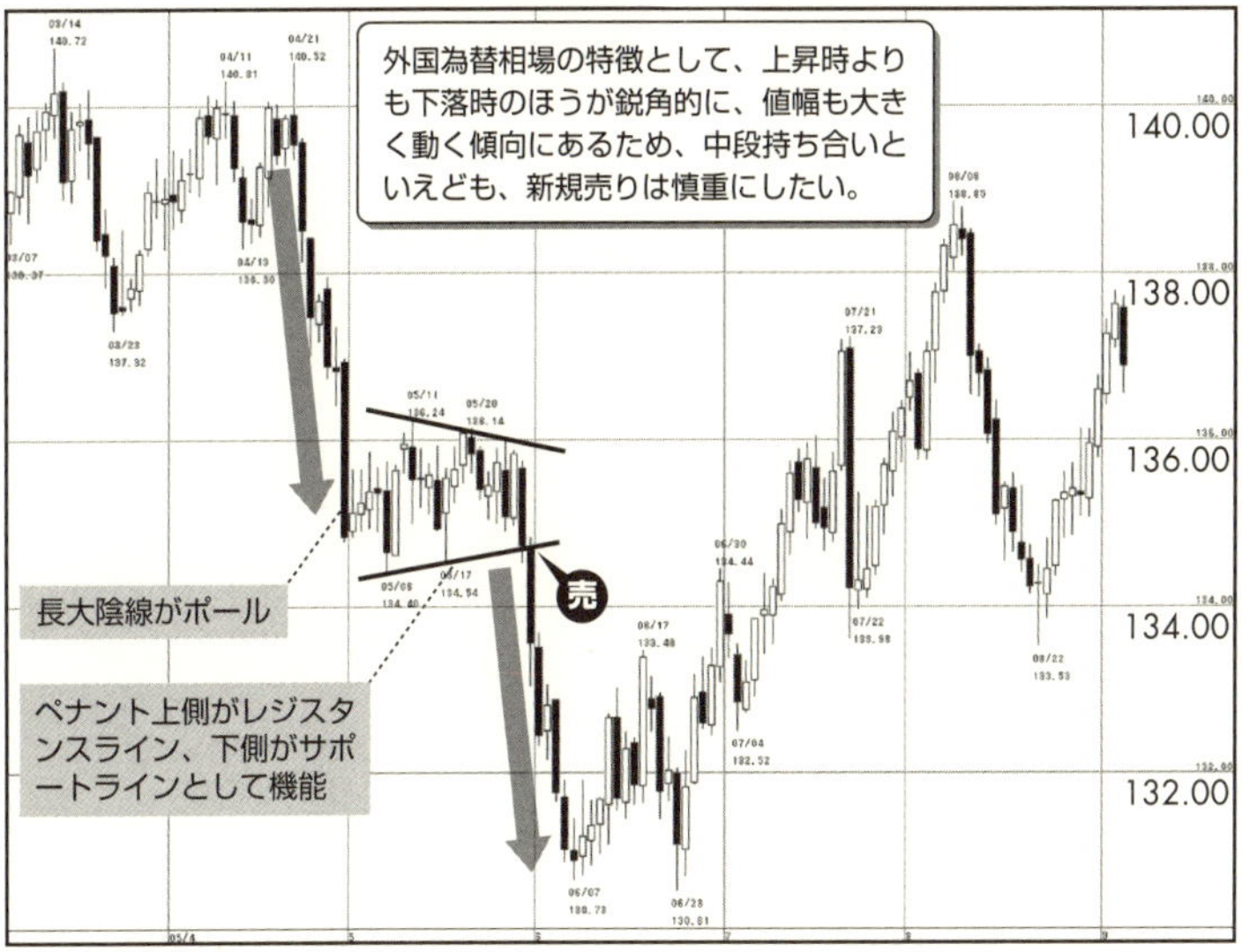
外国為替相場の特徴として、上昇時よりも下落時のほうが鋭角的に、値幅も大きく動く傾向にあるため、中段持ち合いといえども、新規売りは慎重にしたい。
140.00
138.00
136.00
134.00
132.00
売
長大陰線がポール
ペナント上側がレジスタンスライン、下側がサポートラインとして機能

‖ユーロ／円‖日足‖2005.03〜2005.09

チャート提供：ドリームバイザー・ファイナンシャル

7 上値も下値も切り上がる「下降フラッグ型」

今度は、**大陰線を引いた後に、その高値と安値の間にほぼ収まる形で、上値と下値が共に切り上がる「下降フラッグ型」**です。大陰線をポール、上値と下値が平行して切り上がる部分をフラッグ（旗）に見立てて、このように名付けられました。切り上がる上値とポールの高値水準がレジスタンスライン、切り上がる下値とポールの安値水準がサポートラインとして機能します。ところで、下降フラッグ型や下降ペナント型は、時にポールに相当する大陰線を1本ではなく2本で見るときがあり、また、外国為替相場では長いヒゲを伸ばすため、時にポールの高値、安値をヒゲで超えてしまうこともあります。

さて、ユーロ／円の日足チャートで、下降フラッグ型が出現したときの相場を確認しておきましょう。170円目前まで上昇したユーロ／円は、高値圏で長い上ヒゲを伸ばして下落に転じます。165円から160円に差し掛かるところで2本の大陽線を引くと、下げは一服し反転上昇します。このとき、下値では長いヒゲを伸ばして下落に対する抵抗がうかがえますが、戻りの限界は1本目の大陰線の高値水準。そして、切り上がるサポートラインを大陰線で割り込むと、150円まで一気の下落を演じました。

定石派は、切り上がるサポートラインを下抜けたときが仕掛けのポイント

ポールに見立てた2本の大陰線の高値水準が戻りの限界だった

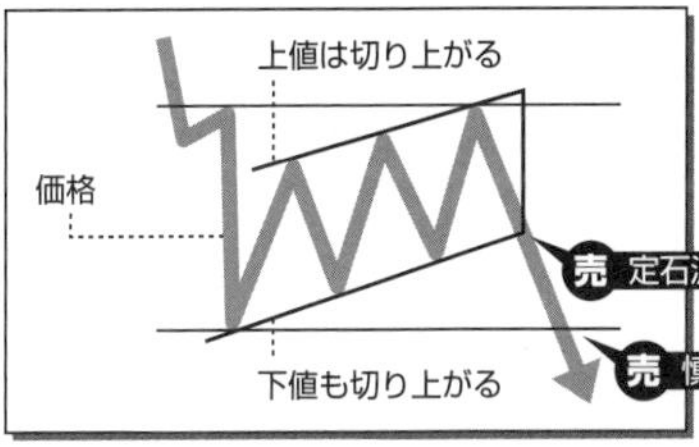
上値は切り上がる
価格
売 定石派
売 慎重派
下値も切り上がる

大陰線をポール、上値と下値が切り上がる部分をフラッグに見立てた。サポートラインを割り込むと下降トレンド継続。ポール上限を明確に上抜けないのが好ましい。

One Point アドバイス

サポートライン割れ後は下げ足が速くなるため、新規売りは慎重にしたい。

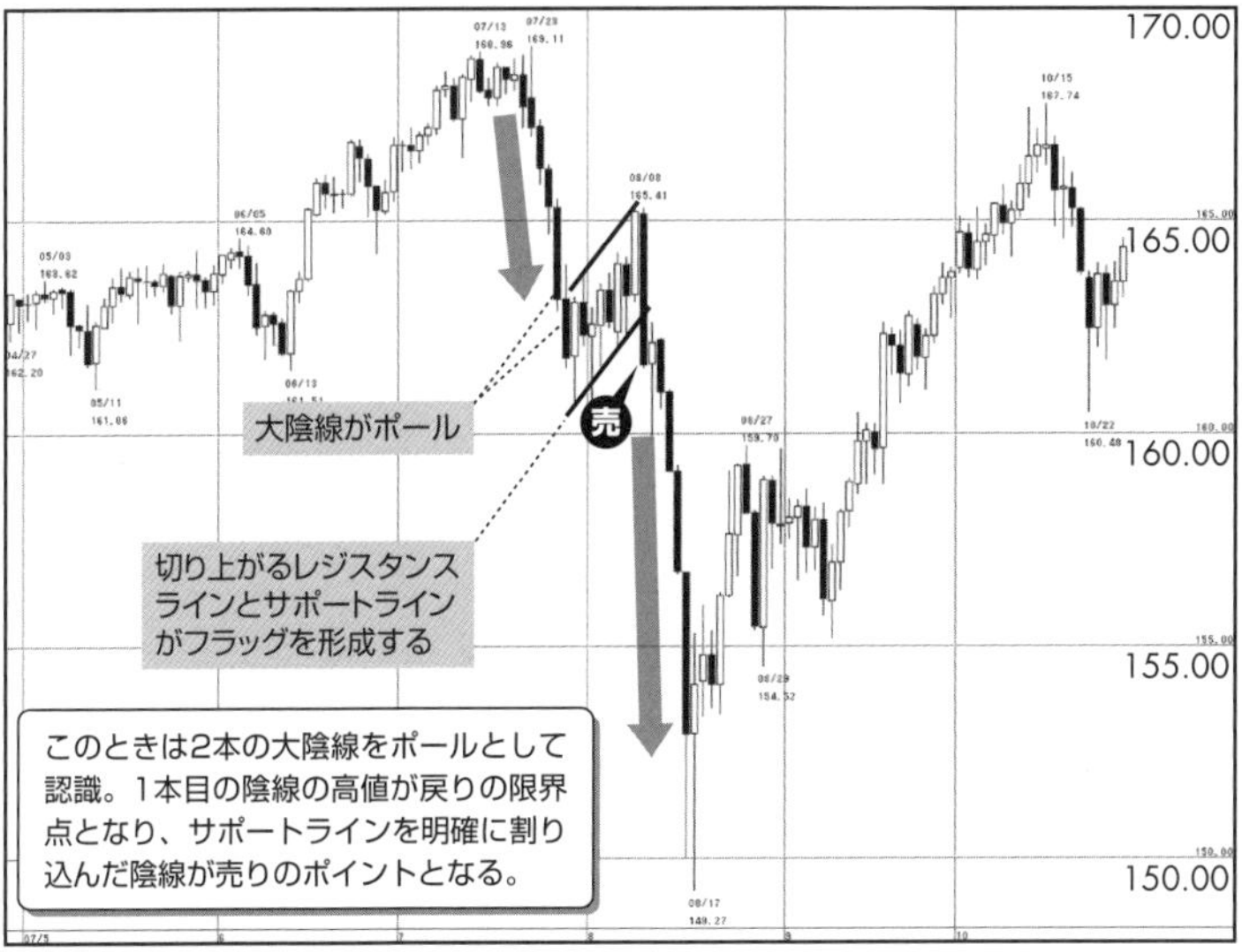
170.00
165.00
160.00
155.00
150.00
07/13 168.96
07/23 169.11
08/08 165.41
10/15 167.74
05/03 163.62
06/05 164.60
04/27 162.20
05/11 161.06
08/27 159.70
08/29 154.52
08/17 149.27
10/22 160.48
大陰線がポール
売
切り上がるレジスタンスラインとサポートラインがフラッグを形成する
このときは2本の大陰線をポールとして認識。1本目の陰線の高値が戻りの限界点となり、サポートラインを明確に割り込んだ陰線が売りのポイントとなる。

‖ユーロ／円‖日足‖2007.04〜2007.10

チャート提供：ドリームバイザー・ファイナンシャル

8

下落途中に出現する「下値遊び」は頻出のシグナル

今度は、ローソク足の組み合わせから下落途中の持ち合いを検証します。**大陰線を引いて下落した後に、その安値圏で5～7本の小さなローソク足が出現することがあります。これを下げ止まりと考えるべきではありません。大陰線の安値であるサポートラインを割り込むと、トレンドが継続**するからです。これが「**下値遊び**」です。このパターンは外国為替相場でよく見られますので、買いポジションのときには注意を、売りポジションのときには追撃売りの急所として活用してください。ただし、**ローソク足があまり多く連なると、信頼性は低い**とされています。また、外国為替相場は下ヒゲを長く伸ばすことがよくありますから、そのときはボディを基本に考えるべきでしょう。

さて、豪ドル／円の日足チャートで、下値遊びを確認しておきましょう。１０５円手前から下落してきた豪ドル／円は、95円をやや上回ったところで下げ止まります。しかし、大陰線の影響が大きいのか、反発はほとんど見られず、何とか踏みとどまっている感じです。そして、８本目のローソク足でサポートラインを割り込むと、長い下ヒゲを伸ばして最後の抵抗を試みますが、買い方の力が尽きると81円台中盤までの下落相場となりました。

ポイントは大陰線の安値圏で出現する5～7本の小さなローソク足

下げ止まりに期待を抱きたくなるが、これこそ追撃売りの急所

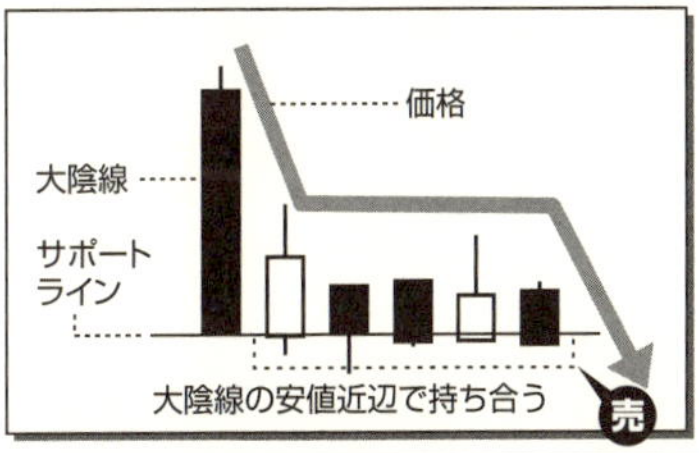
価格
大陰線
サポートライン
大陰線の安値近辺で持ち合う
売

下降トレンドの中、大陰線が出現した後、その陰線の安値付近で小さなローソク足が数本連続することがある。大陰線の安値を割り込めばトレンド継続となる。

One Point アドバイス

中段持ち合いの目安はローソク足で5～7本。それ以上だと信頼性が落ちる。

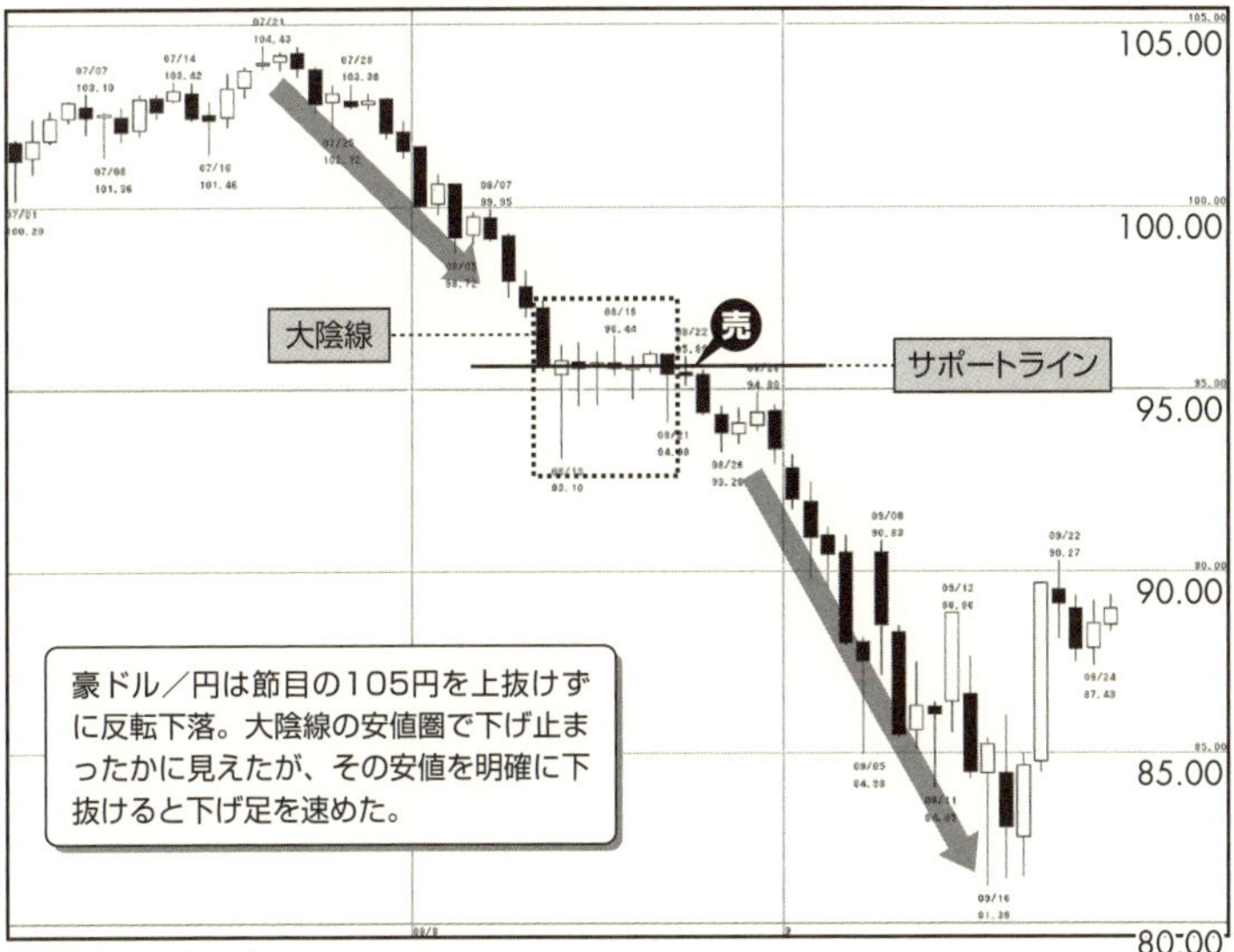
105.00
100.00
95.00
90.00
85.00
80.00
大陰線
売
サポートライン
豪ドル／円は節目の105円を上抜けずに反転下落。大陰線の安値圏で下げ止まったかに見えたが、その安値を明確に下抜けると下げ足を速めた。

‖豪ドル／円‖日足‖2008.07～2008.09

チャート提供：ドリームバイザー・ファイナンシャル

9

安値圏での「ダブルボトム」で反転攻勢に期待

次に、下降トレンドから上昇トレンドへの転換を示すフォーメーションを紹介しましょう。まず最初は安値圏で出現する「**ダブルボトム（二点底）**」です。

ボトムとは安値（底値）を意味し、2番目の安値が最初の安値を下抜くことなく上昇に転じます。そして、価格が2つの高値水準に引いたネックライン（レジスタンスライン）を上抜くと、それがサポートラインに転換します。そして、一時的な反落局面であるリターンムーブが起きるとダブルボトムが完成です。

基本的には、リターンムーブのときにネックラインが価格をサポートしたことを確認してから買いとなります。

さて、実際のチャートでダブルボトムを確認しておきましょう。豪ドル／円は104円から雪崩を打つように急落。一時的に持ち直しの兆しがあるものの下降トレンドは終わってはおらず、56円台後半に沈みます。大幅下げの警戒感から70円手前まで戻しますが、再度、下値を模索し、直近安値をやや下回ったところで下げ止まると反転。ネックラインの水準で一時的に売りに押されますが、その後はこれが相場を支えて80円へと向かいます。

下落の勢いが強いと、2番目の安値が最初の安値をやや下回ることもある

このときは底値形成が変則的なダブルボトムとなった

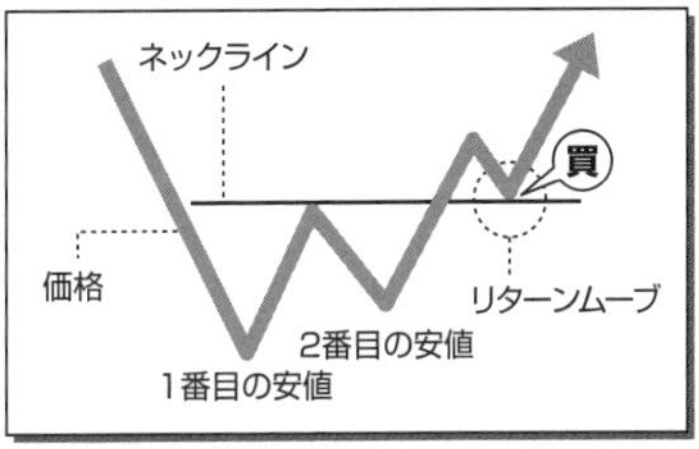
ネックライン
買
価格
リターンムーブ
2番目の安値
1番目の安値

基本的なダブルボトムは、2番目の安値が1番目の安値を下抜けないで上昇相場に転じるパターン。本来はリターンムーブがあって完成だが、時にこれがないケースも。

One Point アドバイス

外国為替相場では、2番目の安値が最初の安値をやや下回るケースがある。

2008年11月20日に56.87円、翌年の2月2日に55.55円の安値を付けた。4月下旬に68円台前半でリターンムーブがあってダブルボトムが完成した。
ネックライン
買
リターンムーブ
100.00
90.00
80.00
70.00
60.00

‖豪ドル／円‖日足‖2008.06～2009.06

チャート提供：ドリームバイザー・ファイナンシャル

10

上値は水平、下値は切り上がる「上昇三角形型」

安値圏からの切り返しを示すフォーメーションは、ダブルボトム以外にもあるのですが、外国為替相場ではあまりお目にかかることがありませんので、次に上昇途中の持ち合いのフォーメーションをご紹介します。まず、「**上昇三角形型**」です。

上昇三角形型は、一定の上昇を見た後に、節目となるレジスタンスラインが機能して上値をほぼ水平で押さえ、下値が切り上がります。買いのポイントは、レジスタンスラインを明確に上抜けたところ。上値が押さえられているのは、一定の売り圧力があるもののそれほど強くなく、逆に下げれば買いたいという勢力がいることを表しています。そのため、売りが途切れると上昇に弾みが付くわけです。

そこで、ユーロ／円の週足チャートで検証しましょう。１００円から１２０円手前まで上昇したユーロ／円は、ここで一服。その後は１１１円中盤まで下落するものの、徐々に下値を切り上げる展開です。一方、上値は一服前の高値と心理的な節目の１２０円がほぼ重なり、これに近づくと反落を繰り返しています。しかし、このレジスタンスラインを大陽線で突破すると、売り方の力は急速に衰え、買い勢力が相場を支配することになります。

上昇相場の中段での上昇三角形型は、売り方の勢いが限定的と読める

レジスタンスラインを突破すると上昇に弾みが付いた

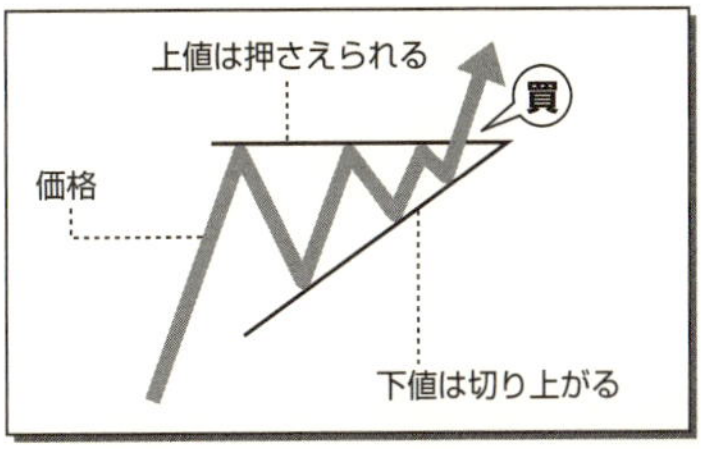
上値は押さえられる
買
価格
下値は切り上がる

買い勢力が売り勢力に優ると上値抵抗線を突破し、上昇トレンドは継続。レジスタンスラインを突破したことを確認して買い。

One Point アドバイス

レジスタンスライン突破後、一時的な反落があることも……。要注意！

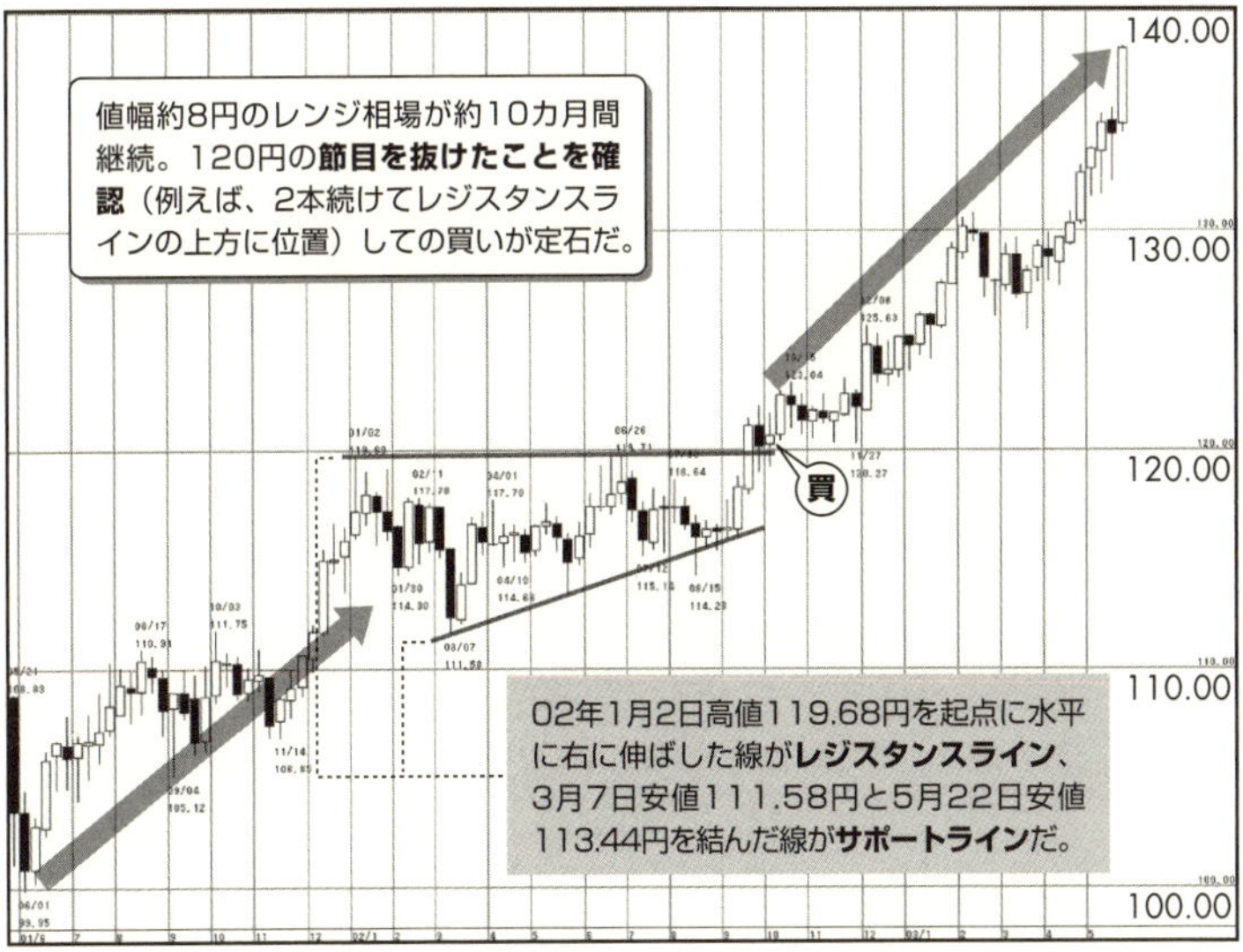
値幅約8円のレンジ相場が約10カ月間継続。120円の**節目を抜けたことを確認**（例えば、2本続けてレジスタンスラインの上方に位置）しての買いが定石だ。
買
02年1月2日高値119.68円を起点に水平に右に伸ばした線が**レジスタンスライン**、3月7日安値111.58円と5月22日安値113.44円を結んだ線が**サポートライン**だ。
140.00
130.00
120.00
110.00
100.00

‖ユーロ／円‖週足‖2001.05～2003.05

チャート提供：ドリームバイザー・ファイナンシャル

11

上値も下値も切り下がる「上昇フラッグ型」

最後は、上昇相場の中段で見られる「**上昇フラッグ型**」で締めくくりましょう。上昇フラッグ型とは、**大陽線を伴って上昇した後、その陽線の高値と安値の範囲で上値も下値も切り下がるフォーメーション**で、下降フラッグ型と逆のパターンです。

フラッグの部分は、急騰後の利益確定や下落を見込んだ売りが、それなりにあることを示しています。とはいえ、大陽線の安値がサポートラインとして機能しているため、これを明確に下抜けることがなければ、売り圧力は強くないと考えられます。そして、下値は堅いと判断した買い方が勢力を増してくると、下向きのレジスタンスラインを突破することができます。こうなると上昇途中であるだけに、上昇トレンドは継続です。

実際のチャートで確認しておきましょう。0・8800ドル突破で上昇トレンドが明確になったユーロ/ドルは、大陽線を伴って0・9200ドルを射程圏に捉えます。しかし目先の上昇はここまでで、0・9000ドルまで反落。上値は切り下がり相場が下落に転じたかと思いきや、下値は大陽線の安値水準で堪えています。そして、下向きのレジスタンスラインと0・9200ドルの節目を突破すると、そこから10%以上も上昇しました。

大陽線の安値を明確に下抜けなければ レジスタンスライン突破で仕掛ける

下値は、大陽線の安値水準で持ち堪えた

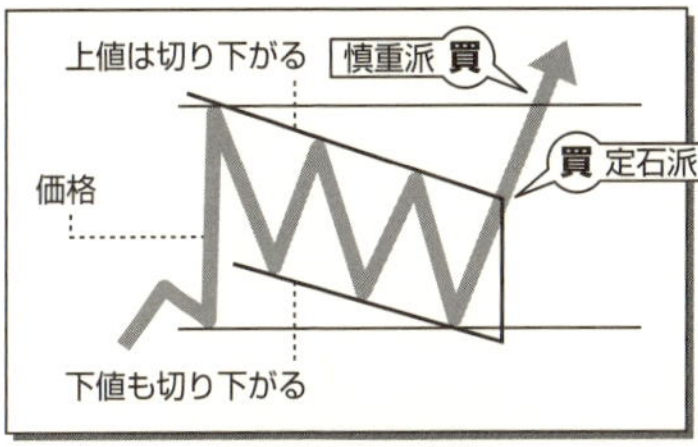
上値は切り下がる
慎重派 買
買 定石派
価格
下値も切り下がる

大陽線をポール、上値と下値が切り下がる部分をフラッグに見立てた。レジスタンスライン突破で上昇トレンド継続。ポール下限を明確に割り込まないのが好ましい。

One Point アドバイス

安全策を採るなら、ポール部分の高値を明確に抜けてから新規買い。

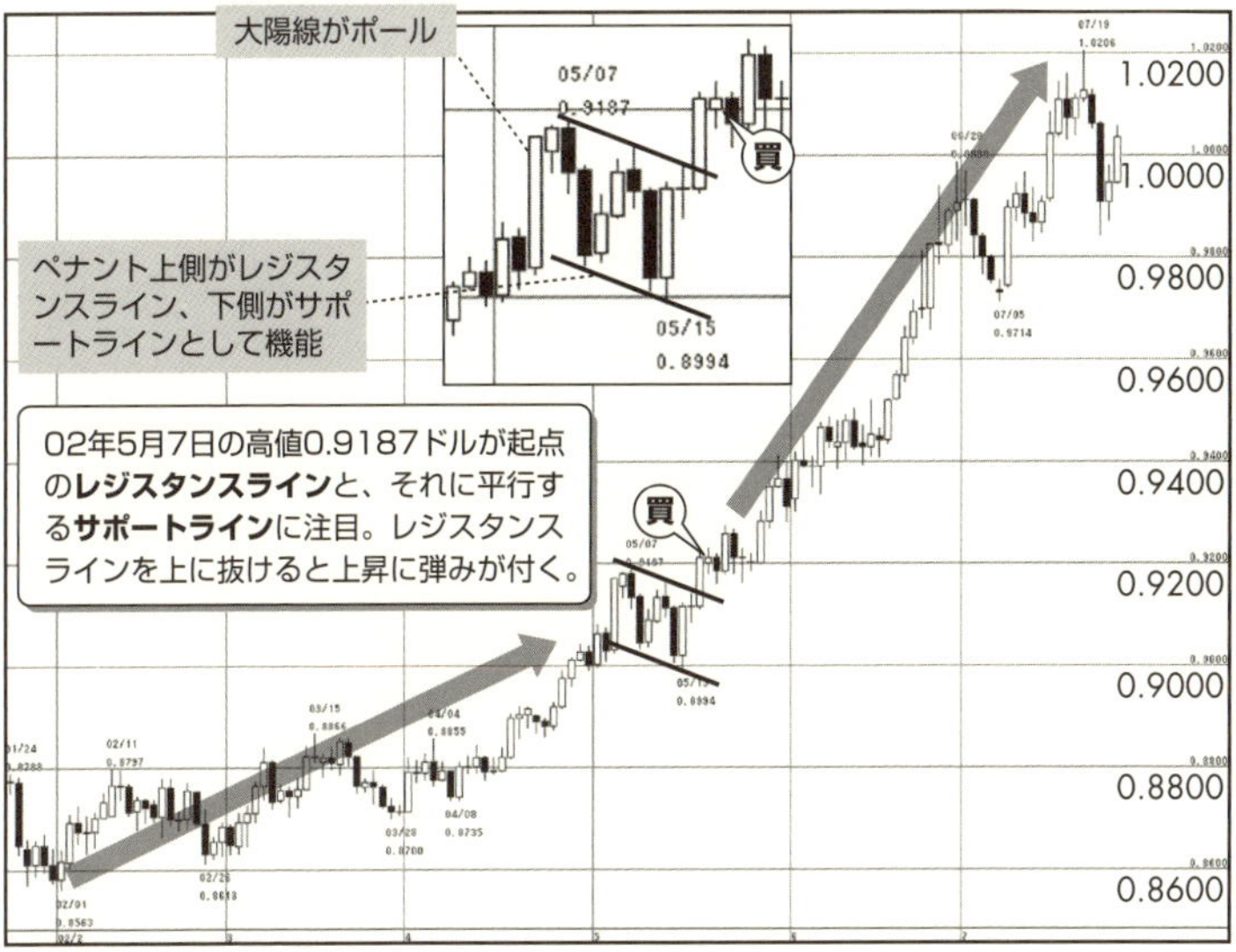
大陽線がポール
05/07
0.9187
買
05/15
0.8994
ペナント上側がレジスタンスライン、下側がサポートラインとして機能
02年5月7日の高値0.9187ドルが起点の**レジスタンスライン**と、それに平行する**サポートライン**に注目。レジスタンスラインを上に抜けると上昇に弾みが付く。
買
07/19
1.0206
07/05
0.9714
03/15
0.8866
04/04
0.8855
02/11
0.8797
02/26
0.8618
03/28
0.8708
04/08
0.8735
02/01
0.8563
1.0200
1.0000
0.9800
0.9600
0.9400
0.9200
0.9000
0.8800
0.8600

‖ユーロ／ドル‖日足‖2002.01～2002.07

チャート提供：ドリームバイザー・ファイナンシャル

第8章

チャート分析を「実際のトレード」に役立てるためには

1 すべての分析手法をマスターする必要はない

ＦＸや株式投資のチャート解説本には、数多くのテクニカル分析の手法が記されています。ところが、いくつもの分析手法を時間をかけて勉強し、それを身に付けても、「実践ではうまくいかない」という感想を持たれる投資家が多いようです。そして、こうしたことが、「チャート分析に全幅の信頼を置くわけにはいかない」「所詮、チャートは過去のもの」とネガティブな印象を持つことにつながるのでしょう。

その結果、チャート分析だけで儲けるのには限界があり、ファンダメンタルズ分析や、その時々のニュース報道、そして、投資家ご自身の勘や経験を総合的に組み合わせて判断する必要があると感じているのだと思います。

こうした考え方が誤りなのか、正しいことなのかを判断することはできません。結果的に儲けることができれば、それがすべてだからです。しかし、チャート分析だけでトレードをするテクニカルトレードという手法が存在することは間違いなく、それだけで儲けているトレーダーが数多くいることも、また事実なのです。

それでは、なぜ、「チャート分析だけでは信頼性が低く、ファンダメンタルズ分析などを含めて総合的に判断することは信頼性が高い」と考えるのでしょうか。

1つの理由として、いくつもの判断材料を用意することで安心感を得られることが挙げられるでしょう。また、「さまざまな性質の異なるテクニカル指標や、分析の手法を駆使しなければ儲からない」ような書き方をしているチャート分析の本が多いのも原因かもしれません。本書にも、外国為替相場をチャートで分析する方法をさまざまな角度から紹介、解説していますが、そのすべてをマスターしないとトレードの成果が上がらないと申し上げるつもりはありません。

どちらかと言えば、分析手法やテクニカル指標は1つか2つで良いですから、しっかりとマスターしていただきたいと考えています。テクニカル指標の長所や欠点、分析のツボやコツ、通貨ペアとの相性などが、徐々に見えてくるからです。

そうすれば、自ずとトレードの成果が上がりますし、チャート分析に対する信頼性は高くなるはずです。

これこそ、テクニカルトレードで儲けるための近道といえましょう。

繰り返しますが、すべての分析の手法をマスターする必要はありませんし、いくつものテクニカル指標を組み合わせて複雑にするのが必ずしもベストではありません。数多くの判断材料を使って「安心感」を得ることより、テクニカル指標の長所や欠点を充分に理解した上で、その「信頼性」を高めることが重要なのです。

2

「シンプルなチャート分析」に勝るものなし

テクニカル分析は、トレンドラインや価格の節目、フォーメーションといった相対的な分析手法と、各種テクニカル指標のように絶対的な数値で管理する手法に分けることができます。

相対的な分析手法は、チャートの表示期間を変えると、まったく別のトレンドラインが引けたり、異なる価格の節目が現れたりしますし、フォーメーションはあくまで見た目のものです。したがって、最終的な判断は投資家の「勘」に委ねられることになり、経験の多少が成績に影響を及ぼしますし、投資家の好不調の波にも左右されます。

一方、絶対的な数値で管理できるテクニカル指標は、シグナル通りにトレードすれば、誰でも同じ成果を上げることができます。つまり、実戦経験の多少が成績に及ぼす影響は少ないといえましょう。また、これらの指標は、時代の移り変わりによって、その見方が変わることはありません。ファンダメンタルズ分析なら、その時々よって注目される経済指標が変わりますし、相場動向は市場予想によっても左右されます。

こう考えると、経験の浅い投資家ほど、数値で管理できる指標を使うメリットは大きいといえましょう。にもかかわらず、なぜ、多くの投資家は様々な分析手法を組み合わせてトレードルールを曖昧に、そして複雑にしてしまうのでしょう。これは前項で記したようにに「安心感」を得ることが理由と考えられます。また、テクニカル指標に対して「全幅の信頼が置けない」と考えていることも、その理由として挙げられます。

しかし、過去の相場で、それぞれのテクニカル指標がどのような成績を上げたのか、また、それが投資家自身の成績とどれだけ違うのかが明らかになれば、これらの問題の大半は払拭できるでしょう。

たとえば、２００７年1月から２００９年8月まで、60分足でゴールデンクロスとデッドクロスをシグナルに対円主要５通貨ペアのトレードを検証すると、４通貨ペアでそれぞれ1万ｐｉｐｓ以上の利益を獲得しています。この間は、円キャリートレードがもてはやされ、サブプライムローン問題とリーマンショックで相場が急落した時期を含んでいます。

このように、テクニカル指標の成績を具体的に把握すれば、その信頼性は高まるはずです。そして、トレードの内訳と相場状況を検証すれば、各指標の長所と弱点を理解することができます。たとえば、ゴールデンクロスとデッドクロスをシグナルとしたとき、ボックス圏での損失を受け入れられるようになりますし、逆にトレンドが明確になったときには利益確定を急ぐこともなくなります。仮に思うような成績が上がらなくても、改善点を探すことも簡単です。シンプルなチャート分析には、多くのメリットがあるわけです。

3 期間の短いローソク足チャートを使うメリット

本書では、ほとんどの場合、日足チャートを採用しています。これは、相場の流れや前後関係、そして価格の推移などを分かりやすくしたかったからです。しかし、ことＦＸに関していえば、日足や週足にこだわる必要はありません。ご存じの方も多いと思いますが、外国為替相場は24時間取引が基本ですから、日足は便宜的なものに過ぎず、分足や時間足のほうが合理的なローソク足だといえます。

しかも、ＦＸはレバッレジ取引ですから、短い期間でトレードした方が効率的に儲けることができます。こうした観点からも、時間足や分足を重視すべきなのです。

実際、25日（時間）移動平均線と２００日（時間）移動平均線のゴールデンクロスとデッドクロスというシンプルなトレードシグナルを使って日足と60分足の結果を検証してみると、その差は非常に大きなものになります。もちろん、60分足のパフォーマンスが良好なのはいうまでもありません。

このようなお話しをすると、「分足では、トレードが忙しくないですか」という質問を投げかけられます。しかし、トレンドが明確になる局面では、1カ月に1回くらいのトレードになることがよくありますから、60分足を使ってもトレードが忙しくなることはありません。ただし、これでは、お世辞にも短期売買とは言えませんが……。

ところで、ローソク足の期間を短くするメリットは他にもあります。それは、ポジションを持ち続けることに対するリスクを低くすることができる点です。

ポジションを長く持つことは、相場の急変などのリスクに資金をさらしていることにほかなりません。大きく儲けられることがあっても、逆に大きな損失を被っては、「はじめに」で記したように、「長く続ける」ことは難しいでしょう。

さらに、トレードシグナルをより多く見出すことができることも、分足を使うメリットとしてあげることができます。これは、チャンスが増えることにほかならないからです。

先に記したゴールデンクロスとデッドクロスをトレードシグナルとして使うときでも、日足や週足であれば、ひとたびそれを逃してしまえば、時には数カ月もシグナルが出ないことがあります。トレンドが強く出ることは、こういうことでもあるわけです。シグナルが出ていないのに無理矢理トレードするということは、「勘」に頼っていること、つまりチャートが発するシグナルを無視していることに他なりません。

本書では、紙幅の関係もあり、分足を使ったときのパフォーマンスを検証することができませんでしたが、是非、これらのメリットを理解していただいて、期間の短いローソク足チャートを使いこなしていただきたいと思います。

あとがき

一言で「テクニカル分析」といっても、トレンドラインや価格の節目、フォーメーション分析といった相対的な手法と、数値で管理できるテクニカル指標を合わせて総合的に判断したり、ローソク足の組み合わせだけでトレードしたりと、その捉え方は投資家によって様々です。

第8章の冒頭で記したように、1つか2つのチャートの使い方をできるだけ深くマスターしていただくことが、何よりも肝心と考えています。これは理屈ではなく、成功している投資家の多くが、シンプルな分析手法をトレードに活かしているからです。

たとえば、あるトレーダーは、ローソク足の組み合わせだけを使って、数十万円の資金をたった2年で1億円以上に殖やしました。これは、移動平均線やトレンドラインを見て判断しているとタイミングが遅くなり、値幅を取ることができないからだそうです。

また、あるシングルマザーの投資家は、ヒゲだけに着目してトレードをしていました。ヒゲを長く伸ばしたときに、本当に注文を出せるように何度も何度も繰り返しトレーニングを積んだそうです。というのも、ヒゲを長く伸ばすときは、概して高値圏だったり安値圏だったりしますから、自分の欲や恐怖を取り除いてシグナル通りにトレードできるようにしたかったからだそうです。彼女は現在、FXで生計を立てています。

ゴールデンクロスとデッドクロスだけを頼りに、機械的にトレードして成功を収めている投資家もいます。この方はFXを始めた当初、ファンダメンタルズ分析やチャート分析を総合的に行ってトレードをしていました。しかし、数多くの情報に振り回されて、投資資金をすべて失ってしまいました。「もっと儲けたい、こんなに損をしたくない」という気持ちが強すぎたからだったと振り返っています。結局、ファンダメンタルズ分析を一切捨て去り、チャート分析に特化。さらに今ではシンプルなテクニカル指標を活用したシステムトレードで失った資金を挽回して余りある成果を収めています。

ここで紹介したことの共通点は、自身のトレードの仕組みを非常にシンプルにしていることです。しかも、この3人は投資のプロでもなければ、天才トレーダーでもありません。不得手なことや過剰な情報を捨て去り、自身にとって分かりやすく使いやすい方法だけを採用したことが成功につながっています。

前述したように、チャートの活用法を1つでも2つでもいいですから深くマスターして、一歩でも成功に近づいていただきたいと思います。

2009年9月吉日

盛岩　外四

■著者紹介

藤ノ井　俊樹（ふじのい・としき）

エフピーアイ代表取締役（http://www.fpeye.co.jp/）

ＣＦＰ、ＮＴＡＡテクニカルアナリスト

わずか10歳で個人投資家としての第一歩を踏み出し、証券会社では15年の間、一貫して法人部門で活躍。大手生保や事業法人に様々な投資手法を提案し、高い評価を得る。株式、先物、ＦＸと、すべてのレバレッジ取引に精通し、高パフォーマンスを残し続けている。

また、個人投資家に向けてプロの投資テクニックや的確でタイムリーな情報を提供し、その丁寧な解説には多くの投資家から絶大な支持を得ている。日経マネーやサンケイ新聞などのコラム執筆の実績を持つ。主な著書に『個人投資家のための信用取引自由自在』がある。

本社：大阪市中央区北浜二―六―六
電話・〇六（四七〇六）七七七八
東京：東京都中央区八丁堀四―一〇―六
電話・〇三（三五二三）三一一三

■著者紹介

盛岩　外四（もりいわ・がいし）

〝実践的〟投資研究家／テクニカルトレーダー

大手証券会社に勤務した後、20年近くにわたり、株式やＦＸを中心にテクニカル分析を基本としたトレーディング手法を実践的な売買を通じて検証・研究。チャートが発する売買シグナルだけで日々、株式・外国為替相場と格闘している。

主な著書に『原油高騰でザクザク儲かる米国株を狙え！』（監訳・ランダムハウス講談社）、『個人投資家のための株価チャート自由自在』『株式投資キーワード連想事典』（アルケミックス）。また、日経ＮＥＴ「日経Ｗａｇａ Ｍａｇａ」に取り上げられたほか、『誰でもできる究極の先回り投資法――連想投資術の全て』（ＣＤ・ラジオ日経）などがある。

FXチャート自由自在

二〇〇九年一〇月二〇日　初版発行

著　者　藤ノ井　俊樹
　　　　盛岩　外四

装　丁　田中　正人（モーニングガーデン）
編　集　シジフォス出版
協　力　ドリームバイザー・ファイナンシャル

発行人　四阿　宏人
発行所　株式会社北辰堂
〒101－0041　東京都千代田区神田須田町一－二〇
電　話〇三－五二九六－七一七五

印刷・製本　中央精版印刷株式会社

ISBN978-4-89287-510-6 C0033